行政法要義

The Fundamentals of Administrative Law

劉建宏　著

三民書局

序言

　　行政法學之發展，攸關一國民主政治與法治建設之健全與鞏固。行政法學知識之普及，能督促行政機關依法行政，藉以保障人民之自由權利。

　　全球甫經歷 Covid 19 百年大疫。三年疫情，非但對於全球之經濟貿易、國際交流、觀光旅行造成嚴重阻礙，甚至影響個人之生活，家庭間成員之互動。如今反思疫情期間政府之各種防疫措施，對於人權保障或有不足之處，更能凸顯行政法學發展、法學知識普及之重要性。

　　本書之撰寫，係基於筆者留學德國期間對於德國行政法學之研究心得、返國後在大學法學院教授行政法相關科目之教學經驗，以及長時期擔任中央、地方機關法規委員會、訴願審議委員會及國家賠償委員會委員，與我國實務界交流所得之經驗而成。

　　本書之完成，得力於師長之鼓勵、同儕之協助。尤其家庭之支持與陪伴，更是完成本書不可或缺的動力。三民書局協助本書之出版，并此致謝。

劉建宏

2023 年仲夏於府城

行政法要義

The Fundamentals of Administrative Law

序言

第一編
行政法之基本概念與原則

行政法乃關於行政之法，係有關行政之組織、職權、程序，以及國家暨其他行政主體與人民間權利義務關係及其救濟途徑之法規。

廣義之行政法，包括適用於所有行政法領域，具有共同性之一般行政法，以及適用於特別領域，具有特殊性之特別行政法，亦稱行政法各論，如：警察法、財稅法、環境法、經濟行政法、地方自治法等。本書所研究者，為一般行政法。其內容包括行政法之基本原則，規範行政機關組織、執掌之行政組織法，規範行政權作用類型與效力之行政作用法，以及人民不服行政權作用尋求權利保護之行政救濟法。

行政法為公法體系之一環，與公法相對者為私法。我國法律制度承襲歐洲大陸法系國家之基本架構，為司法二元主義之國家，法律區分為公法及私法。公法與私法之區別，大致上有以下數種標準[1]： 1.利益說 (Interessentheorie)：公法乃關於公共利益之法，私法則係關係個人利益之法。2.從屬說 (Subordinationstheorie)：規範上下隸屬關係之法為公法，規範平等關係之法為私法。 3.主體說 (Subjektstheorie)：凡法律關係一方主體為行政主體者為公法， 雙方主體均為私人者為私法。 4.新主體說 (neuere Subjektstheorie)：對任何人皆可適用而發生權利義務關係者為私法，僅對行政主體有適用之可能而發生行政法上法律關係者為公法。上述諸說中，以新主體說為通說。惟實務上於個案判斷時，向來參酌運用各種標準以解決爭議，並非僅偏限於一說。

---

[1] 吳庚、盛子龍，行政法之理論與實用，2020 年增訂 16 版，頁 25 以下。

第 1 章　行政之定義與類型

研究行政法，首先需就「行政」之意義加以探究。

第一節　行政之定義

　　行政為國家最重要之權力作用，行政之定義，與國家角色之演變息息相關。現代意義之國家自中世紀出現以來，國家之概念不斷演變。自早期的專制國家 (absoluter Staat)、夜警國家 (Nachtwächterstaat)，逐漸演變為自由法治國家 (liberaler Rechtsstaat)、社會法治國家 (sozialer Rechtsstaat)。其後，更從凡事親力親為之履行國家 (Erfüllungsstaat)，轉變為扮演監督角色，以擔保國家任務順利履行之保證國家 (Gewährleistungsstaat)。

　　現代意義的「行政」一詞，源於西方。英文 "Administration"、德文 "Verwaltung" 均有經營、管理之意涵。行政之定義，自德國行政法之父 Otto Mayer 以降，通說均採反面定義 (Negativdefinition)，謂：行政係立於立法權作用之下，除司法以外之國家作用[2]。反面定義固然對於界定行政之範圍，有所幫助，惟其並未就行政之內涵加以解釋，有所不足。

　　學者有就行政加以正面定義者，認為：行政係達成國家存立目的之最重要手段，其功能並非單純執行法律，並負有形成符合社會正義之生活關係、規劃及推動基本建設、引導及維持合於公意之政治發展等任

---

[2] 吳庚、盛子龍，行政法之理論與實用，2020 年增訂 16 版，頁 1 以下。

務[3]。此外，行政具有如下之特徵，即：1.具有形成社會生活 (Sozialgestaltung) 之功能。2.以公共利益為導向 (am öffentlichen Interesse orientiert)。 3.側重現在並針對未來之型塑 (in der Gegenwart stattfindene und auch in die Zukunft gerichtete Gestaltung)。 4.採取具體措施以規制個別事件 (trifft konkrete Maßnahmen zur Regelung von Einzelfällen)[4]。

　　行政，依其性質，可區分公權力行政、私經濟行政、干涉行政、給付行政、計畫行政等類別。以下詳述之。

第二節　公權力行政

　　公權力行政 (öffentliche Verwaltung) 者，國家居於高權主體之地位，適用公法規定所為之各種行政行為，如：訂定法規命令、作成行政處分等。

　　國家執行公權力行政，通常以其強制力為後盾。相對人如不服從，國家得強制其履行義務，或使其實現與履行義務同一狀態。例外情形，亦有不以強制力為後盾之公權力行政，即所謂「單純高權行政」(schlichthoheitliche Verwaltung)。單純高權行政仍屬公權力行政，適用公法之規定，但對人民不生直接之拘束效果。例如：行政機關提供資訊、行政指導等均屬之。

---

[3] 吳庚、盛子龍，行政法之理論與實用，2020 年增訂 16 版，頁 8。

[4] Maurer/Waldhoff, Allgemeines Verwaltungsrecht, 20. Aufl., 2020,§ 1, Rn. 9 ff.

第三節　私經濟行政

私經濟行政，又稱國庫行政 (fiskalische Verwaltung)，指國家非基於公權力主體地位行使統治權，而係處於與私人相當之法律地位，從事私法上之交易行為。

私經濟行政可分為以下類型：

一、行政輔助行為

行政輔助行為 (Hilfsgeschäfte der Verwaltung) 者，行政機關為推行行政事務，以私法行為取得所需之物資或勞務之行為。例如：行政機關租用辦公廳舍、採購辦公用品等。

二、行政營利行為

行政營利行為 (erwerbswirtschaftliche Betätigung der Verwaltung) 者，國家以營利為主要目的而從事私法上交易之行為。例如：台灣糖業公司（台糖）、臺灣菸酒股份有限公司（臺酒）等所經營之販售商品業務。國家（或地方自治團體）從事行政營利行為，多以公司之形態為之（參見上述案例）。然而亦有以政府組織形態從事營利行為者，例如：臺北市政府動產質借處為臺北市政府直營之公營當鋪，其性質為市營事業機構，協助民眾緩解緊急資金需求，提供低利簡便的融資服務。

三、私法形式之給付行政

私法形式之給付行政，舊稱「行政私法」(Verwaltungsprivatrecht)，

即國家以私法之形式履行公行政任務。按國家從事給付行政，得選擇以公法形式為之，例如：環保局清運垃圾收取規費；亦得選擇以私法形式為之，例如：捷運公司販售車票並提供人民運送服務。國家如選擇後者，即屬私法形式之給付行政。此外，國家提供助學貸款、低利房貸、對企業之抒困貸款等，亦為常見私法形式之給付行政之例。

國家從事私法形式之給付行政，有以私法組織形態為之者，如：台電公司供電、自來水公司供水、臺北捷運公司提供運送服務等。亦有以公法組織形態為之者，如：市立醫院提供醫療服務。

私法形式之給付行政與行政營利行為，均為國家與私人從事私法上之交易行為。二者之區別在於：行政營利行為以營利為目的，係以增加國庫收入為主要目標。私法形式之給付行政則係為提供給付行政，提高人民生活品質，並不以營利為主要目的。

四、參與純粹之交易行為

參與純粹之交易行為者，國家為追求特定行政目的所從事之私法上交易行為。例如：為維持新臺幣匯率而收購美元、為完成公營事業民營化而釋出官股、進口大宗物資出售以平穩物價等。

五、區別公權力行政與私經濟行政之實益

區別公權力行政與私經濟行政之實益有二：

㈠救濟程序不同

公權力行政所生紛爭，原則上循公法途徑解決，提起訴願、行政訴訟。私經濟行政所生紛爭，原則上循私法途徑解決，提起民事訴訟。

應注意者，部分給付行政，係由行政機關先行擇定對象後，再提供

給付予人民。此等行為之性質，究屬公權力行政或私經濟行政，在不同階段發生爭議時應如何解決？ 按我國目前實務上作法 ，係採德國學者 Ipsen 於 1950 年代所提出之「雙階理論」(Zweistufentheorie)，認為：第一階段是否給予給付之決定，屬於公法性質；第二階段實際授予給付，則屬私法性質，分別按照公法或私法之糾紛解決方式處理[5]。例如：依政府採購法之規定，廠商與招標機關間關於招標、審標、決標之爭議，廠商提出申訴，由採購申訴審議委員會判斷。其審議判斷，視同訴願決定（政府採購法第 82 條及第 83 條參照）。申訴人不服者，得續行提起行政訴訟。至於第二階段之締約、履約等為私法行為，如有爭議時，應循私法途徑（民事訴訟）解決[6]。又如：昔日主管機關依據國民住宅條例（已廢止）直接興建及分配之住宅，先由有承購、承租或貸款需求者，向主管機關提出申請，經主管機關認定其申請合於法定要件後，再與申請人訂立私法上之買賣、租賃或借貸契約。「此等契約係為推行社會福利並照顧收入較低國民生活之行政目的，所採之私經濟措施，並無若何之權力服從關係。性質上相當於各級政府之主管機關代表國家或地方自治團體與人民發生私法上各該法律關係，尚難逕謂政府機關直接興建國民住宅並參與分配及管理，即為公權力之行使。至於申請承購、承租或貸款者，經主管機關認為依相關法規或行使裁量權之結果……不符合該當要件，而未能進入訂約程序之情形，既未成立任何私法關係，此等申請人如有不服，須依法提起行政爭訟」（司法院釋字第 540 號解釋參照）。依此，人民申請承購國宅，如主管機關駁回其申請，應循公法途徑解決；人民承買後有特定違約行為，主管機關欲收回住宅及基地而

---

[5] 陳敏，行政法總論，2019 年 10 版，頁 684。

[6] 最高法院 97 年 5 月份第 1 次庭長法官聯席會議⼆決議參照。

生之爭訟，則由民事法院審理。

㈡受公法上法律原則拘束之程度不同

公權力行政受公法上法律原則之絕對拘束，私經濟行政受民法上私法自治原則之影響，行政機關從事私經濟行政時，享有較多之自由。例如：中央機關小額採購（金額在新臺幣十五萬元以下[7]），得不經公告程序，逕洽廠商採購（中央機關未達公告金額採購招標辦法第 5 條參照）。惟在私法形式之給付行政，國家縱然選擇以私法之形式提供人民給付，仍應受與在公權力行政中相同程度公法上法律原則（尤其是平等原則）之拘束，否則將造成行政機關「避難至私法」(Flucht ins Privatrecht)[8]。司法院釋字第 457 號解釋有謂：「中華民國人民，無分男女，在法律上一律平等；⋯⋯國家機關為達成公行政任務，以私法形式所為之行為，亦應遵循上開憲法之規定。」可資參照。

第四節　干涉行政

干涉行政 (Eingriffsverwaltung) 者，行政機關為達下命、禁止或確認之效果，所使用之強制措施，如：課稅、徵收、裁罰等。在干涉行政領域中，行政機關所為，多為負擔處分 (belastender Verwaltungsakt)。

第五節　給付行政

給付行政 (Leistungsverwaltung) 者，國家為促進人民之福祉，改善

---

[7] 行政院公共工程委員會工程企字第 1110100798 號令參照。

[8] 吳庚、盛子龍，行政法之理論與實用，2020 年增訂 16 版，頁 13 以下。

社會成員之生活條件，所採取行政上之措施，如：開辦各種社會保險、給與經濟補助、舉辦職業訓練等。

給付行政之性質，可為公法行為之授益處分，如：全民健保之給付；亦可為私法行為，即前述之私法形式之給付行政，如：行政機關透過金融事業機構提供企業或人民抒困貸款。該行為之本質固為私法上之消費借貸契約，惟其不失為一種給付行政措施。

區別干涉行政與給付行政之實益在於：干涉行政中之行政措施，既多為侵益處分，應受嚴格法律保留之限制，必須有法律之明確授權，始為合法。給付行政中之行政措施，多為授益處分，故受較寬鬆之限制。授益措施縱使並無法律授權，若有國會所通過之預算，亦屬合法[9]。惟如所涉及之公共利益或實現人民基本權利保障為重大事項者，仍應有法律或法律明確授權之命令為依據[10]。

第六節　計畫行政

計畫行政 (planende Verwaltung) 者，為達成行政上預定目標，於兼顧各種利益之調和及斟酌一切相關情況下，將各項手段、資源合理統籌運用之行政措施[11]。例如：我國政府於民國 60 年間所推動之十大建設，即為典型之計畫行政。

計畫行政，依其拘束力為準，又可分為[12]：

---

[9] 吳庚、盛子龍，行政法之理論與實用，2020 年增訂 16 版，頁 17。
[10] 司法院釋字第 443 號解釋理由書段碼 1 參照。
[11] 吳庚、盛子龍，行政法之理論與實用，2020 年增訂 16 版，頁 18。
[12] 吳庚、盛子龍，行政法之理論與實用，2020 年增訂 16 版，頁 19。

一、強制性計畫

政府有關公共投資項目，對政府部門有拘束力。例如：都市計畫中有關用地及道路規劃，對居民有拘束力。

二、影響性計畫

此類計畫不以強制力作為手段，而是以輔導之方式促其實現。例如：產業升級計畫。

三、資訊計畫

以提供資訊、發展趨勢報告等方法，促使人民作成正確決定。例如：某種農產品生產過剩，導致產銷失調，政府輔導農民改種其他作物。

課後練習

1. 關於行政行為之敘述，下列何種錯誤？（109 原三）

　(A)在給付行政領域，行政機關原則上可採取私法形式之行為履行行政任務

　(B)行政機關採取公法形式之行政行為時，不以單方之公權力行為為限

　(C)行政機關不論採取公法或私法形式之行政行為，皆受法律優位原則之拘束

　(D)人民因行政機關公法形式之行政行為產生爭議而提起訴訟，審判權皆歸屬於行政法院

2. 有關公、私法之區別，最主要將影響下列那兩種司法審判權之區分？（106 高三）

　(A)憲法審判權與民事審判權

　(B)行政審判權與民事審判權

　(C)民事審判權與刑事審判權

　(D)行政審判權與刑事審判權

3. 下列何者非屬私經濟行政之類型？（110 普考）

　(A)臺灣銀行提供學生就學貸款

　(B)臺灣菸酒公司銷售防疫酒精

　(C)農會向農民出售肥料

　(D)財政部針對因疫情而休業之企業，許其免繳納營業稅

4. A 市政府為滿足市民交通需求，自設公車處，提供市區公共運輸服務，由乘客購票使用。下列敘述何者錯誤？（109 高三）

(A)此性質上屬於私經濟行政行為

(B) A 市政府不得主張其基於私法自治，享有載運乘客之選擇權

(C) A 市政府得訂定自治法規，規範乘客運送相關營運事項

(D)若乘客因司機駕駛不慎受傷，A 市政府應負國家賠償責任

5.關於法律保留之敘述，下列何者錯誤？（109 普考）

(A)關於人民權利義務者，應以法律定之

(B)關於國家機關組織者，應以法律定之

(C)干預行政，因涉及權益限制，原則上法律保留之要求較高

(D)給付行政，只要預算允許，無法律保留原則適用之必要

6.下列何者非屬私經濟行政？（110 司四）

(A)國家提供大學生低利率助學貸款

(B)行政院農業委員會為平抑菜價出售大宗特定農產品（註：已於 112 年 8 月改制為「行政院農業部」）

(C)行政機關與清潔公司訂立清掃辦公大樓之承攬契約

(D)對申請提供政府資訊之人民收取複製該資訊之費用

7.警察對於違法之集會遊行進行強制驅離，該驅離行為屬於何種行政類型？（110 移四）

(A)給付行政

(B)計畫行政

(C)干預行政

(D)私經濟行政

8. 臺灣省自來水公司與臺北市自來水事業處均提供供水服務，下列敘述何者錯誤？（105 普考）

(A) 臺灣省自來水公司與用戶之間的供水服務僅能為私法關係

(B) 臺北市自來水事業處與用戶之間的供水服務僅能為公法關係

(C) 無論是臺灣省自來水公司或是臺北市自來水事業處，其水價之訂定與調整，均受自來水法之限制

(D) 無論是臺灣省自來水公司或是臺北市自來水事業處，在其供水區域內，對於申請供水者，非有正當理由，不得拒絕

9. 甲向市政府承購國宅，該國宅有漏水等嚴重瑕疵，甲因而要求修繕，市政府發函拒絕甲之請求。下列敘述何者正確？（111 普考）

(A) 甲應先提起訴願，再向行政法院起訴

(B) 市政府發函予甲屬於行政處分

(C) 甲可直接提起行政訴訟

(D) 甲應循民事救濟管道

一、試分別舉出一例說明何謂行政營利行為、行政輔助行為與行政私法行為？又行政私法行為是否受平等原則之拘束？（102 司四）

課後練習解答

1.(D)。 2.(B)。 3.(D)。 4.(D)。 5.(D)。 6.(D)。 7.(C)。 8.(B)。 9.(D)。

一、

㈠行政營利行為：台灣糖業公司（台糖）、臺灣菸酒股份有限公司（臺酒）等所經營販售商品之業務。

㈡行政輔助行為：行政機關租用辦公廳舍。

㈢行政私法行為（私法形式之給付行政）：捷運公司販賣車票。

㈣在私法形式之給付行政，國家縱然選擇以私法之形式給付，仍應受與在公權力行政中相同程度公法上法律原則（尤其是平等原則）之拘束，否則將造成行政機關「避難至私法」。

第 **2** 章　行政法之法律原則

　　行政法學因長久之發展，累積形成諸多法律原則，其內涵與效力為學說、實務界所公認，並具有拘束法院與行政法律關係當事人（行政機關與人民）之效力。行政程序法第 4 條規定：「行政行為應受法律及一般法律原則之拘束。」所謂行政法之「一般法律原則」，包括以下各項：

第一節　誠實信用原則

　　誠實信用原則本為民法上之原理原則，民法第 148 條第 2 項規定：「行使權利，履行義務，應依誠實及信用方法。」即為民事法律中誠實信用原則之法律依據。其後，誠實信用原則亦輻射至行政法領域，成為行政法上所奉行之一般法律原則，故立法上有行政程序法第 8 條：「行政行為，應以誠實信用之方法為之……」之規定。

　　人民與行政機關進行行政行為，應以誠實信用之方法為之，不得有欺罔、詐騙，或其他不正之行為。人民進行行政行為違反誠實信用原則之事例，如：為領取補償費，於公告禁建後仍有搶建之行為，主管機關以其違反誠實信用原則，將搶建部分自區段徵收建築改良物調查表中剔除，不予補償[1]。

　　誠實信用原則之適用對象，除人民外，亦包括行政機關在內。行政機關代表國家執行職務行使公權力，尤應恪遵誠實信用原則。實務上曾有如下案例：業者主動邀請主管機關承辦人幫忙，確認其所經營之老人

[1] 臺中高等行政法院 98 年度訴字第 226 號判決參照。

福利機構辦理收容老人業務申請立案程序中尚有何需補正事項，主管機關因此發現違規情節，乃告知業者「未經核准立案逕自收容院民，應立即停辦。若經查獲繼續經營者，依違反老人福利法相關規定處分」。業者雖隨即完成改善，主管機關卻逕行予以處罰。法院以主管機關之裁罰違反誠實信用原則，予以撤銷[2]。

第二節　信賴保護原則

行政程序法第 8 條規定：「行政行為……，並應保護人民正當合理之信賴。」即所謂信賴保護原則。行政機關代表國家行使公權力，人民對於其所訂定之法規、作成之處分，將產生一定之信賴。行政機關如任意予以變更，自有可能違反信賴保護原則而侵害人民之權益。

依據司法院釋字第 525 號解釋，信賴保護原則之要件及效力如下：

首先，信賴保護原則不限於授益行政處分之撤銷或廢止（如：撤銷老年年金之請領資格並請求返還已受領之年金），即行政法規之廢止或變更（如：修改國家考試之應考資格或考試科目）亦有其適用。

其次，主張權利者其信賴須正當，不得有以不正當方法或提供不正確資料導致行政機關陷於錯誤而作成行政行為之情形。例如：擁有豪宅卻在老年年金申請表上勾選「個人所有的土地及房屋價值合計未達五百萬元」，致行政機關誤發老年年金者，不得主張信賴保護原則。

再者，需有表現其已生信賴之事實。純屬願望、期待者，不在保護範圍。例如：考試規則變更時，主張權利者如無購買考試用書或報名參加考試等客觀上具體表現信賴之行為，僅因期待落空而失望，不得主張

---

[2] 臺灣桃園地方法院 104 年度簡字第 124 號判決參照。

信賴保護。

最後，信賴保護原則之效力，並非絕對禁止行政機關修改行政法規；而是要求行政機關因公益之必要廢止法規或修改內容，致人民客觀上具體表現其因信賴而生之實體法上利益受損害時，應採取合理之補救措施，或訂定過渡期間之條款，俾減輕損害。例如：各大學系所修改招生簡章或修業規則，通常規定自新學年入學者開始實施，其目的即在於保護在學學生之信賴。

第三節　明確性原則

行政程序法第 5 條規定：「行政行為之內容應明確。」即所謂明確性原則。

行政機關訂定法規，其內容應明確、具體。如以抽象概念表示者，「其意義須非難以理解，且為一般受規範者所得預見，並可經由司法審查加以確認。」[3] 即須具備：㈠可理解性。㈡可預見性。㈢可審查性。例如，法規以「行為不檢有損師道」為教師解聘、停聘或不續聘之構成要件，其涵義於個案中得經由適當組成、立場公正之各級學校教師評審委員會，依其專業知識及社會通念加以認定及判斷，具有㈠可理解性。而教師亦可藉由其養成教育及有關教師行為標準之各種法律、規約（例如：全國教師自律公約），預見何種作為或不作為將構成行為不檢有損師道之要件，具有㈡可預見性。且教育實務上已累積許多案例，例如校園性騷擾、嚴重體罰、主導考試舞弊、論文抄襲等，可供教師認知上之參考，具有㈢可審查性。是以，系爭規定符合法規明確性原則之要求[4]。

---

[3] 司法院釋字第 491 號解釋參照。

此外，行政機關作成書面行政處分時，應記載主旨、事實、理由及其法令依據[5]，讓相對人能夠充分瞭解其內容，以符合明確性原則之要求。

第四節　差別待遇禁止原則

行政程序法第 6 條規定：「行政行為，非有正當理由，不得為差別待遇。」是為差別待遇禁止原則，又稱平等原則。

差別待遇禁止原則之重點，不在於是否為差別待遇，而在於是否有正當理由實施或不實施差別待遇。德國聯邦憲法法院所提出禁止「本質相同事物恣意不同處理 ; 本質不同事物恣意相同處理」 (wesentlich Gleiches willkürlich ungleich, wesentlich Ungleiches willkürlich gleich zu behandeln)，簡化為「等者等之，不等者不等之」的所謂平等公式[6]，可謂對於差別待遇禁止原則之經典詮釋。

差別待遇禁止原則之內涵，可區分為以下三個層次：

㈠消極的差別待遇禁止原則

本質相同事物，在欠缺正當理由的情形下，應為相同處遇，不得為不同處理，此為差別待遇禁止原則最基本之要求，以消除社會中不公平之現象。例如：昔日民法中關於父母對於未成年子女權利之行使意思不一致時，由父行使之規定[7]；妻以夫之住所為住所，贅夫以妻之住所為

---

[4] 司法院釋字第 702 號解釋理由書參照。

[5] 行政程序法第 96 條第 1 項第 2 款參照。

[6] BVerfGE 49, 148 (165).

[7] 司法院釋字第 365 號解釋參照。

住所之規定[8]；國軍退除役官兵配耕國有農場土地，其死亡後女兒雖得繼承其權利，但出嫁後應無條件收回；兒子則不論結婚與否，均承認其繼承之權利[9]；上述規定，均經司法機關宣示違背差別待遇禁止原則。晚近，在「限制女性勞工夜間工作案」之司法院釋字第807號解釋中，大法官亦認為勞動基準法有關雇主不得使女工於午後十時至翌晨六時之時間內工作之規定，違反保障性別平等之意旨而失效。

㈡積極的差別待遇禁止原則

　　差別待遇禁止原則非僅要求本質相同事物，在欠缺正當理由的情形下，不得為不同處理；更進一步要求：本質不同事物，在欠缺正當理由的情形下，應為不同處遇，不得為相同處理，此即所謂積極的差別待遇禁止原則。舉例而言，考試院所舉辦之身心障礙人員特種考試，即考量身心障礙者與一般人之差異性所採取之調整措施。如刻意忽略身心障礙人員所處之不利地位，不採取任何調整措施，令其與一般社會大眾「公平」競爭，反而與差別待遇禁止原則有違。同理，大學入學管道中，以促進城鄉教育均衡發展為目標之「繁星計畫」、針對新住民及其子女、經濟弱勢學生之「特殊選材招生」，均屬積極的差別待遇禁止原則之調整措施。

㈢特殊的差別待遇禁止原則

　　我國社會中，長久以來存在因性別因素所產生之不平等現象。前述消極的差別待遇禁止原則，僅能防止不平等之現象持續擴大。積極的差別待遇禁止原則，其所能調整之不平等現象，亦屬有限。是以憲法增修條文第10條第6項規定：「國家應維護婦女之人格尊嚴，保障婦女之人

---

[8] 司法院釋字第452號解釋參照。
[9] 司法院釋字第457號解釋參照。

身安全，消除性別歧視，促進兩性地位之實質平等。」即要求國家應採取特殊措施，消弭此等實質的性別差別待遇。例如：我國選舉制度中所普遍存在之婦女保障名額[10]，即其適例。

上述基於特殊差別待遇禁止原則所採取之調整措施，究其本質，似有違反差別待遇禁止原則之嫌。蓋差別待遇禁止原則原本禁止單純因「性別」之不同而有不利之差別對待；然而此等措施卻因性別之因素而對於婦女為有利之對待，之於其他性別者可能產生不平等之結果。惟上述措施乃基於憲法之特殊價值考量所採取者，仍合乎法秩序之要求，故稱之為特殊的差別待遇禁止原則。

第五節　比例原則

比例原則為行政法上膾炙人口之法律原則。行政機關進行行政行為時，其手段與目的之間應符合比例 (verhältnismäßig)，不得採取過當之手段，亦不得因小失大，反而造成第三人或公益之危害。

行政法上之比例原則，又可區分為以下三個子原則：

(一)適合性原則

行政程序法第 7 條第 1 款規定：「行政行為，應依下列原則為之：一、採取之方法應有助於目的之達成。」是為比例原則中之適合性原則。

行政機關進行行政行為，應有特定之目的。依據適合性原則，行政

---

[10]例如：地方制度法第 33 條第 5 項規定：「各選舉區選出之直轄市議員、縣（市）議員、鄉（鎮、市）民代表名額達四人者，應有婦女當選名額一人；超過四人者，每增加四人增一人。」

機關須衡量其所採取之方法是否確實能達到所追求之目的，或者至少有助於目的之達成。舉例而言，藥物廣告須經主管機關事前審查之規定，旨在確保藥物廣告之真實，維護國民健康[11]；限制菸品業者顯名贊助活動，係為避免菸品業者假贊助之名，而達廣告或促銷菸品之實，同時產生破壞菸品去正常化之負面效果，衝擊菸害防制政策。其目的係為防制菸害、維護國民健康[12]。以上均為實務上所肯認，採取之方法有助於目的達成之事例。

　　晚近，在「通姦罪及撤回告訴之效力案」之司法院釋字第791號解釋中，大法官認為：「……以刑罰制裁通姦及相姦行為，究其目的，應在約束配偶雙方履行互負之婚姻忠誠義務，以維護婚姻制度及個別婚姻之存續，核其目的應屬正當。……就通姦與相姦行為施以刑罰制裁，自有一定程度嚇阻該等行為之作用。又配偶雙方忠誠義務之履行固為婚姻關係中重要之環節，然婚姻忠誠義務尚不等同於婚姻關係本身。配偶一方違反婚姻忠誠義務，雖可能危害或破壞配偶間之親密關係，但尚不當然妨害婚姻關係之存續。因此，……以刑罰規範制裁通姦與相姦行為，即便有助於嚇阻此等行為，然就維護婚姻制度或個別婚姻關係之目的而言，其手段之適合性較低。惟整體而言，系爭規定一尚非完全無助於其立法目的之達成。」[13]勉強肯定其合乎適當性原則之檢驗。

㈡必要性原則

　　行政程序法第7條第2款規定：「有多種同樣能達成目的之方法時，應選擇對人民權益損害最少者。」是為比例原則中之必要性原則。

---

[11] 司法院釋字第414號解釋參照。

[12] 司法院釋字第794號解釋理由書段碼16參照。

[13] 司法院釋字第791號解釋理由書段碼29–30參照。

　　司法實務上認定國家所採取措施違反必要性原則之案例甚多。在「計程車駕駛人定期禁業及吊銷駕照案」之司法院釋字第 749 號解釋中，大法官認為：「……僅以計程車駕駛人所觸犯之罪及經法院判決有期徒刑以上之刑為要件，而不問其犯行是否足以顯示對乘客安全具有實質風險，均吊扣其執業登記證、廢止其執業登記，就此而言，已逾越必要程度，不符憲法第二十三條比例原則，……。」此外，為推行藥師專任之政策及防止租借牌照營業之不法情事，從前藥師法規定將藥師執業處所限於一處。在「藥師執業處所限制案」之司法院釋字第 711 號解釋中，大法官認為：於醫療義診，或於缺乏藥師之偏遠地區或災區，由執業之藥師前往支援，提供藥事諮詢服務，並無限制之必要。藥師法一律禁止藥師於其他處所執行各種不同之藥事業務，未設必要合理之例外規定，已對藥師執行職業自由形成不必要之限制，違反必要性原則[14]。

　　晚近，在「通姦罪及撤回告訴之效力案」之司法院釋字第 791 號解釋中，大法官認為：「基於刑法謙抑性原則，國家以刑罰制裁之違法行為，原則上應以侵害公益、具有反社會性之行為為限，而不應將損及個人感情且主要係私人間權利義務爭議之行為亦一概納入刑罰制裁範圍。……婚姻中配偶一方違背其婚姻之承諾，而有通姦行為，固已損及婚姻關係中原應信守之忠誠義務，並有害對方之感情與對婚姻之期待，但尚不致明顯損及公益。故國家是否有必要以刑法處罰通姦行為，尚非無疑。」[15]為達成維護婚姻制度之目的，可選擇諸如課予有通姦行為配偶民事侵權行為責任之方法，對人民權益損害較小；採取刑罰制裁之方法，似與必要性原則有違。

---

[14] 司法院釋字第 711 號解釋理由書段碼 7 參照。
[15] 司法院釋字第 791 號解釋理由書段碼 31 參照。

㈢衡量性原則

行政程序法第 7 條第 3 款規定：「採取之方法所造成之損害不得與欲達成目的之利益顯失均衡。」是為比例原則中之衡量性原則。

有關國家所採取措施違反衡量性原則之案例，在「捺指紋核發身分證」之司法院釋字第 603 號解釋中，大法官認為：指紋乃重要之個人資訊，個人對其指紋資訊之自主控制，受資訊隱私權之保障。戶籍法規定未捺指紋者，拒絕發給國民身分證，形同強制年滿十四歲之全部國民均事先錄存個人之指紋資料，並使全民承擔資訊外洩所可能導致之風險，用以達到國民身分證之防偽、防止冒領、冒用、辨識路倒病人、迷途失智者、無名屍體等目的，實屬損益失衡，難以符合比例原則之要求。

此外，在前述「通姦罪及撤回告訴之效力案」之司法院釋字第 791 號解釋中，大法官認為：透過刑事處罰嚇阻通姦行為，得以實現之公益不大。反之，系爭規定作為刑罰規範，不僅直接限制人民之性自主權，且其追訴審判程序亦必然干預人民之隱私。按個人之性自主權，與其人格自由及人性尊嚴密切相關。系爭規定處罰通姦及相姦行為，直接干預個人性自主權核心範圍之程度，堪認嚴重。再者，通姦及相姦行為多發生於個人之私密空間內，不具公開性。其發現、追訴、審判過程必然侵擾個人生活私密領域及個人資料之自主控制，致國家公權力長驅直入人民極私密之領域，而嚴重干預個人之隱私。是系爭規定對行為人性自主權、隱私之干預程度及所致之不利益，整體而言，實屬重大。是系爭規定之限制所致之損害顯然大於其目的所欲維護之利益，而有失均衡[16]。

---

[16] 司法院釋字第 791 號解釋理由書段碼 32 參照。

第六節 依法行政原則

行政程序法第 4 條規定：「行政行為應受法律及一般法律原則之拘束」，是為依法行政原則。依法行政原則之內涵，又可區分為法律優位原則和法律保留原則。

㈠法律優位原則 (Vorrang des Gesetzes)

國家法律有不同之位階。憲法位階最高，法律（指立法院通過，總統公布之所謂狹義法律）次之。行政行為應受法律之拘束，不得與之牴觸，此即所謂法律優位原則。是以由行政機關所訂定之命令、所下達之行政規則，均不得違反上位階之法規範。我國憲法第 171 條第 1 項規定：「法律與憲法牴觸者無效。」第 172 條規定：「命令與憲法或法律牴觸者無效。」即此所指。至於由行政機關所作成之具體行政行為包括行政處分及具體指令，位階最低，當然不得違反前述之上位階法規範。

法律優位原則為依法行政原則中最基本之內涵，又稱為消極的依法行政原則。法律之內涵，原則上不外誠命規範與禁止規範二者。前者命令受規範者須為一定行為，後者禁止受規範者為一定行為。行政機關作為法律規範對象之一，依據法律優位原則之要求，若法律為誠命規範時，行政機關須為一定行為；若法律為禁止規範時，行政機關不得為一定行為。然而在此二者之間，存有極大之灰色地帶。換言之，如法律並未命令行政機關為一定行為，亦未禁止行政機關為該特定行為時，行政機關得否為該行為？此即法律保留原則所處理之問題。

㈡法律保留原則 (Vorbehalt des Gesetzes)

依法行政原則非僅要求行政機關之行為不得牴觸法律，更進一步要

求行政機關之行為須獲得法律之授權，此即所謂法律保留原則。由於其內容係依法行政原則之積極要求，故又稱為「積極的依法行政原則」。

　　法律保留原則為憲政主義之產物。在專制時代，代表王權之行政權勢力龐大，為避免行政權侵害人民權利，故近代民主法治社會要求行政機關之作為須有法律之依據。

　　有關法律保留原則之內涵，我國實務上向來採取德國聯邦憲法法院所提出之「重要性理論」(Wesentlichkeitstheorie)，即認為：是否有法律保留原則之適用，應視事件之性質是否重要而定。至所規範之事項是否重要，應以該事項與人民權利義務關係之緊密程度為判斷標準。其後，並逐漸發展成為所謂「層級化法律保留原則」[17]。依此原則，法律保留原則之適用，並非有絕對、一致性之標準，而是依其重要性之高低而有不同之層次。詳言之，對於最重要之事項，應保留由憲法加以規定，即所謂「憲法保留」。例如：憲法第 8 條對於限制人身自由之相關程序規定。對於重要事項，應由法律自行規定，即所謂「國會保留」或稱「絕對法律保留」。例如：剝奪人民生命或限制人民身體自由、公務員受免職處分之要件、警察臨檢之要件及程序與救濟、消滅時效制度等。次重要事項，則得授權行政機關以命令定之，即所謂相對法律保留。例如：租稅事項、人身自由以外之其他自由權利之限制等。至於不重要之事項，則無法律保留原則之適用，得由行政機關以行政規則定之。例如：執行法律之細節性及技術性規定、對人民權利僅產生輕微影響之情形等[18]。

---

[17] 有關德國聯邦憲法法院所提出之「重要性理論」及「層級化法律保留原則」之內涵，參見：吳庚、盛子龍，行政法之理論與實用，2017 年增訂 15 版，頁 77、90。

[18] 有關上述層級化法律保留原則之內涵及舉例，國內行政法教科書多有敘述。例見：吳志光，行政法，2022 年修訂 11 版，頁 51。

　　法律保留原則在不同之行政領域中，其適用之強度亦有所不同。在干涉行政之領域中，其適用之強度較高；反之，在給付行政之領域中，其適用之強度較低。詳言之，在給付行政領域中，如所涉及之公共利益或實現人民基本權利保障之情事尚非屬重大事項，得排除法律保留原則之適用。惟如所涉及之公共利益或實現人民基本權利保障為重大事項者，仍應有法律或法律明確授權之命令為依據[19]。

　　我國實務上，司法機關以行政行為違反法律保留原則而宣告其失效之事例甚多。例如：在「限制役男出境案」之司法院釋字第 443 號解釋中，大法官認為：「限制役男出境係對人民居住遷徙自由之重大限制，兵役法及兵役法施行法均未設規定，亦未明確授權以命令定之。行政院發布之徵兵規則，委由內政部訂定役男出境處理辦法，欠缺法律授權之依據，……應自本解釋公布日起至遲於屆滿六個月時，失其效力。」在「禁止販售玩具槍案」之司法院釋字第 570 號解釋中，大法官認為：禁止販售玩具槍之規定「……固有其實際需要，惟禁止製造、運輸、販賣、攜帶或公然陳列類似真槍之玩具槍枝，並對違反者予以處罰，涉及人民自由權利之限制，應由法律或經法律明確授權之命令規定。上開……命令未經法律授權，限制人民之自由權利，其影響又非屬輕微，與……法律保留原則不符，均應不予適用。」

　　晚近，在「臺北市街頭藝人活動許可證案」之司法院釋字第 806 號解釋中，大法官認為：臺北市街頭藝人從事藝文活動許可辦法要求街頭藝人使用公共空間從事藝文活動，應經主管機關核發活動許可證，始得為之；並要求街頭藝人須於指定場所解說、操作、示範或表演，經審查通過後，始取得活動許可證，均屬對人民職業自由與藝術表現自由之限

---

[19] 司法院釋字第 443 號解釋理由書段碼 1 參照。

制。是依前揭法治國法律保留原則之要求，須以地方立法機關通過之自治條例，或經自治條例明確授權之自治規則定之。但系爭其性質上卻僅屬地方行政機關發布之自治規則，既非地方立法機關通過之自治條例，亦未獲自治條例之授權，因而與法治國法律保留原則之要求有違。

　　法律授權行政機關訂定命令時，如涉及限制人民之自由權利時，其授權之目的、範圍及內容須具體明確，此即所謂授權明確性原則[20]。此外，倘法律並無轉委任之授權，該機關即不得委由其所屬機關逕行發布相關規章，此即所謂轉委任禁止原則[21]。

---

[20] 司法院釋字第 402 號解釋理由書段碼 1 參照。
[21] 司法院釋字第 524 號解釋參照。

課後練習

1. 行政行為採取之方法應有助於目的之達成，稱為：（109 普考）

    (A)狹義比例原則

    (B)適當性原則

    (C)衡量性原則

    (D)公益原則

2. 關於依法行政原則之敘述，下列何者正確？（107 普考）

    (A)依法行政原則中之法律，僅包含形式意義之法律

    (B)地方自治條例一律不得作為限制人民基本權利之基礎

    (C)法律優位原則又被稱為消極之依法行政原則

    (D)法律保留原則涉及司法權與行政權之劃分

3. 依司法院解釋意旨，關於法律保留原則之敘述，下列何者錯誤？（108 普考）

    (A)關於給付行政措施，倘涉及公共利益之重大事項者，應有法律或法規命令為依據

    (B)剝奪人民生命或限制人民身體自由者，須以制定法律或法規命令之方式為之

    (C)涉及人民其他自由權利之限制者，如以法律授權主管機關為補充規定，其授權應具體明確

    (D)若僅屬執行法律之細節性、技術性次要事項，得由主管機關發布命令為必要之規範

4.中央警察大學研究所碩士班招生簡章以報考人有無色盲決定能否取得入學資格，其內容是否合法，主要係涉及下列何項原則？（108 地四）

(A)誠信原則

(B)平等原則

(C)法律保留原則

(D)法律優位原則

5.行政機關對違反行政法上義務者，未分情節輕重，一律為相同之裁罰，違反下列何種原則？（110 普考）

(A)信賴保護原則

(B)比例原則

(C)明確性原則

(D)誠實信用原則

6.環保主管機關查獲某工廠違反水污染防治法，依法開罰並命其限期改善，詎料在限期尚未屆滿前，該機關又前來檢查並再次開罰。該行政行為主要違反下列那一項法律原則？（109 一般警三）

(A)平等原則

(B)過度禁止原則

(C)明確性原則

(D)誠實信用原則

7.關於信賴保護補償之敘述，下列何者錯誤？（110 司四）

(A)甲明知其所有之土地不得建築房屋，雖主管機關違法核發其建築執照，甲既已進行施工，仍可請求損失之補償

(B)信賴保護之補償範圍不包括人民之所失利益

(C)行政機關對於人民信賴行政處分之信賴保護補償額度，不得超過受益人因該處分存續可得之利益

(D)人民對於信賴保護補償之金額，如有不服，得向行政法院提起給付訴訟

8.關於明確性原則之敘述，下列何者錯誤？(108 普考)

(A)法律授權以命令為補充規定，授權之目的、內容與範圍應具體明確

(B)行政行為之內容應明確

(C)為求明確，法規不得使用不確定法律概念或概括條款

(D)法律使用之文字，其意義應可經由司法審查加以確認

一、請依司法院釋字第 443 號解釋，說明「層級化法律保留體系」之內涵。並據此回答以下兩個行政行為是否有法律保留原則之適用？(1)為防治新冠肺炎 (COVID-19)，中央流行疫情指揮中心要求民眾外出時需要全程佩戴口罩。(2)在新冠肺炎 (COVID-19) 時期，政府為振興景氣與紓困，對經濟弱勢民眾由政府補助 1000 元發放三倍券。(110 司四書記官)

二、何謂「比例原則」？依據行政程序法第 7 條之規定，該原則包含那三項子原則？請詳細說明之。(107 關三)

課後練習解答

1.(B)。　2.(C)。　3.(B)。　4.(B)。　5.(B)。　6.(D)。　7.(A)。　8.(C)。

一、

(一)層級化法律保留體系之內涵

1.憲法保留：對於最重要之事項，應保留由憲法加以規定。

2.絕對法律保留：對於重要事項，應由法律自行規定。

3.相對法律保留：次重要事項，得授權行政機關以命令定之。

4.不適用法律保留原則：不重要之事項，無法律保留原則之適用，得由行政機關以行政規則定之。

(二)中央流行疫情指揮中心要求民眾外出時需要全程佩戴口罩，涉及人身自由以外之其他自由權利之限制，屬於相對法律保留之層級，得由法律授權行政機關以命令定之。

(三)對經濟弱勢民眾發放三倍券，屬於給付行政之措施，因涉及公共利益而為重大事項，亦屬於相對法律保留之層級，得由法律授權行政機關以命令定之。

二、

(一)適合性原則：採取之方法應有助於目的之達成。

(二)必要性原則：有多種同樣能達成目的之方法時，應選擇對人民權益損害最少者。

(三)衡量性原則：採取之方法所造成之損害不得與欲達成目的之利益顯失均衡。

第 3 章　行政判斷與行政裁量

　　某種社會生活事實發生，其是否符合法律規定之構成要件，有時需由行政機關加以判斷。例如：甲男多次於深夜傳送簡訊給乙女，是否構成性別平等教育法上之「性騷擾」，此即所謂「行政判斷」。當社會生活事實符合法律規定之構成要件時，如法律定有多種法律效果，需由行政機關加以裁量。例如：對他人性騷擾者，主管機關得命行為人「向被害人道歉」、「接受八小時之性別平等教育相關課程」或為「其他符合教育目的之措施」（性別平等教育法第 26 條第 2 項），此即所謂　「行政裁量」。

　　行政判斷與行政裁量為行政法上之重要課題，以下分述之。

第一節　行政判斷

　　法律由文字所構成，由於文字具有多義性，適用法律時，往往有相當之解釋空間。行政機關在適用法律時，對於法條之文字是否享有一定之解釋權？法院對之能否加以審查？行政機關與法院對於法條之解釋有所不同時，應以何者為準？尤其法律所使用之文字，有涉及所謂「不確定法律概念」(unbestimmter Rechtsbegriff) 者，法院對於行政機關適用不確定法律概念之結果，得否加以審查？此即法院對於行政判斷之審查權限及審查密度之問題。

　　所謂　「不確定法律概念」，係指法律所使用之文字具有高度之抽象性，一般人無法由其內涵精確加以理解，僅能透過其外延，即舉例說明

之方式，大致理解其內容者。例如：「公共秩序」、「善良風俗」、「公益」、「適當」之方法、「必要」時等概念。昔日之見解認為：立法者既然以不確定法律概念規範法條，即默示授予行政機關一定之解釋空間。法院對於行政機關適用不確定法律概念之結果，不得加以審查，即行政機關在適用不確定法律概念時，享有不受司法審查之判斷餘地 (Beurteilungsspielraum)[1]。

　　其後，隨著行政法院審判權逐步擴張之發展趨勢，上述見解有所變更。尤其在傳統警察法及秩序行政之範疇（如：道路交通管理處罰條例、社會秩序維護法）中，法院對於行政機關之判斷應享有廣泛之審查權。對於不確定法律概念之適用，法律上只有一個正確答案 (nur eine Lösung rechtlich richtig)，而法院對於不確定法律概念之判斷擁有最後認定權 (Recht zur Letzterkenntnis)[2]。僅在以下之例外情形，行政機關擁有判斷餘地[3]：

㈠高度屬人性之判斷

　　行政機關之判斷如與判斷者個人之知識、經驗緊密結合，法院無法取代其地位而審查其所為判斷是否正確，即屬「高度屬人性之判斷」，例如：考試之評分、教師升等之審查、公務員法上有關人事能力之判斷（是否適任）等。此時，行政機關得享有判斷餘地。

　　以考試之評分為例，在「申請複查考試成績案」之司法院釋字第

---

[1] 有關判斷餘地之各種理論基礎，詳見：陳敏，行政法總論，2019年10版，頁205以下。

[2] Würtenberger/Heckmann, Verwaltungsprozessrecht, 4. Aufl., 2018, Rn. 26.

[3] 有關行政機關擁有判斷餘地之情形，參見：李惠宗，行政法要義，2020年8版，頁168以下。

319 號解釋中，大法官認為：「考試機關依法舉行之考試，其閱卷委員係於試卷彌封時評定成績，在彌封開拆後，除依形式觀察，即可發見該項成績有顯然錯誤者外，不應循應考人之要求任意再行評閱，以維持考試之客觀與公平。……」。在「學生退學之行政救濟案」之司法院釋字第382 號解釋中，大法官認為：「……受理學生退學或類此處分爭訟事件之機關或法院，對於其中涉及學生之品行考核、學業評量或懲處方式之選擇，應尊重教師及學校本於專業及對事實真象之熟知所為之決定，僅於其判斷或裁量違法或顯然不當時，得予撤銷或變更，……」[4]。再以教師升等之審查為例，在「大學教師升等案」之司法院釋字第 462 號解釋中，大法官認為：「……各大學校、院、系 (所) 教師評審委員會，本於專業評量之原則，應選任各該專業領域具有充分專業能力之學者專家先行審查，將其結果報請教師評審委員會評議。教師評審委員會除能提出具有專業學術依據之具體理由，動搖該專業審查之可信度與正確性，否則即應尊重其判斷。受理此類事件之行政救濟機關及行政法院自得據以審查其是否遵守相關之程序，或其判斷、評量有無違法或顯然不當之情事。」

㈡計畫行政領域內之決定

在計畫行政之領域中，例如：都市計畫、科學園區開發計畫等，由於涉及多數人間相互衝突之利益，如：居民居住權之保障與老舊社區改建、產業發展與農業生產等之衝突調和，行政機關需衡酌之因素極為複雜，並具高度之預測性。有鑑於此，應給予行政機關獨立之計畫形成空間，不應由法院就其決定之內容加以審查。

---

[4] 司法院釋字第 382 號解釋理由書段碼 3 參照。

㈢多元代表委員會依民主程序所為決定

　　行政機關之決定，如係由多元代表所組成之委員會依民主程序所為者，例如：由地方公正人士、不動產估價師、地政、法律、工程、都市計畫專家學者、地政、財政、建設主管人員等所組成之「地價評議委員會」評議之地價或土地改良物價額；由文化部影視及流行音樂產業局指派之代表及電影相關領域具有學術或實務經驗之學者、專家所組成之「電影片分級審議會」所為之電影分級等，行政法院往往尊重其決定，不就其實質內容加以審查。

㈣高度科技性、專業性之判斷

　　部分法律概念之判斷涉及高度之科技性、專業性者，例如：原子能法中有關防護游離輻射之安全標準、空氣污染防制法中有關固定污染源之排放標準等，鑑於行政機關擁有較多之人力、物力資源及專業知識，可為較佳之判斷，因而得享有判斷餘地。

　　在上述情形，行政機關固然享有所謂判斷餘地。惟並非法院對於行政機關適用不確定法律概念之結果，即完全不能加以審查，僅其審查密度 (Kontrolldichte) 降低而已。詳言之，縱使在行政機關擁有判斷餘地之情形，法院仍得對於行政機關適用不確定法律概念之結果在以下方面加以審查[5]：

　　－作成判斷機關之組織是否合法？

　　－判斷之作成是否遵守法定程序？

　　－判斷是否基於錯誤之事實？

　　－是否有重要之事項漏未斟酌？

---

[5] 有關行政機關擁有判斷餘地時，法院仍得對於行政機關適用不確定法律概念之結果加以審查之事項，參見：陳敏，行政法總論，2019 年 10 版，頁 203。

－判斷是否基於與事件無關之考慮？

第二節　行政裁量

　　行政行為，可區分為羈束行政及裁量行政二種。羈束行政係指當法律規定之構成要件存在時，行政機關即受羈束，應為特定內容之行為者。例如：依據集會遊行法第 11 條第 3 款及第 15 條第 1 項後段之規定，「有明顯事實足認為有危害生命、身體、自由或對財物造成重大損壞者」，主管機關「應」撤銷、廢止集會遊行之許可，並無裁量之餘地。而裁量行政則係指當法律規定之構成要件存在時，行政機關對於是否及如何作為，仍享有一定之裁量空間者。例如：集會遊行法第 15 條第 1 項前段規定，室外集會、遊行經許可後，因天然災變或重大事故，主管機關為維護社會秩序、公共利益或集會、遊行安全之緊急必要，「得」廢止許可或變更原許可之時間、處所、路線或限制事項。

　　法律為賦予行政機關處理事務之彈性，經常授權行政機關裁量行政。此際，行政機關即擁有裁量權。此種裁量權，又可分為二階段。首先，行政機關應進行「決定裁量」(Entschließungsermessen)，即對於是否啟動裁量程序，進行裁量。以前述集會遊行法第 15 條第 1 項之情形為例，當有天然災變或重大事故發生時，行政機關應先評估該事件之影響是否達到應採取相關措施之程度。如否，行政機關即不為任何作為。反之，如應進入裁量程序，行政機關應進行「選擇裁量」(Auswahlermessen)，就選擇何種法律效果，進行裁量。即就「廢止許可」、「變更原許可之時間、處所、路線」或「其他限制事項」擇一為之[6]。

---

[6] 陳敏，行政法總論，2019 年 10 版，頁 182。

　　法律雖賦予行政機關裁量權，惟裁量權之行使，並非得恣意為之。行政機關行使裁量權，受到外部及內部之限制。所謂外部限制，即裁量受法之拘束。裁量必須合乎國家法秩序之要求，不得與憲法、法律（如：行政程序法）、一般法律原則（如：比例原則、差別待遇禁止原則）、命令及行政規則（如：財稅主管機關為統一執法標準所訂定之稅務違章案件裁罰金額或倍數參考表）牴觸。所謂內部限制，即裁量不得出於恣意，不得有不法動機，並不得基於個人之好惡或政治上之偏見等[7]。

　　裁量權行使如合乎上述外部及內部限制所要求之義務，即為「合義務之裁量」(pflichtgemäßiges Ermessen)[8]，其裁量即屬合法，行政法院不得就裁量之內容加以審查。反之，如違反裁量之限制，其裁量即有瑕疵。

　　所謂裁量之瑕疵，依其類型可分為三種[9]：

㈠裁量逾越 (Ermessensüberschreitung)

　　裁量逾越者，行政機關之裁量超出法令授權之範圍。例如：法律規定處新臺幣一萬元以下罰鍰，行政機關裁處新臺幣兩萬元。或是法律僅授權處以罰鍰，行政機關卻處以勒令停業。

㈡裁量濫用 (Ermessensmißbrauch)

　　裁量濫用者，行政機關之裁量違反法律目的，或考量與事件無關之因素。例如：公務員對於違法民眾裁處罰鍰時，因其性別、黨派之不同而為差別待遇。

---

[7] 李惠宗，行政法要義，2020 年 8 版，頁 155 以下。

[8] 陳敏，行政法總論，2019 年 10 版，頁 189。

[9] 吳庚、盛子龍，行政法之理論與實用，2020 年增訂 16 版，頁 107 以下。

㈢裁量怠惰

　　裁量怠惰者，行政機關依法擁有裁量權，卻故意不行使或因過失誤認自己無裁量權而未行使。最常見之情形，為行政機關以行政規則或個別之指令剝奪所屬機關之裁量權；例如：媒體報導某市市容髒亂，市長震怒，要求環保局對於違反廢棄物清理法之行為人不分情節輕重一律處最重之罰鍰處分。按「對人民違反行政法上義務之行為處以罰鍰，其違規情節有區分輕重程度之可能與必要者，應根據違反義務情節之輕重程度為之，使責罰相當」（司法院釋字第 641 號解釋理由書段碼 1 參照）。如不問情節輕重一律處最重之罰鍰，即有裁量怠惰之違法。

　　逾越權限或濫用權力之行政處分，以違法論（行政訴訟法第 4 條第 2 項參照）。行政機關依裁量權所為之行政處分，以其作為或不作為逾越權限或濫用權力者為限，　行政法院得予撤銷　（行政訴訟法第 201 條參照）。至於裁量怠惰之裁量瑕疵，其嚴重程度並不下於裁量逾越與裁量濫用，實務上亦有因此認定裁量違法而撤銷原處分之案例[10]。

　　法律原本賦予行政機關裁量權，惟有時基於特殊之事況，在具體案例中，行政機關必須作成特定行為，其裁量始無瑕疵，此即所謂裁量限縮。例如：建築法第 82 條規定：「因地震、水災、風災、火災或其他重大事變，致建築物發生危險不及通知其所有人或占有人予以拆除時，得由該管主管建築機關逕予強制拆除。」大地震後位於市區之危樓影響人車安全至鉅，行政機關之裁量權「限縮至零」(auf Null Reduzieren)，應立即逕予強制拆除[11]。

---

[10] 最高行政法院 90 年度判字第 1807 號判決參照。

[11] 陳敏，行政法總論，2019 年 10 版，頁 196。

課後練習

1.關於不確定法律概念，下列敘述何者錯誤？（109 普考）

　(A)屬立法者規範人民行為之一種構成要件表述方式

　(B)不確定法律概念有待於個案中予以具體化

　(C)不確定法律概念得經由司法審查加以確認

　(D)不確定法律概念之具體化，法院一律享有完全之審查權限

2.關於行政裁量之敘述，下列何者錯誤？（109 司四）

　(A)包含個別裁量與一般裁量

　(B)對於事實存在與否之認定，亦屬裁量之範圍

　(C)法律效果之選擇屬於裁量範圍

　(D)機關因特殊之事實關係，可能產生裁量萎縮至零

3.有關行政機關之判斷餘地，下列敘述何者錯誤？（110 司四執行員）

　(A)國家考試閱卷委員對於考試成績的評定享有判斷餘地

　(B)長官對於所屬公務員年終考績之評定有判斷餘地

　(C)環境影響評估審查結論之作成有判斷餘地

　(D)上級機關訂定裁量基準之行為有判斷餘地

4.行政機關享有判斷餘地，除有明顯瑕疵外，行政法院應予尊重之情形，不包括下列何者？（108 高三）

　(A)對於公務人員考試成績之評定

　(B)對於公務人員考績之評定

　(C)對於公務人員陞遷之評量

　(D)對於公務人員退休金之核定

5. 在行政機關享有判斷餘地之範圍內，下列何者非屬司法機關應審查之事項？（108 退四）

　(A)是否有與事物無關之考量

　(B)是否遵守程序規定

　(C)有無違背一般公認評價原則

　(D)是否提高行政效能

6. 下列何者屬於行政機關裁量權之行使？（107 普考）

　(A)依姓名條例規定，審酌申請改名之原名是否字義粗俗不雅

　(B)依地方制度法規定，審酌有無延期辦理里長改選之特殊事故

　(C)依行政罰法規定，審酌違章行為是否獲有不法利益，決定罰鍰額度

　(D)依教師法規定，審酌教師是否不能勝任工作，為不續聘之決定

7. 國籍法第 3 條第 1 項第 3 款規定：「品性端正，無犯罪紀錄」者，得申請歸化。（本條項已於 105 年 12 月 21 日修正為「無不良素行，且無警察刑事紀錄證明之刑事案件紀錄。」） 甲向主管機關請求歸化為中華民國國民， 但主管機關以甲品性不端正為由， 否准甲之歸化申請。請問「品性端正」的用語，在法律上可稱之為：（100 高三法制）

　(A)選擇裁量

　(B)不確定法律概念

　(C)裁量授權

　(D)確定法律概念

8.違反廢棄物清理法情節重大者，環保機關除裁處罰鍰外，並得為停業或停工處分。環保機關依此規定命違反者停業，係行使下列何項權限？(108 移四)

(A)計畫裁量

(B)事實裁量

(C)要件裁量

(D)選擇裁量

一、何謂行政裁量？裁量之種類有那些？裁量瑕疵有那些類型？請詳細敘述並舉例說明之。(104 關三)

二、主管機關為有效打擊酒駕違規事件，通函所屬各機關：凡酒後駕車，酒精濃度超過標準者，一律依道路交通管理處罰條例第 35 條第 1 項規定處以最高額新臺幣 9 萬元罰鍰。某甲酒後駕車，其酒精濃度僅超過標準每公升 0.1 毫克，即遭罰 9 萬元罰鍰。甲不服，主張該罰鍰處分有裁量瑕疵，構成違法。請問：甲主張有無理由？請附理由說明之。(108 一般警三)

【參考法條】

道路交通管理處罰條例第 35 條第 1 項：

汽車駕駛人，駕駛汽車經測試檢定有下列情形之一者，處新臺幣一萬五千元以上九萬元以下罰鍰，並當場移置保管該汽車及吊扣其駕駛執照一年；附載未滿十二歲兒童或因而肇事致人受傷者，並吊扣其駕駛執照兩年；致人重傷或死亡者，吊銷其駕駛執照，並不得再考領：一、酒精濃度超過規定標準。二、吸食毒品、迷幻藥、麻醉藥品及其相類似之管制藥品。

課後練習解答

1.(D)。 2.(B)。 3.(D)。 4.(D)。 5.(D)。 6.(C)。 7.(B)。 8.(D)。

一、

(一)行政裁量之意義

法律為賦予行政機關處理事務之彈性，授權行政機關在法律規定之構成要件存在時，對於如何作為，仍享有一定之決定空間者。

(二)裁量之種類

1.決定裁量：對於是否發動裁量程序，進行裁量。

2.選擇裁量：就選擇何種法律效果，進行裁量。

(三)裁量瑕疵之類型

1.裁量逾越：行政機關之裁量超出法令授權之範圍。

2.裁量濫用：行政機關之裁量違反法律目的，或考量與事件無關之因素。

3.裁量怠惰：行政機關故意不行使裁量權或因過失誤認自己無裁量權而未行使。

二、

(一)裁量之瑕疵，包括：裁量逾越、裁量濫用及裁量怠惰三者。

(二)對人民違反行政法上義務之行為處以罰鍰，其違規情節有區分輕重程度之可能與必要者，應根據違反義務情節之輕重程度為之，使責罰相當。

(三)如不問情節輕重一律處最重之罰鍰，即有裁量怠惰之違法。

第 **4** 章　行政法之法源與行政法上法律關係

　　法源 (Rechtsquelle) 者，法之淵源，即構成某種法律領域中各項（廣義）法規範之總稱。行政法之法典化程度，遠較民法、刑法不足。行政法法源之探討，因此更具有重要性。

　　行政法之法源，可分為成文法源與不成文法源。成文法源包括：憲法、法律、國際法、命令、自治規章。不成文法源包括：習慣法、法官法及一般法律原則。以下分述之。

第一節　憲法

　　憲法為國家根本大法，為位階最高之法規範，其他法律均不得與之牴觸，為行政法之重要法源。

　　憲法與行政法之關係密切。憲法具高度政治性，其內容簡潔、抽象。行政法落實憲法上之基本決定，為細節性、技術性之規範。德國學者 Fritz Werner 有謂：行政法為具體化之憲法 (Verwaltungsrecht als konkretisiertes Verfassungsrecht)；Lorenz von Stein 指出：行政法為「作用中之憲法」(tätig werdende Verfassung)，均精確描述憲法與行政法之關係。德國行政法之父 Otto Mayer 於 1924 年「德國行政法」(Deutsches Verwaltungsrecht) 教科書第三版序文之名言：「憲法消逝，行政法長存」(Verfassungsrecht vergeht, Verwaltungsrecht besteht)，更是傳神地描繪威瑪共和時期，帝國崩解，共和建立之交，憲法與行政法之消長關係[1]。

---

[1] 吳庚、盛子龍，行政法之理論與實用，2020 年增訂 16 版，頁 31 以下。

第二節　法律

我國憲法第 170 條規定：「本憲法所稱之法律，謂經立法院通過，總統公布之法律。」法律經人民選出代表所組成之立法機關通過，並由國家元首公布，其為國民總意志之展現。

我國行政法法典化之程度不如民、刑法。惟民國 80 年後期起急起直追，當時所公布施行之行政法規如：行政程序法、行政執行法、行政罰法、行政訴訟法等，均為重要之行政法法源。

第三節　國際法

國際法與國內法原為平行之法律體系，惟國際法亦可能透過下列三種方式成為行政法之法源[2]：

1.直接作為法規而適用者，如：兩國間避免雙重課稅所簽訂之條約，或引渡條約。 2.須經轉換為國內法規始能適用者，如：中美智慧財產權保護協定等所謂行政協定，須將內容立法，在著作權法中加以明文規定，始生國內法效力。 3.國際法之原則經司法審判機關採用，並作為判決先例者。

應注意者，凡我國與其他國家或國際組織所締結之國際書面協定，無論其名稱為何，均不能免除立法審查之程序。其中名稱為條約或公約或用協定等名稱而附有批准條款者，當然應送立法院審議，其餘國際書面協定，除經法律授權或事先經立法院同意簽訂，或其內容與國內法律

---

[2] 吳庚、盛子龍，行政法之理論與實用，2020 年增訂 16 版，頁 36 以下。

相同者外，亦應送立法院審議[3]。

近年來，隨著兩岸關係之發展，兩岸政府或其委託之非政府組織（財團法人海峽交流基金會與海峽交流協會）簽訂若干書面協議。此等協議固非狹義之「國際法」，性質上則有近似之處，可視為行政協定之一種，而為行政法之法源。兩岸間之行政協定如經立法院讀會通過者，具有法律位階之效力。如經主管機關核准實施送立法院備查者，其位階與命令相當[4]。

第四節　命令

（廣義之）命令者，由行政機關制定之具有抽象及一般性拘束力之法規範，又稱行政立法，與法律同為行政法最重要之法源。命令又可區分為下列數種[5]：

一、緊急命令

憲法增修條文第 2 條第 3 項規定：「總統為避免國家或人民遭遇緊急危難或應付財政經濟上重大變故，得經行政院會議之決議發布緊急命令，為必要之處置，不受憲法第四十三條之限制。但須於發布命令後十日內提交立法院追認，如立法院不同意時，該緊急命令立即失效。」緊急命令係以憲法為基礎之命令，具變更及取代法律之效力。

我國曾於民國 88 年因應九二一大地震之救災工作發布緊急命令，

---

[3] 司法院釋字第 329 號解釋文參照。
[4] 吳庚、盛子龍，行政法之理論與實用，2020 年增訂 16 版，頁 38。
[5] 吳庚、盛子龍，行政法之理論與實用，2020 年增訂 16 版，頁 39 以下。

並衍生緊急命令得再授權為補充規定之爭議。按緊急命令於同年九月二十五日經總統發布後，行政院為執行緊急命令，特訂「中華民國八十八年九月二十五日緊急命令執行要點」函送立法院。立法院對於該執行要點是否合憲，以及立法院有無審查之職權發生適用憲法之疑義，聲請解釋。司法院釋字第 543 號解釋以：「緊急命令係總統為應付緊急危難或重大變故，直接依憲法授權所發布，具有暫時替代或變更法律效力之命令，其內容應力求周延，以不得再授權為補充規定即可逕予執行為原則。若因事起倉促，一時之間不能就相關細節性、技術性事項鉅細靡遺悉加規範，而有待執行機關以命令補充，方能有效達成緊急命令之目的者，則應於緊急命令中明文規定其意旨，於立法院完成追認程序後，再行發布。此種補充規定應依行政命令之審查程序送交立法院審查，以符憲政秩序。又補充規定應隨緊急命令有效期限屆滿而失其效力，乃屬當然。」

二、法規命令

法規命令 (Rechtsverordnung) 者，行政機關基於法律授權，對多數不特定人民就一般事項所作抽象之對外發生法律效果之規定（行政程序法第 150 條第 1 項參照）。例如：各種法律授權主管機關訂定之施行細則、實施辦法等。

三、行政規則

行政規則 (Verwaltungsvorschrift) 者，上級機關對下級機關，或長官對屬官，依其權限或職權為規範機關內部秩序及運作，所為非直接對外發生法規範效力之一般、抽象之規定（行政程序法第 159 條第 1 項參

照）。行政規則之種類繁多，有組織性、作業性等單純規範機關內部事務者，例如：各機關之編制表、作業要點。有裁量性、解釋性等具有間接對外效力者，例如：各種裁罰基準表、解釋令函。

四、特別規則

特別規則 (Sonderverordnung) 者，特別權力關係領域中，權力主體毋須法律授權所發布之規章；如：學校之校規、軍隊之營規等。晚近，特別權力關係已日趨式微，所謂特別規則之適用範圍及重要性不如以往（詳見本書第七章第三節特別權力關係）。

第五節　自治規章

自治規章 (Satzungen) 者，自治團體所訂定具有抽象及一般性拘束力之法規範。如直轄市、縣（市）、鄉鎮市等各級地方自治團體所訂定之自治條例、自治規則。此外，尚有由中央及地方政府所設置之各種行政法人所訂定之各種規章，亦屬之。自治規章不得與其他較高位階之法規範如法律、命令等相牴觸。

第六節　不成文法源

除上述成文法源外，行政法上亦有以下數種不成文法源：

一、習慣法

習慣法須具備主觀及客觀要件。在客觀上，須存在某種特定之行為

方式，長期受多數人一致之遵行。在主觀上，則須一般人對於該行為方式產生法之確信。

我國民法第 1 條規定：「民事，法律所未規定者，依習慣；無習慣者，依法理。」習慣法在民事法領域中有重要之地位。在行政法領域中，習慣法作為行政法之法源者，實務上幾無案例。鑑於依法行政原則及法明確性原則之要求，不宜強調習慣法作為行政法法源之重要性。

二、法官法

法官法 (Richterrecht) 者，法官於裁判中所表示之具有拘束力之法律見解，向為行政法之重要法源。昔日大法官依司法院大法官審理案件法所作成之解釋，今日憲法法庭依憲法訴訟法所作成之裁判，具有憲法位階之效力，為最重要之憲法及行政法不成文法源。

以往判例亦具有重要之地位，裁判違背判例，視同違背法令。此外，終審法院（最高法院或最高行政法院）庭長法官聯席會議之決議，亦屬重要之行政法法源。該「決議原僅供院內法官辦案之參考，並無必然之拘束力，與判例雖不能等量齊觀，惟決議之製作既有法令依據……，又為代表最高法院之法律見解，如經法官於裁判上援用時，自亦應認與命令相當，許人民……聲請本院解釋，……」。簡言之，其雖無法律上拘束力，事實上之拘束力不容否認，其效力與命令相當，得作為違憲審查之對象[6]。惟民國 108 年修正法院組織法，引進德國大法庭制度之後，判例與庭長法官聯席會議制度均已廢止，改由最高法院及最高行政法院大法庭擔負統一法律見解之任務。最高行政法院大法庭之裁判，成為行政法上新形態之重要不成文法源。

---

[6] 司法院釋字第 374 號解釋理由書段碼 1 參照。

三、一般法律原則

　　長久以來，在行政法領域中，有諸多由學理、裁判，甚至外國立法例及學說所發展成形，並被普遍接受之一般法律原則，為行政法之重要法源。行政程序法完成立法後，多數一般法律原則，如差別待遇禁止原則（行政程序法第 6 條）、比例原則（行政程序法第 7 條）、誠實信用原則及信賴保護原則（行政程序法第 8 條）等，在法律中已有明文規定，固然已非行政法之不成文法源。惟仍有諸多一般法律原則並未經明文規定於法典中者，如：正當法律程序原則、行政自我拘束原則等，仍屬行政法之不成文法源。

第七節　法源位階

　　上述行政法之諸多法源，具有不同之效力位階。憲法位於頂端，其位階最高。其次依序為法律、命令、自治規章，至底層之無數具體行政行為，共同構成一座規範金字塔 (Normenpyramide)[7]。下位階之法規範不得牴觸上位階之法規範，否則無效。至於不成文法源，則無固定之效力位階。如係司法院解釋或憲法法庭之裁判，具有憲法之位階。如係行政法院之裁判，其位階與法律相當。

　　相同位階之法源，其效力亦可能有高低之別。同位階之不同法源而規範相同事物者，如有特別法與普通法之關係時，適用「特別法優於普通法」原則。同位階之不同法源而規範相同事物者，如有先法與後法之關係時，適用「後法優於先法」原則。上述二原則牴觸時，以「特別法

---

[7] 吳庚、盛子龍，行政法之理論與實用，2020 年增訂 16 版，頁 64 以下。

優於普通法」原則優先，即舊特別法仍優先於新普通法。

應注意者，效力優先與適用優先應予以區別。在具體適用法規範時，低位階之法源應優先適用，即優先適用行政規則，其次為法規命令，其次為法律，最後為憲法。蓋低位階之法源，其內容通常較高位階法源具體，故應優先予以適用[8]。

第八節　行政法上法律關係之發生

行政法上法律關係 (Verwaltungsrechtsverhältnis) 者，國家、地方自治團體與人民間，行政主體相互間，行政主體與受監督之法人或團體間所成立之行政法上權利、義務關係。早期行政處分幾乎為行政主體與人民之間發生權利義務關係之唯一原因，行政法學並未對於行政法律關係議題之研究進行全面性之開展。20 世紀以後，給付行政興起，以行政處分以外之方式（如行政契約）發生權利義務關係之情形日趨增加，行政法律關係之研究始逐漸獲得重視。我國行政訴訟法於民國 87 年修正時，亦新增「確認公法上法律關係成立或不成立」之訴訟類型（行政訴訟法第 6 條第 1 項前段參照），進一步完善行政法律關係之研究[9]。行政法上法律關係因下列原因而發生[10]：

一、因法規規定而直接發生

法規縱使賦予人民某種權利或義務，通常需藉由個別之行政處分加

---

[8] 吳庚、盛子龍，行政法之理論與實用，2020 年增訂 16 版，頁 65 以下。

[9] 陳敏，行政法總論，2019 年 10 版，頁 218 以下。

[10] 陳敏，行政法總論，2019 年 10 版，頁 290 以下。

以具體化，始生效力。惟例外情形，如法規對於權利義務之主體、內容之規範已明確者，得直接發生行政法上法律關係。例如：廢棄物清理法第 11 條第 8 款規定：「四公尺以內之公共巷、弄路面及水溝，由相對戶或相鄰戶分別各半清除。」 四公尺以內之公共巷、 弄之相鄰戶或相對戶，即因此負有清除路面及水溝廢棄物之義務。

二、因行政處分而發生

行政處分為發生行政法上法律關係之最重要原因。例如：役男因徵兵處分與國家成立軍事服役關係，低收入戶因主管機關核定社會救助之申請而取得補助生活費之請求權。

行政處分大多形成公法上法律關係，如：許可室外之集會，申請人於該許可之時段取得該空間之使用權。惟行政處分亦有形成私法上法律關係者，如：地政機關之登記發生不動產所有權移轉之效力、政府採購決標使廠商取得私法上締約之請求權、核准買受國宅之申請後發生民法上買賣契約之法律關係等。

三、因行政契約而發生

行政法上法律關係因行政契約而發生者，例如：中央健保署與各醫事服務機構締結全民健康保險特約醫事服務機構合約，醫事服務機構負有提供被保險人醫療服務之義務，中央健保署則負有給付醫療費用之義務（司法院釋字第 533 號解釋參照）。

四、因事實行為而發生

行政法上之事實行為者，不具法律上效力，只發生事實上效果之公

權力行為。因事實行為而發生行政法上法律關係，例如：警車巡邏時撞傷路人，發生公法上侵權行為（國家賠償）之法律關係；市民進入公立圖書館或公園，發生營造物利用關係。

第九節　行政法上之權利與義務

行政法上之權利與義務，與一般所認識之權利、義務概念，頗有不同。廣義之權利，又可區分為權利與法律上利益。其與所謂反射利益如何區別？人民固得享有各種公、私權利，行政主體是否亦得享有公權利？行政主體或公務員依法負有義務時，人民是否即得請求其為特定之作為或不作為？以下詳述之。

一、人民之權利與義務

德國歷史法學派學者薩維尼 (Friedrich Carl von Savigny) 有謂：權利 (Recht) 者，法律規範對個人意志之力 (Willensmacht) 所容許之空間。

權利，依其授權法規範之性質為公法或私法，又可分為公權利與私權利。私權利者，例如民法上所規範之各種債權、物權等，並非行政法上法律關係所研究之對象。公權利者，憲法、行政法等公法所規範之各種參政權（選舉權、罷免權）、受益權（社會救助法上之各種給付請求權，訴願權、訴訟權等司法受益權）、防禦權（憲法上所規定之各種自由權）[11]。

---

[11] 德國學者耶林內克 (Georg Jellinek) 於 1919 年出版之 「主觀公權利之體系」 (System der subjektiven öffentlichen Rechte) 一書中，將人民與國家之關係區分為四種身分，即：消極、積極、主動與被動身分，分別推導出不同類型之權利，

　　上述各種權利，均有實證法明文承認。有時實證法雖保障某種個人意志之力，卻未達權利之程度，稱之為法律上利益。例如：主管機關違反消防安全法規核發建造執照予起造人，對於鄰人之居住安全法益有所危害，此「居住安全法益」，即為法律上利益[12]。

　　對於權利或法律上利益等概念加以研究之實益在於：我國之訴訟制度，原則上係採主觀訴訟主義，以維護人民權益為訴訟制度之主要目的。個人之權益受損，為尋求法院權利保護之前提要件。惟我國之行政爭訟制度，係將權利與法律上利益均包含於保障之範圍內[13]。因此，權利或法律上利益二者之區分，實際上並無太大實益。反之，對於實務上有重要意義者，為上述權益（包含權利及法律上利益）與反射利益之區別。

　　反射利益者，法規之目的在於保障公益，但對個人亦產生反射之附隨效果。權利或法律上利益與反射利益之區別，依司法院釋字第 469 號解釋所採取之保護規範理論 (Schutznormtheorie) 判斷之。「法律規範保障目的之探求，應就具體個案而定，如法律明確規定特定人得享有權利，或對符合法定條件而可得特定之人，授予向行政主體或國家機關為一定作為之請求權者，其規範目的在於保障個人權益，固無疑義；如法律雖係為公共利益或一般國民福祉而設之規定，但就法律之整體結構、適用對象、所欲產生之規範效果及社會發展因素等綜合判斷，可得知亦有保

為說明公權利內涵之主要理論，迄今仍受到廣泛之沿用。參見：Pieroth/Schlink, Grundrechte Staatsrecht II, 20. Aufl., 2004, Rd. 57 ff.

[12] 陳敏，行政法總論，2019 年 10 版，頁 267。

[13] 例如：我國行政訴訟法第 4 條第 1 項規定：「人民因中央或地方機關之違法行政處分，認為損害其『權利或法律上之利益』，經依訴願法提起訴願而不服其決定，或提起訴願逾三個月不為決定，或延長訴願決定期間逾二個月不為決定者，得向行政法院提起撤銷訴訟。」可資參照。

障特定人之意旨時，則個人主張其權益因公務員怠於執行職務而受損害者，即應許其依法請求救濟。」我國實務上見解，認為：主管機關得逕行沒入飼主所飼養侵害他人安寧之動物、取締並拆除違章建築、認定他人所有之土地為既成道路而允許公眾通行、登錄某場所為文化景觀等規定，均係為維護公益而設，並無保障特定個人權益之目的。對於主管機關是否採取措施，人民僅有反射利益，不能主張有權益受損而提起司法救濟[14]。

　　法律規範保障之客觀目的，可能因時間經過，社會價值觀念轉變而有不同。晚近，對於人民權益之保障，日益重視。許多過去認為純為維護公益之規定，其後均被解釋為具有保護規範之性質，即學理上所稱「法秩序主觀化」(Subjektivierung der Rechtsordnung) 之現象[15]。

　　人民所負擔之義務，亦有私法上義務與公法上義務之分。私義務者，例如民法上所規範之支付買賣價金、交付標的物、損害賠償等，並非行政法上法律關係所研究之對象。公法上義務，亦稱公義務。除我國憲法中所明文規定之納稅、服兵役，及受國民教育義務（中華民國憲法第 19 條至第 21 條參照）外，尚有以行政法規為基礎之各種義務。

　　公義務之主要內容，即人民有服從公權力主體之命而作為、不作為或容忍之義務，通常稱之為公負擔。其中，以勞務、實物之給付為內容者，稱為「自然負擔」(Naturallasten)。例如前述廢棄物清理法上規定四公尺以內公共巷、弄之相鄰戶或相對戶，負有清除路面及水溝廢棄物之義務即屬之。以金錢給付為內容者，稱為「公課」(Abgaben)，又可分為

---

[14] 相關案例，參見：蕭文生，行政法——基礎理論與實務，2021 年增訂 4 版，頁 125 以下。

[15] Würtenberger/Heckmann, Verwaltungsprozessrecht, 4. Aufl., 2018, Rn. 30.

租稅（如：所得稅、贈與稅）、規費（如：換發身分證、申請戶籍謄本所收取之費用）、受益費（如：工程受益費）、特別公課（如：未依規定進用身心障礙者所需繳納之「身心障礙者就業基金繳納差額補助費」）及社會保險費（如：勞保費、健保費）等[16]。

二、行政主體之權利與義務

從行政主體方而言，行政機關或公務員負有諸多義務。惟此等義務多為職務義務，未必有相對之權利人。例如：行政機關有依法行政義務，公務員有誠實清廉、勤勉謹慎之義務（公務員服務法第 6 條參照）。與民法上權利義務通常相伴而生之情形不同。

國家、地方自治團體及行政法人等行政主體 (Verwaltungsträger)，擁有權利主體之地位，固得享有私權。例如：土地、不動產得登記為國有、縣市所有。惟行政主體原則上不能享有公法授予個人，使其得為本身之利益，面向國家請求作成特定行為之「主觀公權利」(subjektiv-öffentliches Recht)。國家、地方自治團體等行政主體之下命權、強制權，昔日稱為「權力」，現今稱為「權限」，均非狹義之權利，行政主體不能亦無需訴請法院為其實現[17]。

上述原則，存有例外。地方自治團體固為行政主體，惟其在自治事項範圍內，享有自治權，且與國家之間為具有權力服從之上下隸屬關係 (Über-Unterordnungsverhältnis)，其地位與人民類似，故得對國家主張自治權，並得訴請法院保護[18]。此外，行政主體亦得主動放棄其高權地位，

[16] 陳敏，行政法總論，2019 年 10 版，頁 274 以下。

[17] Würtenberger/Heckmann, Verwaltungsprozessrecht, 4. Aufl., 2018, Rn. 4.

[18] 劉建宏，基本人權保障與行政救濟途徑(一)，2019 年 3 月 2 版，頁 185。

與人民締結行政契約，對契約相對人主張公權利，並得訴請法院保護。

第十節　行政法上法律關係之消滅

行政法上法律關係發生後，因下列原因而消滅[19]：

一、主體死亡或解散

行政法上法律關係之權利義務，如具有一身專屬性者，通常因其主體一方死亡或解散而消滅。例如：公務員死亡，其與國家間公務員關係消滅。公司解散時，其因停業處分所生之法律關係消滅。應注意者，如行政法上法律關係之權利義務不具一身專屬性者，並不因其主體一方死亡或解散而消滅。例如：納稅義務人死亡時，其稅捐債務由其繼承人繼承，並不當然消滅。

二、標的物滅失

行政法上法律關係如以特定物為標的時，標的物滅失，即可能使法律關係消滅。例如：主管機關命違建所有人自行拆除違建，嗣該違建失火焚毀，其所負拆除義務因而消滅。

三、履行

行政法上法律關係，因義務人之履行而消滅。例如：納稅義務人繳納稅款，其對於稅捐稽徵機關之稅捐債務消滅。

---

[19] 陳敏，行政法總論，2019 年 10 版，頁 291 以下。

四、免除或拋棄

　　人民為公權利主體時，除部分具有強制性質之權利（如：受國民教育之權利），或者權利之行使對於國家意志形成具有重要性之權利（如：選舉權）之外，原則上可任意免除相對人之義務，或拋棄其權利（如：不辦理退稅而拋棄其退稅請求權），行政法上法律關係因而消滅。

　　行政主體原則上不得享有公權利，已如前述，自無拋棄之問題。至於免除義務人之義務，基於依法行政原則之要求，亦不得任意為之。需有上位階法規範之授權，始得為之。例如：立法院曾於民國92年通過以全民健康保險法第87條之4規定之「全民健康保險經濟困難民眾納保優惠方案」，免除經濟特殊困難者應補繳之保險費。

五、時效完成

　　消滅時效之制度目的，係為維持法安定性。人民對於行政主體之公權利，如長時間未行使，將罹於時效。行政主體雖不能為公權利之擁有者，惟基於法安定性原則之要求，以及公平原則之法理，亦應有時效制度之適用。是以行政程序法第131條第1項規定：「公法上之請求權，於請求權人為行政機關時，除法律另有規定外，因五年間不行使而消滅；於請求權人為人民時，除法律另有規定外，因十年間不行使而消滅。」

　　至請求權罹於時效時，發生如何之效力？按行政程序法第131條第2項規定：「公法上請求權，因時效完成而當然消滅。」係採權利本體消滅說。請求權罹於時效後，已然消滅。縱使人民仍履行義務，行政主體應依不當得利之法理返還之。此與民法上請求權罹於時效係採抗辯權發

生說，僅債務人得提出抗辯，如其自願清償，債權人仍具保有債權之地位，不負返還義務之情形不同。

課後練習

1. 下列何者非屬行政法之法源？（109 普考）

　(A)公約施行法

　(B)最高行政法院庭長法官聯席會議決議

　(C)大法庭所作成之裁定

　(D)自治法規

2. 下列何者不得作為行政法之法源？（110 普考）

　(A)法官律師等職業倫理

　(B)習慣法

　(C)行政法學說

　(D)民意代表緩拆違建建議

3. 下列何種法規範具有暫時中止法律之效力？（108 普考）

　(A)法規命令

　(B)緊急命令

　(C)特別命令

　(D)行政規則

4. 下列何者非屬行政法之成文法源？（110 司四）

　(A)條約

　(B)行政自我拘束原則

　(C)自治條例

　(D)法規命令

5.依實務見解，我國財政部與其他國家財稅機關就雙邊所得稅，消除雙重課稅，營造雙邊有利投資環境，不須經立法院審議，所簽署的國際文書，性質為何？（110 普考）

(A)行政協定

(B)雙邊條約

(C)雙邊默契

(D)單邊讓利行為

6.關於法規之適用，下列敘述何者錯誤？（108 身四）

(A)特別法優於普通法

(B)舊特別法仍優於新普通法

(C)高位階之法規，應優先適用

(D)於準用時，法規所準用之規定已修正，準用修正後之規定

7.下列何者屬於行政機關非因行政處分而與人民成立行政法律關係？（110 普考）

(A)社會局核定甲為低收入戶而發給生活補貼

(B)建築主管機關命令乙拆除其所有之違章建築

(C)公立大學與公費學生丙約定分發服務相關事項

(D)稽徵機關依調查所得之課稅資料通知丁補繳稅款

8.下列何者是基於行政處分而產生之行政法律關係？（107 普考）

(A)遵守圖書館使用規則

(B)繳納違反廢棄物清理法所生之罰鍰

(C)違反騎機車應戴安全帽之規定

(D)醫師履行健保特約約款之要求

9.關於行政法律關係之變動，下列敘述何者錯誤？（108 身三）

　⑷對於行政法律關係成立或不成立之爭議，得提起確認訴訟

　⑻行政法律關係得以契約設定、變更或消滅之

　⑼行政機關經裁併者，其與人民間之行政法律關係消滅

　⑽行政法律關係之權利義務不具一身專屬性者，得由第三人繼受

一、人民提起行政訴訟，必須主張「權利」或「法律上利益」被侵害。請問如何判斷人民所主張的法律地位具有「權利」或「法律上利益」之性質？又請問甲之鄰居開設餐廳，生意鼎盛，但廚房油煙味燻得甲受不了。假如該餐廳確實偶有排放廚房廢氣不合格之時，請問甲有無「權利」或「法律上利益」請求環保主管機關勒令該餐廳「歇業」？（103 調三）

【參考法條】

空氣污染防制法第 31 條：

在各級防制區及總量管制區內，不得有下列行為：

一～四（略）

五、餐飲業從事烹飪，致散布油煙或惡臭。

六（略）

前項空氣污染行為，係指未經排放管道排放之空氣污染行為。

第三項（略）

空氣污染防制法第 60 條：

違反第三十一條第一項各款情形之一者，處新臺幣五千元以上十萬元以下罰鍰；其違反者為工商廠、場，處新臺幣十萬元以上一百萬元以下罰

鍰。依前項處罰鍰者，並通知限期改善，屆期仍未完成改善者，按日連續處罰；情節重大者，得命其停止作為或污染源之操作，或命停工或停業，必要時，並得廢止其操作許可證或勒令歇業。

課後練習解答

1.(B)。 2.(D)。 3.(B)。 4.(B)。 5.(A)。 6.(C)。 7.(C)。 8.(B)。 9.(C)。

一、

㈠判斷「權利」或「法律上利益」與反射利益之標準，為司法院釋字第 469 號解釋所採取之保護規範理論。法律規範保障目的之探求，應就具體個案而定，如法律明確規定特定人得享有權利，或對符合法定條件而可得特定之人，授予向行政主體或國家機關為一定作為之請求權者，其規範目的在於保障個人權益，固無疑義；如法律雖係為公共利益或一般國民福祉而設之規定，但就法律之整體結構、適用對象、所欲產生之規範效果及社會發展因素等綜合判斷，可得知亦有保障特定人之意旨時，則個人主張其權益因公務員怠於執行職務而受損害者，即應許其依法請求救濟。

㈡依空氣污染防制法之規定，「空氣污染行為，係指未經排放管道排放之空氣污染行為」。在各級防制區及總量管制區內，不得有「餐飲業從事烹飪，致散布油煙或惡臭」之行為。此等規定雖係為公共利益而設之規定，但就法律之整體結構、適用對象、所欲產生之規範效果及社會發展因素等綜合判斷，可得知亦有保障防制區及總量管制區內特定人之意旨，故其應屬保護規範。甲有「權利」或「法律上利益」請求環保主管機關勒令該餐廳「歇業」。

第二編
行政組織法

廣義之行政組織法，其內容包括：行政組織之態樣與行政機關之管轄、地方制度、公務員法及公物法。

公權力由國家、地方自治團體等不同形態之行政主體行使，行政主體為行使公權力，乃設置行政機關、公營造物等各種行政組織體。行政機關之職權如何劃分？是否能相互移轉？凡此均為行政組織法中重要之問題。

地方制度為我國源遠流長之制度，並受憲法之保障。我國共有直轄市、縣（市）及鄉鎮市等三級地方自治團體，享有自主組織權、立法權、行政權等自治權限，並受上級政府之監督，本編第六章擬研討上述地方制度之內涵及相關問題。

公務員代表國家行使公權力，其應具備之資格、得享受之權利、應負擔之義務為何？如有違法、失職之情事，應負擔何種責任？又我國向來承襲德國行政法之特別權力關係理論，對於公務員等具有特殊身分者之基本權利，有較多之限制；國家或地方自治團體為達一定行政目的，經常設置公物供行政或民眾使用。公物具有哪些特性？其可區分為哪些類型？公物如何形成？如何消滅？本編第七章亦將探討上述問題。

第 5 章　行政組織之態樣與行政機關之管轄

國家之公權力，由不同形態之行政主體行使。有直接由國家行使者，稱之為直接之國家行政。有間接由地方自治團體、其他公法團體甚至私人行使者，稱之為間接之國家行政。

國家與地方自治團體為最重要之行政主體。為履行其任務，乃設置各種行政組織體，包括：行政機關、公營造物及公營事業等，以行使公權力、履行給付義務，甚至從事私法上交易行為。

行政機關之管轄權，依「管轄法定原則」，不得任意變更。例外情形，得將權限委託、委任或委辦其他機關。此外，其他機關或私人亦得藉由職務協助及行政助手等方式，協助其完成行政任務。

以下就行政組織之態樣與行政機關之管轄等問題分述之。

第一節　行政主體

行政主體（又稱公權力主體）者，在行政法關係上，為履行行政任務，被賦予權利能力，得為行政法上權利義務之主體。

一、行政主體之種類

行政主體之種類如下：

1.國家：指憲法授予國家主體地位之中華民國。

2.地方自治團體：指依憲法及地方制度法授權而享有地方自治權限之直轄市（如臺北市）、縣（市）（如嘉義縣或嘉義市），以及鄉鎮市（如

　嘉義縣民雄鄉、嘉義縣大林鎮及嘉義縣太保市）。

3.其他公法團體：包括公法社團、公法財團及行政法人。

4.受委託行使公權力之私人。

二、私人作為行政主體

　　所謂私人作為行政主體，即國家基於特殊之考量，得將其特定之行政職務移轉於私人執行，並授權私人以自己名義行使公權力。

　　現代國家之任務範圍不斷擴大，但政府之編制及人力非但無法隨之擴充，社會上反而要求國家進行各種人力精簡、瘦身政府之計畫。為解決此等矛盾現象所產生之問題，乃有將行政任務委由私人執行之構想與政策。

　　現代國家中，行政任務由私人完成，有多種形式[1]：

㈠私人受託以行使公權力之方式完成行政任務

　　私人受託以行使公權力之方式完成行政任務，有以自己之名義行使公權力者，例如：海基會受陸委會之委託辦理文書認證、民營修車廠受汽車監理機關委託檢驗車輛。有受委託機關之指令行使公權力者，又稱「行政助手」(Verwaltungshelfer)；例如：民間汽車拖吊業者受交通警察之指揮，執行拖吊業務。交通義勇警察（義交）受交通警察之指揮，調控交通號誌。

㈡私人受託以私經濟之方式完成行政任務

　　私人受託以私經濟之方式完成行政任務者，受託人之行為不涉及公權力行使，僅以私經濟之方式完成行政任務。各種公辦民營設施，如臺北市政府將由其所籌建之市立萬芳醫院委由財團法人臺北醫學大學經

---

[1] 李震山，行政法導論，2019年修訂11版，頁77以下。

營、交通部將臺灣高速鐵路以 BOT (Build, Operate, Transfer) 方式委由民間辦理，均屬之。

㈢法律課予私人完成行政任務之義務

私人表面上係履行法定義務，事實上則係代國家執行其職務。例如：集會遊行法第 18 條規定：「集會、遊行之負責人，應於集會、遊行時親自在場主持，維持秩序；其集會處所、遊行路線於使用後遺有廢棄物或污染者，並應負責清理。」

㈣私人以其他間接之方式完成行政任務

私人以其他間接之方式完成行政任務者，例如：政府委託學者執行研究計畫、政府委託公益團體履行公行政任務（如：國民健康署委託公益團體辦理菸害防制業務）、民間團體主動協助行政任務之執行（如：中華山岳協會協助山難搜救工作）等。

三、國家委託私人行使公權力之界限

國家委託私人執行行政任務中，最重要者，即國家委託私人行使公權力之類型。行政程序法第 16 條第 1 項規定：「行政機關得依法規將其權限之一部分，委託民間團體或個人辦理。」 國家委託私人行使公權力，應將委託事項及法規依據公告之，並刊登政府公報或新聞紙（行政程序法第 16 條第 2 項參照）。

國家公權力，應由國家及其公務員自行行使為原則。 非有法令依據，不得任意交由私人行使，以避免國家不當轉嫁其責任。例外情形，如其性質適合，且較國家自行行使更具效率時，得依法令委託私人行使之。例如：因汽車數量激增，政府機關檢驗車輛之能量不足，昔日民眾進行車輛定期檢驗時往往大排長龍，並造成監理黃牛盛行。為解決此等

亂象，乃開放委託汽車修理業執行汽車定期檢驗之業務。

惟國家委託私人行使公權力，仍有一定之界限[2]。首先，基於「功能保留原則」，國家公權力之核心領域如：國防、內部安全、刑罰權之執行等，因所保護之法益極為重要，應保留由國家親自執行，不得委託私人行使。其次，基於「強制力由國家行使原則」，國家之強制力應以國家自行行使為原則。故行政強制執行及警械之使用，不得委託私人行使。再者，基於「國家責任不輕易轉嫁原則」，國家將公權力委託私人行使時，應選擇適合之領域，就特定事務以個案之方式行之，不得一般性、大量地將行政任務委託私人行使。

國家將公權力委託私人行使，並非即放任自流，仍應履行其保證國家之職責，對於受託行使公權力者，進行適當之監督。以前述汽車定檢業務為例，公路主管機關依法委託汽車修理業執行後，仍應予以適當之監督。受託業者如有檢驗不實、待檢車輛妨礙附近道路交通等情事時，得依「汽車委託檢驗實施辦法」之規定，予以違約登記、減少每條檢驗線每日檢驗車輛數、責令立即改善、停止其代檢工作一個月至一年，甚至廢止受委託辦理檢驗證照等處置。

國家將公權力委託私人行使，對於人民之司法救濟權利，亦不應有所妨礙。相對人或利害關係人，得向委託機關提起訴願（訴願法第 10 條參照）。如未獲救濟，得以受託之團體或個人為被告，提起行政訴訟（行政訴訟法第 25 條參照）。又受委託行使公權力之團體，其執行職務之人於行使公權力時，視同委託機關之公務員（國家賠償法第 4 條第 1 項參照）。權益受侵害者，得向委託機關請求國家賠償。

---

[2] 有關國家委託私人行使公權力之界限，詳見：李震山，行政法導論，2019 年修訂 11 版，頁 79 以下。

第二節　行政組織體

現代國家有多種角色，亦有多重面貌，故往往以不同之行政組織體形態出現。行政組織體者，依據公法所設立，為達成行政目的，受國家監督之組織體。（廣義之）國家為執行公權力時，多以「行政機關」之組織體形態出現。有時為強化其特殊功能，或者賦予一定之獨立性，另行設置「公法團體」。國家為實施給付行政時，常以「公營造物」之組織體形態出現。至於從事行政營利行為時，則通常以「公營事業」之組織體形態與人民交易。

以下就國家之不同組織體形態分述之。

一、行政機關

行政機關者，國家或地方自治團體，為行使公權力，從事公共行政事務，所設置之具有單獨法定地位之組織體。

行政機關不具有法人格，並非權利主體。在其權限範圍內所為之行為，其法律效果均歸屬於其所屬之國家或地方自治團體。

行政機關與所謂內部單位有別。行政機關為行為主體，能獨立以自己名義為行政行為，如作成行政處分、締結行政契約。內部單位，又可區分為業務單位及輔助單位。前者執行所屬行政機關之部分職務，如外交部北美司、歐洲司、禮賓處等。後者輔助行政機關完成其任務，如秘書處、總務處、主計處等。內部單位不具有行為主體之資格，對外行文通常以所屬行政機關之名義為之，亦不具備訴訟當事人（為原告或被告）之資格。

　　行政機關與內部單位之區別，通常有三項判斷標準。其一為組織法規之有無。行政機關多有組織法、組織條例或組織規程等組織法規為依據，內部單位則無。其二為有無單獨之編制及預算。行政機關通常有人事及會計（或主計）單位，內部單位則無。其三為有無印信。行政機關通常有依印信條例頒發之大印或關防，內部單位則無[3]。應注意者，依據實務見解，上述標準亦非絕對。最高行政法院 94 年 6 月份庭長法官聯席會議認為：所謂行政機關，「……固以具備獨立之人員編制及預算為原則。惟實務上為避免政府財政過度負擔，及基於充分利用現有人力之考量，亦有由相關機關支援其他機關之人員編制，或由相關機關代為編列其他機關預算之情形，尚難因該其他機關之人員編制及預算未完全獨立，而否定其為行政機關。」因而認定各地方法院及其分院檢察署犯罪被害人補償審議委員會及各高等法院及其分院檢察署犯罪被害人補償覆審委員會之設置，具有單獨法定地位，且得代表國家受理被害人補償金之申請及調查，並作成准駁之決定，是該審議委員會及補償覆審委員會屬行政機關，應有當事人能力。

二、公法團體

　　所謂公法團體，包括公法社團、公法財團及行政法人三者。

㈠公法社團

　　公法社團者，依據公法所設立，在國家監督下行使公權力，執行公法上職務並享有權利能力之人的組織體，例如各級地方自治團體。原住民族基本法第 2 條之 1 第 1 項後段規定：「部落經中央原住民族主管機關核定者，為公法人。」是經中央原住民族主管機關核定之原住民部

---

[3] 吳庚、盛子龍，行政法之理論與實用，2020 年增訂 16 版，頁 172。

落，亦屬公法社團。農田水利會原為公法人（司法院釋字第 518 號解釋參照），惟民國 109 年 7 月 22 日制定公布之農田水利法已將農田水利會改制為農田水利署（行政機關），其合憲性並經憲法法庭 111 年憲判字第 14 號判決肯認。

㈡公法財團

公法財團者，國家或其他公法社團為履行公共目的，捐助資金，依法成立，並賦予財團法人地位之組織體。例如：政府為加速發展工業技術，制定工業技術研究院設置條例所設置之工業技術研究院；為加強國內、國際及特定地區經濟之研究，制定中華經濟研究院設置條例所設置之中華經濟研究院。

我國行政法規中，有許多設置各種基金之規定。依此等規定而設置之基金，例如：漁業發展基金、公路建設基金、菸害防制及衛生保健基金等。由於法規並未賦予該等基金財團法人之地位，故其非嚴格意義之公法財團，惟其性質及作用與公法財團類似。

㈢行政法人

行政法人者，國家及地方自治團體以外，由中央目的事業主管機關，為執行特定公共事務，依法律設立之公法人（行政法人法第 2 條第 1 項參照）。

行政法人係為執行特定公共事務而設，其所執行之公共事務，具有下述特性：一、具有專業需求或須強化成本效益及經營效能者。二、不適合由政府機關推動，亦不宜交由民間辦理者。三、所涉公權力行使程度較低者。

我國實務上現有之行政法人，例如：國家表演藝術中心、國家中山科學研究院、國家運動訓練中心、國家災害防救科技中心、國家住宅及

都市更新中心及國家電影及視聽文化中心等。此外，行政法人法第 41 條第 2 項規定：「經中央目的事業主管機關核可之特定公共事務，直轄市、縣（市）得準用本法之規定制定自治條例，設立行政法人。」地方政府依此規定制定自治條例而設置之地方行政法人，包括：臺南市美術館、臺北市臺北流行音樂中心及臺北市住宅及都市更新中心等。

行政法人設置之目的，主要在於鬆綁人事法規，並賦予其財務之自主性，以提升其效率及品質，並減輕政府財政負擔。是以行政法人辦理採購，原則上[4]不適用政府採購法之規定（行政法人法第 37 條第 2 項參照）。其所進用之人員，依其人事管理規章辦理，不以具有公務員身分為要件（行政法人法第 20 條第 1 項參照）。並得在一定條件下舉債（行政法人法第 36 條參照）。

惟行政法人作為執行特定公共事務之公法團體，仍受法令之監督。政府機關核撥行政法人之經費，應依法定預算程序辦理，並受審計監督。政府機關核撥之經費超過行政法人當年度預算收入來源百分之五十者，應由監督機關將其年度預算書，送立法院審議（行政法人法第 35 條參照）。

行政法人之相關資訊，應依政府資訊公開法相關規定公開之；其年度財務報表、年度營運（業務）資訊及年度績效評鑑報告，應主動公開（行政法人法第 38 條第 1 項參照）。對於行政法人之行政處分不服者，得依訴願法之規定，向監督機關提起訴願（行政法人法第 39 條參照）。

---

[4] 政府採購法第 4 條第 1 項規定：「法人或團體接受機關補助辦理採購，其補助金額占採購金額半數以上，且補助金額在公告金額（新臺幣一百萬元）以上者，適用本法之規定，並應受該機關之監督。」但同條第 2 項又將藝文採購排除。

三、公營造物

公營造物者，國家或地方自治團體，為持續性履行特定之公共目的，與公眾發生法律上之利用關係，結合人與物所創設之組織體。

公營造物為特殊之組織型態，亦有稱之為「公共機構」者。其為「物」與「人」之組合，此為其與公物之區別。設置公營造物之目的主要係為提供給付，而非為行使公權力，此為其與行政機關之區別。

公營造物依其使用者之不同，又可區分為開放型公營造物及封閉型公營造物。前者係供一般人使用，例如：公立學校、公立圖書館、公立醫院等。後者並不開放予一般人，僅供特定對象使用，例如：軍事機構、監獄、煙毒勒戒所等。

公營造物並無法人資格，故非權利主體。惟部分公營造物具有行為主體之資格，得對其利用者作成行政處分（例如：監獄禁止受刑人持有雜誌或寄發信件[5]），或締結行政契約（例如：軍事院校與學生簽訂之入學志願書）。部分公營造物與利用者之間之法律關係甚至不具公法性，而屬私法之性質（例如：公立醫院與就診病患間為民法上委任關係）。

公營造物與利用人之間，部分為所謂特別權力關係之範疇（如公立學校與學生間、監獄與受刑人間）。對於利用人以外之訪客，例如到公立學校遊玩之遊客，公營造物得行使其營造物管理權（又稱公法家宅權或住房權），對其作成禁止進入、限制一定行為之行政處分[6]。

---

[5] 臺灣臺南地方法院 109 年度監簡字第 10 號判決參照。
[6] 陳敏，行政法總論，2019 年 10 版，頁 1046。

四、公營事業

公營事業者，各級政府為服務公眾，以私經濟經營方式所設置之組織體。依公營事業移轉民營條例第 3 條第 2 款之規定，政府與人民合資經營，且政府資本超過百分之五十者，即為公營事業。例如：台灣糖業公司、臺灣菸酒公司。

公營事業亦有由地方政府設立者，例如：臺北大眾捷運股份有限公司、新北市果菜運銷股份有限公司、桃園航空城股份有限公司等。部分公營事業甚至非以公司之組織形式，而以政府機關之組織形式營運。例如：臺北市、高雄市之動產質借處，為市政府直營之公營當鋪。

公營事業與交易相對人間之法律關係，自屬私法之範疇。惟依我國現行法制，其財務應經審計機關審核（審計法第 47 條參照），公營事業機構對經營政策負有主要決策責任人員 （公營事業機構董事長、總經理、代表公股之董事、監察人等）有公務員服務法之適用，受行政法規諸多限制。

第三節　行政機關

行政機關為國家最重要之行政組織體，擔負行使公權力，從事公共行政事務之重要職責。鑑於國家任務之多樣性，行政機關之組織形態亦有諸多不同，以下分述之。

一、行政機關之類別

行政機關，依其區分之標準，可分為以下類別：

㈠中央行政機關與地方行政機關

行政機關，依其設置主體係國家或地方自治團體，可分為中央行政機關與地方行政機關。中央行政機關者，由國家設置之行政機關。主要指行政院及其所屬機關，及考試院及其所屬機關。

行政院之組織，近年歷經數次改組。依據民國 112 年 4 月 26 日修正公布之行政院組織法規定，行政院下設內政、外交、國防、財政、教育、法務、經濟、交通、勞動、農業、衛生福利、環境、文化、數位發展等 14 部（行政院組織法第 3 條參照），國家發展、國家科學及技術、大陸、金融監督管理、海洋、僑務、國軍退除役官兵輔導、原住民族、客家等 9 委員會（行政院組織法第 4 條參照），並置政務委員 7 人至 9 人，政務委員得兼任上述委員會之主任委員（行政院組織法第 5 條參照）。此外，行政院置行政院主計總處及行政院人事行政總處（行政院組織法第 6 條參照），並設中央銀行（行政院組織法第 7 條參照）、國立故宮博物院（行政院組織法第 8 條參照），及中央選舉委員會、公平交易委員會、國家通訊傳播委員會等 3 個相當中央二級獨立機關（行政院組織法第 9 條參照）。

依據考試院組織法之規定，考試院設考選部、銓敘部及公務人員保障暨培訓委員會、公務人員退休撫卹基金監理委員會（考試院組織法第 6 條參照）。考選部掌理全國考選行政事宜（考選部組織法第 1 條參照），銓敘部掌理全國公務員之銓敘及各機關人事機構之管理事項（銓敘部組織法第 1 條參照），公務人員保障暨培訓委員會掌理公務人員之保障、訓練及進修事項（公務人員保障暨培訓委員會組織法第 2 條參照），公務人員退休撫卹基金監理委員會負責公務人員退休撫卹基金收支、管理、運用之審議、監督及考核（公務人員退休撫卹基金監理委員會組織

條例第 2 條參照）。

地方行政機關者，由各級地方自治團體所設置之行政機關。各直轄市政府及所屬機關、縣市政府及所屬機關、鄉鎮市公所均屬之。

中央行政機關多設於中央政府所在地，但亦有設於地方者，如：財政部各區之國稅局、行政執行署各縣市之分署。中央行政機關以辦理國家行政事務為主，但亦有代辦地方行政事務者，如：直轄市、縣（市）選委會係隸屬中央之特設行政機關（公職人員選舉罷免法第 8 條第 2 項參照），但亦辦理地方公職人員選舉、罷免事務。

㈡獨任制機關與合議制機關

行政機關，依其權力運作及決策形態之不同，可分為獨任制機關與合議制機關。獨任制機關者，由機關首長一人單獨決策並負其行政責任之機關，即採所謂「首長制」之機關。行政機關講求效率，故多數行政機關均為獨任制機關，以免採合議之方式作成決定耗費時日，影響行政效率。各級行政機關多設有以「長」為名之首長（如部長、署長、局長、處長等），均屬獨任制機關。

合議制機關，通常以「委員會」為其機關名稱。真正的合議制機關，係指決策階層由權限平等之成員組成，通常以多數決方式作成決定，並同負責任之機關。惟部分名為委員會之機關，其性質實為獨任制，或者委員並不負決策責任，僅具有諮詢功能。廣義之合議制機關，又可區分為[7]：

1.合議制委員會：如中央選舉委員會、公平交易委員會、國家通訊傳播委員會等獨立機關，其主要決策須以合議方式為之。

2.獨任制委員會：如僑務委員會，其委員人數眾多，並無固定執

---

[7] 吳庚、盛子龍，行政法之理論與實用，2020 年增訂 16 版，頁 185 以下。

掌，本質為獨任制機關。

　　3.混合型委員會：如國軍退除役官兵輔導委員會，其委員由行政院院長派兼或聘兼之（國軍退除役官兵輔導委員會組織法第 3 條第 2 項參照），多為相關部會之首長，著重協調及諮詢功能。

二、行政機關組織法定原則

　　國家機關之組織及權限分配，其制度設計之良窳，攸關國家機關之效率，亦屬重要事項，應以法律定之（中央法規標準法第 5 條第 3 款參照）。惟如所有國家機關之組織一律以法律定之，又恐過於繁瑣使組織僵化，不能隨時代變化而調整。是以中央行政機關組織基準法第 4 條第 1 項第 1、2 款規定，一級機關（行政院）、二級機關（部）及三級機關（署、局）及獨立機關（中央選舉委員會、公平交易委員會、國家通訊傳播委員會）之組織以法律定之，其餘（四級）機關（分署、分局）之組織以命令定之[8]。惟四級機關之組織仍不能完全脫免立法之監督，故中央行政機關組織基準法第 4 條第 2 項規定，以命令設立之機關，其設立、調整及裁撤，於命令發布時，應即送立法院。

　　行政院為位階最高之行政機關，其組織不僅有行政院組織法加以規範，更有憲法第 53 條以下規定作為依據。除行政院之外，國家安全會議與國家安全局亦為憲法所創設之機關（中華民國憲法增修條文第 2 條第 4 項參照）。

　　行政院所屬之二、三級機關，均有組織法為其依據。例如：內政部

---

[8] 中央行政機關組織基準法第 6 條第 1 項規定：「行政機關名稱定名如下：一、院：一級機關用之。二、部：二級機關用之。三、委員會：二級機關或獨立機關用之。四、署、局：三級機關用之。五、分署、分局：四級機關用之。」

組織法、內政部警政署組織法。至於四級機關，如航空警察局，原有之內政部警政署航空警察局組織條例已於民國 104 年廢止，改以內政部警政署航空警察局組織規程（命令）規範之。

　　行政機關組織法規之名稱，機關組織以法律定之者，其組織法律定名為法。但業務相同而轄區不同或權限相同而管轄事務不同之機關，其共同適用之組織法律定名為通則（中央行政機關組織基準法第 5 條第 1 項參照）。例如：財政部各地區國稅局組織通則。

　　機關組織以命令定之者，其組織命令定名為規程。但業務相同而轄區不同或權限相同而管轄事務不同之機關，其共同適用之組織命令定名為準則（中央行政機關組織基準法第 5 條第 2 項參照）。例如：財政部關務署各關組織準則。

　　地方政府之組織，由各級政府依行政院核定之「地方行政機關組織準則」，分別擬定組織自治條例，經各級民意機關同意後，報請各上級政府備查（地方制度法第 62 條第 1 項、第 2 項及第 4 項參照）。以臺北市政府為例，其組織依臺北市政府組織自治條例定之。市政府設民政、財政等局，秘書、人事等處，及都市計畫、原住民族事務等委員會，其組織規程由市政府擬訂，並送臺北市議會審議（臺北市政府組織自治條例第 6 條第 1 項參照）。

第四節　行政機關之管轄與機關間之關係

　　國家分官設職，各行政機關有其固有之職權。行政機關不得逾越權限處理事務，亦不容他機關僭越其權限。

一、行政機關之管轄

　　行政機關之職權範圍，即其所管轄之事務，應依法律定之，非依法律不得變更，此即所謂「管轄法定原則」。行政機關之管轄，又可分為事物管轄、層級管轄與土地管轄[9]。

　　事物管轄者，按事物（務）之類別所劃分之管轄權歸屬。例如將事務劃分為：內政、外交、交通、財政等類別。行政機關之事物管轄，依其組織法規或其他行政法規定之（行政程序法第 11 條第 1 項參照）。例如：交通部組織法第 1 條規定：「行政院為辦理全國交通行政、交通建設及產業業務，特設交通部。」、經濟部組織法第 1 條規定：「行政院為辦理全國經貿行政及經濟建設業務，特設經濟部。」

　　層級管轄者，相同事物管轄範圍內，按政府之層級所劃分之管轄權歸屬。我國行政法規常將特定行政事務之政策規劃、法令解釋權限劃歸中央，執行權則由地方執掌，並以「本法所稱主管機關：在中央為某部（或署）；在直轄市為直轄市政府；在縣（市）為縣（市）政府」之體例規定。例如，原住民族教育法第 1 條規定：「本法所稱教育主管機關：在中央為教育部；在直轄市為直轄市政府；在縣（市）為縣（市）政府。」或緊急醫療救護法第 2 條規定：「本法所稱衛生主管機關：在中央為行政院衛生署；在直轄市為直轄市政府；在縣（市）為縣（市）政府。」

　　土地管轄者，相同事物管轄與層級管轄範圍內，按行政區域所劃分之管轄權歸屬。中央機關以全國為其管轄權之範圍，原無土地管轄之問題。同類行政事務如由地方管轄者，依下列順序定其行政管轄：「一、

---

[9] 吳庚、盛子龍，行政法之理論與實用，2020 年增訂 16 版，頁 188 以下。

關於不動產之事件，依不動產之所在地。二、關於企業之經營或其他繼續性事業之事件，依經營企業或從事事業之處所，或應經營或應從事之處所。三、其他事件，關於自然人者，依其住所地，無住所或住所不明者，依其居所地，無居所或居所不明者，依其最後所在地。關於法人或團體者，依其主事務所或會址所在地。」（行政程序法第 12 條第 1–3 款參照）

二、行政機關之內部關係

行政機關之內部，亦各有所司。各單位及公務員各有執掌，不得任意變動。惟機關內部依法有下列不同之權限變更形態[10]：

㈠代理關係

代理關係為個案性質之權限變更，又可分為法定代理與指定代理。

法定代理者，機關首長因故不能執行職務，由副首長代理之情形，在公文程式上稱為「代行」。公文程式條例第 4 條第 2 項規定：「機關首長因故不能視事，由代理人代行首長職務時，其機關公文，除署首長姓名註明不能視事事由外，應由代行人附署職銜、姓名於後，並加註代行二字。」

指定代理者，一般公務員因故不能執行職務，由職位相當之同僚代理之情形。即一般所稱「職務代理人」。

㈡授權關係

授權關係為通案性質之權限變更。係指機關首長依機關內部權責劃分辦法，將部分權限授與所屬單位主管行使之情形，在公文程式上稱為

---

[10] 有關機關內部之權限變更形態，參見：吳庚、盛子龍，行政法之理論與實用，2020 年增訂 16 版，頁 192 以下。

「決行」。公文程式條例第 3 條第 3 項規定：「機關內部單位處理公務，基於授權對外行文時，由該單位主管署名、蓋職章；其效力與蓋用該機關印信之公文同。」即此所指。

三、行政機關間之橫向關係

行政機關依其法定執掌，各自有其固有之管轄權。惟不同行政機關之間，彼此並非毫無關聯。無隸屬關係之行政機關間，有所謂「橫向關係」，包括：「委託關係」及「職務協助關係」，有時亦有「管轄衝突」之情形[11]，以下分述之。

㈠委託關係

行政機關因業務上之需要，得依法規將其權限之一部分，委託不相隸屬之行政機關或其他團體執行之（行政程序法第 15 條第 2 項參照）。所謂依「法規」，係指個別法規有明確得為權限委託之特別規定者，即保留由專法規定之所謂「專法保留」。行政程序法第 15 條之規定，僅規範權限委託之一般要件及程序，不得作為權限委託之法律依據。

權限委託之事例，如：縣市政府依公路法第 6 條第 2 項及公路修建養護管理規則第 7 條第 1 項規定將縣道委託公路主管機關（公路總局）養護、保訓會依考試法第 21 條及公務人員考試錄取人員訓練辦法之規定委託內政部（警政署）辦理警察人員考試錄取人員之訓練計畫。

委託關係為持續相當期間之通案性權限移轉，受託機關得以自己名義行使該權限。委託事項及法規依據應公告之，並刊登政府公報或新聞紙（行政程序法第 15 條第 3 項參照）。

---

[11]有關行政機關間之橫向關係，參見：李震山，行政法導論，2019 年修訂 11 版，頁 92 以下。

㈡職務協助關係

行政機關為發揮共同一體之行政機能，應於其權限範圍內互相協助（行政程序法第 19 條第 1 項參照），此即所謂 「職務協助關係」(Amtshilfe)。例如：地方政府對於八大行業進行聯合稽查，請求警察機關派員到場協助維持秩序。個別法律亦有針對職務協助為規範者，例如：海關緝私條例第 16 條第 1 項規定：「海關緝私，遇有必要時，得請軍警及其他有關機關協助之」；強制執行法第 48 條第 2 項規定：「查封時，如債務人不在場，應命其家屬或鄰右之有辨別事理能力者到場，於必要時，得請警察到場。」

職務協助關係，以他機關提出請求為其前提，不得主動提供協助，以免侵犯他機關職權。職務協助為個案性，協助行為終了後，其職務協助關係即告終結。如需再次職務協助，需另行請求。此外，職務協助並未變動機關間之權限，協助者僅提供協助，並未取得該事務之管轄權。

行政程序法第 19 條第 2 項規定：「行政機關執行職務時，有下列情形之一者，得向無隸屬關係之其他機關請求協助：

一、因法律上之原因，不能獨自執行職務者。

二、因人員、設備不足等事實上之原因，不能獨自執行職務者。

三、執行職務所必要認定之事實，不能獨自調查者。

四、執行職務所必要之文書或其他資料，為被請求機關所持有者。

五、由被請求機關協助執行，顯較經濟者。

六、其他職務上有正當理由須請求協助者。」

請求職務協助，除緊急情形外，應以書面為之（行政程序法第 19 條第 3 項參照）。請求協助機關提出請求後，被請求機關應審酌請求之內容，決定是否提供職務協助。如協助之行為非其權限範圍或依法不得為

之，或者如提供協助將嚴重妨害其自身職務之執行者，被請求機關應拒絕之（行政程序法第 19 條第 4 項參照）。被請求機關有其他正當理由不能協助者，亦得拒絕之（行政程序法第 19 條第 5 項參照）。

被請求機關認為無提供行政協助之義務或有拒絕之事由時，應將其理由通知請求協助機關。請求協助機關對此有異議時，由其共同上級機關決定之，無共同上級機關時，由被請求機關之上級機關決定之（行政程序法第 19 條第 6 項參照）。

被請求機關得向請求協助機關要求負擔行政協助所需費用。其負擔金額及支付方式，由請求協助機關及被請求機關以協議定之；協議不成時，由其共同上級機關定之（行政程序法第 19 條第 7 項參照）。

㈢管轄衝突

行政機關之間常因管轄區域或管轄事務之範圍劃分不清，而導致管轄衝突。管轄衝突有積極衝突與消極衝突二者。管轄權積極衝突者，數機關對於同一事件均認為其有管轄權之情形。實務上，管轄權積極衝突之情形，鮮少發生。管轄權消極衝突者，數機關對於同一事件均認為其無管轄權之情形。例如發生於民國 89 年之八掌溪事件，即因當時國軍搜救中心與空中警察隊依事發地點海拔、距離等原因，均認為其無管轄權，未能及時派遣直升機救援，導致四名受困工人遭溪水沖走罹難慘劇。

同一事件，數行政機關均有管轄權者，由受理在先之機關管轄，不能分別受理之先後者，由各該機關協議定之，不能協議或有統一管轄之必要時，由其共同上級機關指定管轄。無共同上級機關時，由各該上級機關協議定之（行政程序法第 13 條第 1 項參照）。

數行政機關於管轄權有爭議時，由其共同上級機關決定之，無共同

上級機關時，由各該上級機關協議定之（行政程序法第 14 條第 1 項參照）。為避免行政機關之管轄權爭議延宕過久，損害人民權益，行政程序法上設有指定管轄之制度。數行政機關於管轄權有爭議時，人民就其依法規申請之事件，得向共同上級機關申請指定管轄，無共同上級機關者，得向各該上級機關之一為之。受理申請之機關應自請求到達之日起十日內決定之（行政程序法第 14 條第 2 項參照）。

四、行政機關間之縱向關係

行政機關間之縱向關係，指有隸屬關係之上、下級行政機關間之關係。又可分為監督關係與委任關係[12]。

㈠監督關係

上級機關對於下級機關，有指揮、監督之權責。所謂監督，其內容包括合法性監督與合目的性監督二者。合法性監督者，其範圍較為狹窄，係針對下級機關之違法行為加以糾正。合目的性監督者，其範圍較廣，係針對下級機關（雖合法但）不當之行為加以糾正者。

上級機關對於下級機關有諸多監督方式，較為常見者，如視察、指示、管考、獎懲等。監督關係可分為事前監督與事後監督。事前監督為強度較大之監督方式，如：核定。事後監督為強度較低之監督方式，如：備查。

㈡委任關係

行政機關得依法規將其權限之一部分，委任所屬下級機關執行之（行政程序法第 15 條第 1 項參照）。與委託關係之情形相同，所謂依

---

[12] 有關行政機關間之縱向關係，參見：李震山，行政法導論，2019 年修訂 11 版，頁 100 以下。

「法規」，係指個別法規有明確得為權限委任者，行政程序法第 15 條之規定不得作為權限委任之法律依據。例如：交通部依公路法第 27 條第 2 項及汽車燃料使用費徵收及分配辦法第 3 條委任公路總局徵收汽車燃料使用費。

　　委任事項及法規依據應公告之，並刊登政府公報或新聞紙（行政程序法第 15 條第 3 項參照）。

五、各種管轄權變動與職務協助及行政助手之區別

　　行政機關間管轄權變動之類型，有稱委託、委任、委辦者，或私人受託行使公權力之情形，頗為複雜。至於不變動管轄權而協助行政機關執行職務者，有職務協助與行政助手二者。部分名稱近似，其意義及內涵卻不同。比較其異同如下：

	委託	委任	委辦	職務協助	私人受託行使公權力	行政助手
法條依據	行政程序法第15條第2項	行政程序法第15條第1項	地方制度法第2條第3款	行政程序法第19條	行政程序法第16條	
相互間關係	同一行政主體機關間橫向關係	同一行政主體機關間縱向關係	不同行政主體機關間	同一或不同行政主體機關間橫向關係	國家機關與私人間	國家機關與私人間
通常持續期間	數年或以上之相當期間	數年或以上之相當期間	數年或以上之相當期間	當天完成或持續數日	數年或以上之相當期間	數月或以上之相當期間
通案或個案	通案性	通案性	通案性	個案性	通案性	個案性
是否須法律保留	專法保留	專法保留	無需法律依據	無需法律依據	專法保留	無需法律依據

應踐行程序	公告並刊登政府公報或新聞紙	公告並刊登政府公報或新聞紙	無	無	公告並刊登政府公報或新聞紙	無
管轄權變動	有	有	有	無	有	無
不服行政措施	以受委託機關為被告提起行政訴訟	以受委任機關為被告提起行政訴訟	以受委辦機關為被告提起行政訴訟	以請求協助機關為被告提起行政訴訟	以受託私人為被告提起行政訴訟	以被協助機關為被告提起行政訴訟
請求國家賠償	向受委託機關請求	向受委任機關請求	向受委辦機關請求	向協助者所屬機關請求	向委託機關請求	向被協助機關請求

課後練習

1. 依中央行政機關組織基準法規定，有關機關之敘述，下列何者錯誤？
（110 高三）
(A)機關就法定事務有決定並表示國家意思於外部之組織
(B)獨立機關原則上係不受其他機關指揮監督之合議制機關
(C)機關之設置必須有組織法律或命令為設立依據
(D)獨立機關乃獨立行使職權、自主運作，具備公法人之地位

2. 依中央行政機關組織基準法規定，下列何者之組織無須以法律定之？
（108 高三）
(A)內政部
(B)原住民族委員會
(C)公平交易委員會
(D)矯正署臺北監獄

3. 關於行政機關管轄權之敘述，下列何者錯誤？（110 普考）
(A)行政機關之管轄權，原則上應依據組織法規或其他行政法規定之
(B)基於管轄權恆定原則，無論何種情形下管轄權皆不可能發生變動
(C)數機關就同一事件依法皆有管轄權者，依受理先後順序判定
(D)關於管轄權之有無，行政機關應依職權調查

4. 有關行政機關之管轄權，下列敘述何者錯誤？（107 普考）
(A)行政機關之管轄權，依其組織法規或其他行政法規定之
(B)行政機關對特定事件有無管轄權，應依職權調查之
(C)行政機關認其對特定事件無管轄權時，應即移送上級機關處理
(D)有關不動產之事件，以不動產所在地之行政機關為有管轄權之機關

5.依行政程序法規定，有關行政機關權限委託或委任之敘述，下列何者
　錯誤？（109 司四）
　(A)行政機關得依法規委託民間團體或個人辦理
　(B)行政機關得依法規委任不相隸屬之機關執行
　(C)行政機關得依法規委任所屬下級機關執行
　(D)行政機關得依法規委託不相隸屬之機關執行

6.關於行政程序法上職務協助之敘述，下列何者正確？（107 高三）
　(A)屬行政機關間長期、經常性的關係
　(B)職務協助之採行，將使提供協助事項之管轄權，移轉至被請求協助
　　機關
　(C)僅就個案提供協助
　(D)職務協助之事項及法規依據應對外公告

7.關於行政委託之敘述，下列何者正確？（108 高三）
　(A)行政機關得逕依行政程序法中關於行政委託之規定，將其權限之一
　　部分委託民間團體或個人辦理
　(B)行政機關僅得以作成行政處分之方式，將其權限之一部分，委託民
　　間團體或個人辦理
　(C)人民若與受委託行使公權力之民間團體因受託事件而涉訟者，應以
　　該民間團體為被告提起行政訴訟
　(D)受委託行使公權力之個人於執行職務行使公權力，生有國家賠償責
　　任之事由時，其應自負國家賠償責任

8.依行政程序法及地方制度法規定，關於委任、委託與委辦之敘述，下列何者錯誤？（108 地三）

(A)三者皆屬行政機關管轄權移轉之情形，為管轄法定原則之例外

(B)委任及委託發生於同一行政主體間，委辦發生於不同行政主體間

(C)委託及委辦須有法規之依據，委任則因機關間有隸屬關係，故無須法規依據

(D)下級行政機關請上級行政機關代為處理事務，非屬委任、委託或委辦之情形

一、請說明行政程序法有關「土地管轄權」概念之意義。行政處分違反土地管轄之規定者，依行政程序法規定，其法律效果為何？（107 移四）

二、行政機關執行職權時，得請求其他機關協助。試述：（104 高三）

(一)為何得請求協助？

(二)在何種情況下得要求協助？

(三)被請求機關為何拒絕？如何拒絕？

課後練習解答

1.(D)。　2.(D)。　3.(B)。　4.(C)。　5.(B)。　6.(C)。　7.(C)。　8.(C)。

一、

㈠土地管轄者，相同事物管轄與層級管轄範圍內，按行政區域所劃分之管轄權歸屬。行政程序法第 12 條規定：「不能依前條第一項定土地管轄權者，依下列各款順序定之：一、關於不動產之事件，依不動產之所在地。二、關於企業之經營或其他繼續性事業之事件，依經營企業或從事事業之處所，或應經營或應從事之處所。三、其他事件，關於自然人者，依其住所地，無住所或住所不明者，依其居所地，無居所或居所不明者，依其最後所在地。關於法人或團體者，依其主事務所或會址所在地。四、不能依前三款之規定定其管轄權或有急迫情形者，依事件發生之原因定之。」

㈡行政程序法第 115 條規定：「行政處分違反土地管轄之規定者，除依第一百十一條第六款規定而無效者外，有管轄權之機關如就該事件仍應為相同之處分時，原處分無須撤銷。」

二、

㈠行政機關為發揮共同一體之行政機能，應於其權限範圍內互相協助（行政程序法第 19 條第 1 項參照）。

㈡行政程序法第 19 條第 2 項規定：「行政機關執行職務時，有下列情形之一者，得向無隸屬關係之其他機關請求協助：一、因法律上之原因，不能獨自執行職務者。二、因人員、設備不足等事實上之原因，不能獨自執行職務者。三、執行職務所必要認定之事實，不能獨自調查者。四、執行職務所必要之文書或其他資料，為被請求機關所持有

者。五、由被請求機關協助執行,顯較經濟者。六、其他職務上有正當理由須請求協助者。」

㈢如協助之行為非其權限範圍或依法不得為之,或者如提供協助將嚴重妨害其自身職務之執行者,被請求機關應拒絕之(行政程序法第 19 條第 4 項參照)。被請求機關有其他正當理由不能協助者,亦得拒絕之(行政程序法第 19 條第 5 項參照)。被請求機關認為無提供行政協助之義務或有拒絕之事由時,應將其理由通知請求協助機關。請求協助機關對此有異議時,由其共同上級機關決定之,無共同上級機關時,由被請求機關之上級機關決定之(行政程序法第 19 條第 6 項參照)。

第 6 章　地方制度

　　國家之行政任務，除由自己執行（直接國家行政）外，亦有交由地方自治團體執行（間接國家行政）者，為垂直權力分立之具體展現。地方制度為我國源遠流長之制度，憲法本文第十一章第 112 條至第 128 條有詳細規定，並由增修條文第 9 條加以補充。

第一節　地方自治團體之層級

　　我國地方制度，原以省、縣為主要自治主體。其後因情勢變遷，由憲法增修條文第 9 條及民國 88 年 1 月 25 日公布之地方制度法加以修正。目前地方自治團體之層級如下圖：

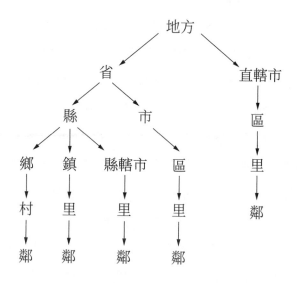

地方劃分為省、直轄市（地方制度法第 3 條第 1 項參照）。省劃分為縣、市；縣劃分為鄉、鎮、縣轄市（地方制度法第 3 條第 2 項參照）。直轄市及市均再劃分為區（地方制度法第 3 條第 3 項參照）。鄉以內之編組為村；鎮、縣轄市及區以內之編組為里。村、里以內之編組為鄰（地方制度法第 3 條第 4 項參照）。

直轄市、市或縣轄市之設置，有一定之標準。人口聚居達一百二十五萬人以上，且在政治、經濟、文化及都會區域發展上，有特殊需要之地區得設直轄市。人口聚居達五十萬人以上未滿一百二十五萬人，且在政治、經濟及文化上地位重要之地區，得設市。人口聚居達十萬人以上未滿五十萬人，且工商發達、自治財源充裕、交通便利及公共設施完全之地區，得設縣轄市（地方制度法第 4 條參照）。

省原為我國地方制度中重要之地方自治團體。按憲法之規定，省得召集省民代表大會，依據省縣自治通則，制定省自治法（憲法第 112 條第 1 項參照）。省設省政府，置省長一人。省長由省民選舉之。省設省議會，行使省立法權。省議會議員由省民選舉之（憲法第 113 條參照）。民國 86 年修憲後，臺灣省政府因功能業務與組織調整而虛級化（俗稱凍省或精省），省不再具有地方自治團體之地位（地方制度法第 2 條第 1 款參照）。省設省政府，為行政院派出機關，置委員九人，其中一人為主席，均由行政院院長提請總統任命之（憲法增修條文第 9 條第 1 項第 1 款參照）。省設省諮議會，置省諮議會議員若干人，由行政院院長提請總統任命之（憲法增修條文第 9 條第 1 項第 2 款參照）。省諮議會並非省之立法機關，僅對省政府業務提供諮詢及興革意見（地方制度法第 10 條參照）。

省虛級化之後，直轄市及縣（市）成為地方制度中最重要之自治團

體。尤其直轄市擁有較多之人事、財政資源，一時間各縣（市）申請升格直轄市蔚為風潮。我國原有臺北市、高雄市二直轄市。民國 98 年，行政院一舉通過臺北縣升格案，及臺中縣市、臺南縣市、高雄縣市之合併案，民國 101 年再通過桃園縣升格案，正式成為目前「六都十三縣市」之格局。

第二節　地方自治立法權

地方自治團體在自治事項之範圍內，擁有立法權，得制定自治條例、訂定自治規則，規範自治團體自治事項範圍內之事務。

一、自治事項與委辦事項

所謂「自治事項」，指地方自治團體依憲法或地方制度法規定，得自為立法並執行，或法律規定應由該團體辦理之事務，而負其政策規劃及行政執行責任之事項（地方制度法第 2 條第 2 款參照）。

地方制度法對於直轄市、縣（市）或鄉（鎮市）之自治事項，有詳細規定[1]，其範圍十分廣泛。舉凡組織及行政管理、財政、社會服務、教育文化及體育、環境衛生、營建、交通及觀光、公共安全、事業之經營及管理等均屬之。

所謂「委辦事項」，指地方自治團體依法律、上級法規或規章規定，在上級政府指揮監督下，執行上級政府交付辦理之非屬該團體事務，而負其行政執行責任之事項（地方制度法第 2 條第 3 款參照）。例如：內政部將「非都市土地使用分區及使用地變更申請案件」委辦直轄市、縣

---

[1] 地方制度法第 18 條至 20 條參照。

（市）政府審查[2]。受委辦之機關，得以自己名義作成行政處分。

在自治事項之範圍內，地方自治團體享有「自治事項之自我責任解決權」(das Recht auf eigenverantwortliche Erledigung der Selbstverwaltungsangelegenheiten)、「人事高權」(das Recht auf Personalhoheit)，其地位為獨立公法人。上級監督機關對於地方自治團體之監督措施，為具外部效力之行政處分，地方自治團體對其不服時，得依行政爭訟程序救濟之。在委辦事項範圍內，地方自治團體之地位為具有「國家組織層級體系中之下級機關」(unter Instanz der staatlichen Behördenhierarchie) 性質之「準國家機關」(Quasi-Staatsbehörde)，上級監督機關對於受委辦機關之監督措施，性質類似「隸屬同一公法人之上、下級行政機關間之指令」，並非行政處分。地方自治團體對其不服時，不得依行政爭訟程序救濟之[3]。

二、自治法規

地方自治團體得就其自治事項，制定自治法規。自治法規包括自治條例與自治規則二者。此外，為辦理上級機關委辦事項，尚得訂定委辦規則。

㈠自治條例

自治法規經地方立法機關通過，並由各該行政機關公布者，稱自治條例（地方制度法第 25 條參照）。

依據地方制度法第 28 條之規定，下列事項以自治條例定之：

---

[2] 非都市土地使用分區及使用地變更申請案件委辦直轄市縣（市）政府審查作業要點參照。

[3] 劉建宏，基本人權保障與行政救濟途徑㈠，2019 年 2 版，頁 184 以下。

一、法律或自治條例規定應經地方立法機關議決者。

二、創設、剝奪或限制地方自治團體居民之權利義務者。

三、關於地方自治團體及所營事業機構之組織者。

四、其他重要事項，經地方立法機關議決應以自治條例定之者。

自治條例應分別冠以各該地方自治團體之名稱，在直轄市稱直轄市法規，在縣（市）稱縣（市）規章，在鄉（鎮、市）稱鄉（鎮、市）規約（地方制度法第 26 條第 1 項參照）。例如：臺北市都市更新自治條例、新竹市建築管理自治條例、嘉義縣民雄鄉公所組織自治條例。

自治條例固得作為規範居民權利義務之依據，惟其仍受限制。地方制度法第 26 條第 2 項本文規定：「直轄市法規、縣（市）規章就違反地方自治事項之行政業務者，得規定處以罰鍰或其他種類之行政罰。」僅直轄市、縣（市）得於自治條例中規定行政罰，鄉（鎮、市）不得為之。同條第 3 項規定：「前項罰鍰之處罰，最高以新臺幣十萬元為限；並得規定連續處罰之。其他行政罰之種類限於勒令停工、停止營業、吊扣執照或其他一定期限內限制或禁止為一定行為之不利處分。」

自治條例經各該地方立法機關議決後，如規定有罰則時，應分別報經行政院、中央各該主管機關核定後發布；其餘除法律或縣規章另有規定外，直轄市法規發布後，應報中央各該主管機關轉行政院備查；縣（市）規章發布後，應報中央各該主管機關備查；鄉（鎮、市）規約發布後，應報縣政府備查（地方制度法第 26 條第 4 項參照）。

㈡自治規則

自治法規由地方行政機關訂定，並發布或下達者，稱自治規則（地方制度法第 25 條參照）。直轄市政府、縣（市）政府、鄉（鎮、市）公所就其自治事項，得依其法定職權或法律、基於法律授權之法規、自治

條例之授權，訂定自治規則（地方制度法第 27 條第 1 項參照）。前項自治規則應分別冠以各該地方自治團體之名稱，並得依其性質，定名為規程、規則、細則、辦法、綱要、標準或準則（地方制度法第 27 條第 2 項參照）。例如：臺北市公有零售市場攤（鋪）位使用費收費標準、臺北市政府警車專用停車位設置管理標準。

直轄市、縣（市）、鄉（鎮、市）自治規則，除法律或基於法律授權之法規另有規定外，應於發布後分別函報行政院、中央各該主管機關、縣政府備查，並函送各該地方立法機關查照（地方制度法第 27 條第 3 項參照）。

㈢委辦規則

直轄市政府、縣（市）政府、鄉（鎮、市）公所為辦理上級機關委辦事項，得依其法定職權或基於法律、中央法規之授權，訂定委辦規則（地方制度法第 29 條第 1 項參照）。委辦規則之名稱，準用自治規則之規定（地方制度法第 29 條第 2 項參照）。委辦規則之例，如：臺北市政府依建築技術規則總則編第 3 條之 2 規定訂定之臺北市建築物有效日照檢討辦法。

委辦規則，應函報委辦機關核定後發布之（地方制度法第 29 條第 2 項參照）。

第三節　地方自治團體之組織

地方自治團體擁有自主組織權，得在憲法及法律所規範之框架下，自行決定設置何種機關或單位，及員額之分配。地方自治團體之組織，包括地方立法機關及地方行政機關。

一、地方立法機關

地方立法機關，指直轄市、縣（市）議會，及鄉（鎮、市）民代表會，由各級地方自治團體之議員及代表所組成。直轄市議員、縣（市）議員、鄉（鎮、市）民代表分別由直轄市民、縣（市）民、鄉（鎮、市）民依法選舉之，任期四年，連選得連任（地方制度法第33條第1項參照）。

直轄市議會、縣（市）議會置議長、副議長各一人，鄉（鎮、市）民代表會置主席、副主席各一人，由直轄市議員、縣（市）議員、鄉（鎮、市）民代表以記名投票分別互選之（地方制度法第44條第1項參照）。

直轄市議會、縣（市）議會及鄉（鎮、市）民代表會之職權，包括：議決各該地方自治團體之法規、預算、臨時稅課、財產處分、地方行政機關及所屬事業機構之組織，及地方行政機關之提案，並審議決算之審核報告（地方制度法第35條至第37條參照）。

直轄市政府、縣（市）政府、鄉（鎮、市）公所，對直轄市議會、縣（市）議會及鄉（鎮、市）民代表會所議決之議案，如認為窒礙難行時，應於該議決案送達三十日內，就窒礙難行部分敘明理由送請直轄市議會、縣（市）議會及鄉（鎮、市）民代表會覆議。直轄市議會、縣（市）議會、鄉（鎮、市）民代表會對於直轄市政府、縣（市）政府、鄉（鎮、市）公所移送之覆議案，應於送達十五日內作成決議。覆議時，如有出席議員、代表三分之二維持原議決案，直轄市政府、縣（市）政府、鄉（鎮、市）公所應即接受該決議（地方制度法第39條參照）。例如：臺北市議會於民國110年通過臺北市重陽敬老禮金致送

自治條例，遭臺北市政府以窒礙難行為由提請覆議，臺北市議會最終仍以出席代表三分之二以上維持原議決案。

二、地方行政機關

地方行政機關，指直轄市政府、縣（市）政府，及鄉（鎮、市）公所。

直轄市政府置市長一人，對外代表該市，綜理市政，由市民依法選舉之，每屆任期四年，連選得連任一屆。置副市長二人，襄助市長處理市政；人口在二百五十萬以上之直轄市，得增置副市長一人，由市長任命，並報請行政院備查（地方制度法第 55 條第 1 項參照）。

縣（市）政府置縣（市）長一人，對外代表該縣（市），綜理縣（市）政。縣（市）長由縣（市）民依法選舉之，每屆任期四年，連選得連任一屆。置副縣（市）長一人，襄助縣（市）長處理縣（市）政；人口在一百二十五萬人以上之縣（市），得增置副縣（市）長一人，均由縣（市）長任命，並報請內政部備查（地方制度法第 56 條第 1 項參照）。

鄉（鎮、市）公所置鄉（鎮、市）長一人，對外代表該鄉（鎮、市），綜理鄉（鎮、市）政，由鄉（鎮、市）民依法選舉之，每屆任期四年，連選得連任一屆；其中人口在三十萬人以上之縣轄市，得置副市長一人，襄助市長處理市政（地方制度法第 57 條第 1 項參照）。

直轄市、市之區公所，置區長一人，由市長依法任用（地方制度法第 58 條第 1 項參照）。村（里）置村（里）長一人，由村（里）民依法選舉之，任期四年，連選得連任（地方制度法第 59 條第 1 項參照）。

第四節　地方自治團體之監督及救濟

國家行政雖有直接國家行政與間接國家行政之別，惟國家仍對整體之施政負最終責任，故對於地方自治團體擁有監督權。國家對於地方自治團體之監督，包括立法權、執行權及人事權之監督。

一、對於地方自治團體立法權之監督

監督機關對地方自治團體立法權之監督方式，有核定、備查及函告無效三種。

(一)核定

自治條例經各該地方立法機關議決後，如規定有罰則時，應分別報經行政院、中央各該主管機關核定後發布（地方制度法第 26 條第 4 項前段參照）。委辦規則應函報委辦機關核定後發布之（地方制度法第 29 條第 2 項參照）。

核定為一種事前監督，其監督強度較大。此等自治條例需先經監督機關核定後，始得發布使之生效。

(二)備查

自治條例未定有罰則者，直轄市法規發布後，應報中央各該主管機關轉行政院備查；縣（市）規章發布後，應報中央各該主管機關備查；鄉（鎮、市）規約發布後，應報縣政府備查（地方制度法第 26 條第 4 項後段參照）。

此外，直轄市、縣（市）、鄉（鎮、市）自治規則，除法律或基於法律授權之法規另有規定外，應於發布後分別函報行政院、中央各該主

管機關、縣政府備查，並函送各該地方立法機關查照。

備查為一種事後監督，其監督強度較弱。各級地方政府制定未具罰則之自治條例或自治規則，得逕予發布使其生效之後，再函報監督機關備查。

㈢函告無效

國家法秩序有不同之層級，下位階法規範不得牴觸上位階法規範。自治條例與憲法、法律或基於法律授權之法規或上級自治團體自治條例牴觸者，無效（地方制度法第 30 條第 1 項參照）。自治規則與憲法、法律、基於法律授權之法規、上級自治團體自治條例或該自治團體自治條例牴觸者，無效（地方制度法第 30 條第 2 項參照）。委辦規則與憲法、法律、中央法令牴觸者，無效（地方制度法第 30 條第 3 項參照）。

自治條例需經監督機關核定者，監督機關如認為其違反上位階法規範，固得不予核定，使其自始不生效力。至如未定罰則之自治條例或自治規則，係由地方政府發布後報監督機關備查。如監督機關認為其違反上位階法規範時，得予以函告無效。地方制度法第 30 條第 4 項前段規定：「直轄市政府、縣（市）政府、鄉（鎮、市）公所制定或訂定之自治條例或自治法規發生牴觸無效者，分別由行政院、中央各該主管機關、縣政府予以函告。」委辦規則發生牴觸無效者，由委辦機關予以函告無效（地方制度法第 30 條第 4 項後段）。

㈣對於立法監督措施之救濟

地方制度法第 30 條第 5 項規定：「自治法規與憲法、法律、基於法律授權之法規、上級自治團體自治條例或該自治團體自治條例有無牴觸發生疑義時，得聲請司法院解釋之。」在「萊劑殘留標準之權限爭議事件」中，中央政府於民國 109 年修正發布動物用藥殘留標準，增訂豬肉

殘留萊克多巴胺之安全容許量標準,自民國 110 年起開放進口含萊克多巴胺的豬肉肌肉及其脂肪。嘉義市議會、臺北市議會、臺南市議會、臺中市議會及桃園市議會等分別制定自治條例,明定豬肉及其產製品不得檢出包括萊克多巴胺在內之任何乙型受體素,採取與上開中央法令不同且更為嚴格之零檢出標準,經監督機關衛生福利部及行政院認為牴觸上位階法規範,予以函告無效或不予核定。上開地方政府認有侵害地方自治權之爭議,乃聲請解釋憲法及統一解釋法令,並經憲法法庭於民國 111 年 5 月 13 日作成判決,認為:進口肉品及其產製品殘留乙型受體素之安全容許量標準,屬中央立法事項。衛生福利部就聲請人嘉義市議會,行政院就聲請人臺北市議會、臺南市議會、臺中市議會及桃園市議會,函告其所通過之各該自治條例無效或不予核定部分,並未逾越憲法賦予中央監督地方自治之權限範圍,均屬合憲[4]。

二、對於地方自治團體執法權之監督

監督機關對於地方自治團體執法權之監督,係指對於地方自治團體在個案中具體適用法令之行為加以監督之情形。可分為對於作為違法之監督及對於不作為違法監督二種情形。

㈠作為違法之監督

地方自治團體作為違法者,係指其違法作成行政處分或其他公權力措施。直轄市政府、縣(市)政府辦理自治事項違背憲法、法律或基於法律授權之法規者,由中央各該主管機關報行政院予以撤銷、變更、廢止或停止其執行(地方制度法第 75 條第 2 項、第 4 項參照)。鄉(鎮、市)公所辦理自治事項違背憲法、法律、中央法規或縣規章者,由縣政

---

[4] 憲法法庭 111 年憲判字第 6 號判決參照。

府予以撤銷、變更、廢止或停止其執行（地方制度法第 75 條第 6 項參照）。實務上，有臺北市政府因決定延期辦理里長選舉，中央主管機關內政部認其決定違背地方制度法第 83 條第 1 項規定，經報行政院予以撤銷之案例[5]。

㈡不作為違法之監督

地方自治團體不作為違法者，係指其有作為之義務卻怠於作為而違法之情形。例如：地方政府未依規定清運垃圾，致其堆積如山，危害環境衛生。公共建物未設置無障礙設備或設施不符規定，地方政府未依法處理等[6]。

直轄市、縣（市）、鄉（鎮、市）依法應作為而不作為，致嚴重危害公益或妨礙地方政務正常運作，其適於代行處理者，得分別由行政院、中央各該主管機關、縣政府命其於一定期限內為之；逾期仍不作為者，得代行處理。但情況急迫時，得逕予代行處理（地方制度法第 76 條第 1 項參照）。

三、對於地方自治團體人事權之監督

地方政府施政之良窳，與其首長、議員、代表是否適任有密切關係，是以監督機關對於地方自治團體之人事權亦得施以一定之監督。

直轄市議員、直轄市長、縣（市）議員、縣（市）長、鄉（鎮、市）民代表、鄉（鎮、市）長及村（里）長有下列情事之一，直轄市議員、直轄市長由行政院分別解除其職權或職務；縣（市）議員、縣

---

[5] 本件案例事實，參見：司法院釋字第 553 號解釋。

[6] 上述案例，參見：劉文仕，地方制度法釋義，2022 年 9 月修訂 5 版，頁 448 以下。

（市）長由內政部分別解除其職權或職務；鄉（鎮、市）民代表、鄉（鎮、市）長由縣政府分別解除其職權或職務，並通知各該直轄市議會、縣（市）議會、鄉（鎮、市）民代表會；村（里）長由鄉（鎮、市、區）公所解除其職務。應補選者，並依法補選（地方制度法第 79 條第 1 項參照）：

一、經法院判決當選無效確定，或經法院判決選舉無效確定，致影響其當選資格者。

二、犯內亂、外患或貪污罪，經判刑確定者。

三、犯組織犯罪防制條例之罪，經判處有期徒刑以上之刑確定者。

四、犯前二款以外之罪，受有期徒刑以上刑之判決確定，而未受緩刑之宣告、未執行易科罰金或不得易服社會勞動者。

五、受保安處分或感訓處分之裁判確定者。但因緩刑而付保護管束者，不在此限。

六、戶籍遷出各該行政區域四個月以上者。

七、褫奪公權尚未復權者。

八、受監護或輔助宣告尚未撤銷者。

九、有本法所定應予解除職權或職務之情事者。

十、依其他法律應予解除職權或職務者。

實務上曾發生多起首長、議員或代表遭解除職務之事例。例如民國 104 年，雲林縣長經判決褫奪公權確定，遭內政部解除職務。民國 105 年，臺南市議會議長因賄選經法院判定當選無效確定，由行政院解除其職務。

課後練習

1. 下列關於中央行政機關將其任務委由地方自治團體辦理之敘述，何者錯誤？（108 普考）

   (A)委辦事項非屬地方自治團體之法定自治事項

   (B)地方自治團體執行委辦事項時，得訂定委辦規則

   (C)受委辦之地方自治團體得要求委辦機關撥付必要費用

   (D)受委辦之地方自治團體應以委辦機關之名義執行委辦事項

2. 臺中市議會就臺中市社會住宅減免地價稅及房屋稅事件通過自治法規，並經臺中市政府公布施行。該自治法規屬於下列何種性質？（108 一般警三）

   (A)自治條例

   (B)自治規則

   (C)委辦規則

   (D)特別命令

3. 有關自治法規之敘述，下列何者正確？（106 高三）

   (A)直轄市自治規則得於自治範圍內，就違反行政法義務之行為規定罰鍰

   (B)直轄市自治條例經市議會議決後，如規定有罰則時，應報行政院備查

   (C)直轄市政府為辦理中央機關委辦事項，得基於法律授權訂定委辦規則

   (D)直轄市自治條例與憲法、法律或該直轄市之自治規則相牴觸者，無效

4.關於自治條例，下列敘述何者錯誤？（103 鐵路員級）

　(A)自治條例乃地方自治團體在自治事項領域內制定之自治法規

　(B)自治條例由地方立法機關議決通過，並由各該行政機關公布

　(C)訂有罰則之自治條例，應報中央機關備查後始得發布

　(D)自治條例不得牴觸中央行政機關發布之法規命令

5.下列何者毋須以地方自治條例制定？（109 高三）

　(A)關於地方自治團體及所營事業機構之組織

　(B)經地方立法機關議決應以自治條例制定之事項

　(C)地方自治團體為辦理上級機關委辦之事項

　(D)創設、剝奪或限制地方自治團體居民之權利義務

6.下列有關地方自治與法律保留之敘述，何者錯誤？（104 一般警四）

　(A)除法律另有規定外，直轄市法規、縣（市）規章就違反地方自治事項之行政業務者，得規定處以罰鍰或其他種類之行政罰

　(B)直轄市法規、縣（市）規章就違反地方自治事項之行政業務者，得規定處以罰鍰，最高以新臺幣 20 萬元為限，並得規定連續處罰之

　(C)直轄市法規、縣（市）規章就違反地方自治事項之行政業務者，得規定勒令停工或其他一定期限內限制或禁止為一定行為之不利處分等行政罰

　(D)自治條例經各該地方立法機關議決後，如規定有罰則時，應分別報經行政院、中央各該主管機關核定後發布

7. 自治條例與下列何者牴觸者，無效？（107 普考）

(A)行政規則

(B)自治規則

(C)法律

(D)行政法院判例

8. 有關「委辦事項」之概念，下列敘述何者錯誤？（100 普考）

(A)指地方自治團體在上級政府指揮監督下，執行上級政府交付辦理之事務

(B)該事項係上級政府交付辦理，非屬該地方自治團體之事務

(C)執行者負政策規劃及行政執行責任

(D)執行者僅負行政執行責任

一、甲市為加強管理違章建築，遂制定「甲市違章建築管理自治條例」，其中規範有違章建築拆除費用負擔之收費基準，另外亦訂有違反該自治條例的罰則。請問：（110 高三）

㈠乙之違章建築遭拆除後，不服甲市主管機關收取拆除費用過高，遂提起行政爭訟，主張「甲市違章建築管理自治條例」涉及人民之權利義務，但其並非立法院三讀通過之法律，有違憲法第 23 條的法律保留原則。其主張有無理由？

㈡甲市違章建築管理自治條例相關案件提起行政爭訟時，若承審法官認為罰則已違反比例原則，此時承審法官是否仍應於個案審理時援引為審判之依據？

二、A 縣為自治財政需要，並維護地方景觀之保育及永續發展，依地方
　　稅法通則制定 A 縣土石採取景觀維護特別稅自治條例。該自治條例
　　第 9 條規定：「本特別稅之稅課收入，應提撥一定比例，分配各鄉
　　（鎮、市）補助建設之用；其比例及分配辦法由本府另定之。」A
　　縣政府遂依前揭規定訂定 A 縣土石採取景觀維護特別稅補助鄉
　　（鎮、市）分配辦法。A 縣政府為讓該府各局處單位能清楚明瞭其
　　在稽徵該土石採取景觀維護特別稅之流程與分工，另訂定 A 縣土石
　　採取景觀維護特別稅稽徵作業手冊。試問：上述地方稅法通則、A
　　縣土石採取景觀維護特別稅自治條例、A 縣土石採取景觀維護特別
　　稅補助鄉（鎮、市）分配辦法與 A 縣土石採取景觀維護特別稅稽徵
　　作業手冊之法律性質各為何？請附具理由說明之。（108 司三書記
　　官）

課後練習解答

1.(D)。　2.(A)。　3.(C)。　4.(C)。　5.(C)。　6.(B)。　7.(C)。　8.(C)。

一、

㈠依地方制度法第 28 條第 2 款規定，創設、剝奪或限制地方自治團體居民之權利義務者，應以自治條例定之。同法第 26 條第 2 項規定：「直轄市法規、縣（市）規章就違反地方自治事項之行政業務者，得規定處以罰鍰或其他種類之行政罰。」甲市制定違章建築管理自治條例，規範違章建築拆除費用負擔之收費基準，並訂有違反該自治條例的罰則，均有法律依據，無違法律保留原則，故乙之主張無理由。

㈡自治條例與憲法、法律或基於法律授權之法規或上級自治團體自治條例牴觸者，無效（地方制度法第 30 條第 1 項參照）。縣（市）規章發生牴觸無效者，由中央各該主管機關予以函告（地方制度法第 30 條第 4 項前段參照）。行政法院法官如認為罰則之規定已違反比例原則，固然無權宣告其無效，惟仍得於個案審理時拒絕援引該自治條例為審判之依據。

二、

㈠中央法規標準法第 2 條規定：「法律得定名為法、律、條例或通則。」地方稅法通則之性質為法律。

㈡地方制度法第 25 條規定：「縣（市）得就其自治事項或依法律及上級法規之授權，制定自治法規。自治法規經地方立法機關通過，並由各該行政機關公布者，稱自治條例」。A 縣土石採取景觀維護特別稅自治條例為地方自治團體所制定之自治條例。

㈢縣（市）政府就其自治事項，得依其法定職權或法律、基於法律授權

之法規、自治條例之授權，訂定自治規則。前項自治規則應分別冠以各該地方自治團體之名稱，並得依其性質，定名為規程、規則、細則、辦法、綱要、標準或準則（地方制度法第 27 條第 1 項、第 2 項參照）。A 縣土石採取景觀維護特別稅補助鄉（鎮、市）分配辦法之性質為地方自治團體所訂定之自治規則。

㈣ A 縣土石採取景觀維護特別稅稽徵作業手冊，乃係 A 縣政府為讓該府各局處單位能清楚明瞭其在稽徵該土石採取景觀維護特別稅之流程與分工所訂定，其性質為「上級機關對下級機關，或長官對屬官，依其權限或職權為規範機關內部秩序及運作，所為非直接對外發生法規範效力之一般、抽象之規定」（行政程序法第 159 條第 1 項參照）之行政規則。

第 7 章　公務員法與公物法

　　公務員代表國家行使公權力，其應具備如何之資格？其可享受之權利、應負擔之義務有哪些？與一般民眾有何不同？如其權益受損時，應如何救濟？又公務員如有違法、失職情事時，應負擔何種責任？本章將探討上述問題。又我國承襲德國行政法上之特別權力關係理論，對於具有特殊身分者如：公務員、受刑人、學生等之基本權利，向來有較多之限制。本章亦將附論特別權力關係之內容。此外，並就公物之種類、與利用人間之關係，及公物之形成、變更、消滅等問題加以探討。

第一節　公務員之定義及類型

　　「公務員」為一多義語彙，有多種不同之定義，可區分為：公務人員任用法之公務員（狹義之公務員）、公務員服務法之公務員（廣義之公務員）及國家賠償法上之公務員（最廣義之公務員）三種。

一、公務人員任用法之公務員（狹義之公務員）

　　第一種公務員之定義，為組織意義上之公務員，亦即公務人員任用法之公務員，即所謂「常任文官」，係指「各機關組織法規中，除政務人員及民選人員外，定有職稱及官等、職等之人員」（公務人員任用法施行細則第 2 條第 1 項參照）。包括在中央政府及其所屬各機關、地方政府及其所屬各機關、各級民意機關、各級公立學校、公營事業機構、交通事業機構，及其他依法組織之機關服務之公務員（公務人員任用法

施行細則第 2 條第 2 項）。但不包括政務人員[1]，即由總統、行政院長任命之政務官如部長、政務次長，以及由民選首長所任命之副首長（副市長、副縣長）、一級單位主管（如某縣政府教育處處長）或所屬一級機關首長（如某直轄市政府衛生局局長）等。亦不包括民選人員，即立法院之立法委員、各級地方政府首長（直轄市長、縣市長、鄉鎮市長），及議會、代表會之議員、代表。

公務人員任用法第 5 條規定：「公務人員依官等及職等任用之。官等分委任、薦任、簡任。職等分第一至第十四職等，以第十四職等為最高職等。委任為第一至第五職等；薦任為第六至第九職等；簡任為第十至第十四職等。」

組織意義上之公務員，依公務人員任用法之規定任用。惟公務人員任用法第 32 條規定：「司法人員、審計人員、主計人員、關務人員、外交領事人員及警察人員之任用，均另以法律定之。但有關任用資格之規定，不得與本法牴觸。」上述人員，即所謂「依特別法任用之公務員」，其任用之官等、職等與一般公務員略有不同，但實質上仍與公務人員任用法之公務員相當，仍屬公務人員任用法之公務員。例如關務人員，依關務人員人事條例第 4 條規定，官稱分為監、正、高員、員、佐。又如警察人員，依警察人員人事條例第 5 條規定：「警察官等分為警監、警正、警佐。警監官等分為特、一、二、三、四階，以特階為最高階；警

---

[1] 有關政務人員之定義，政務人員退職撫卹條例第 2 條第 1 項規定：「本條例適用範圍，指下列支給之人員：一、依憲法規定由總統任命之人員及特任、特派之人員。二、依憲法規定由總統提名，經立法院同意任命之人員。三、依憲法規定由行政院院長提請總統任命之人員。四、其他依法律規定之中央或地方政府比照簡任第十二職等以上職務之人員」，可資參照。

正及警佐官等各分一、二、三、四階,均以第一階為最高階。」

　　公務人員任用法第 33 條規定:「教育人員、醫事人員、交通事業人員及公營事業人員之任用,均另以法律定之。」此等人員之任用資格,與公務人員任用法上之規定不同,故其不屬組織意義上之公務員。以教育人員為例,自民國八十年代實施所謂「公教分途」之政策後,各級公立學校教師不具有公務員身分,教師資格由主管機關檢定或審定[2],無需經由國家考試及格。公立學校以行政契約聘任教師,與公務員之任命屬行政處分亦有不同。公立學校教師無所謂官等、職等,自非組織意義上之公務員。

　　武職人員,依司法院釋字第 555 號解釋理由書之見解,認為:「……公務人員在現行公務員法制上,乃指常業文官(或稱常任文官)而言,不含武職人員在內」,各軍種之軍、士官,亦非公務人員任用法上之公務員。

二、公務員服務法之公務員(廣義之公務員)

　　第二種公務員之定義,為行為規範意義上之公務員,亦即公務員服務法之公務員。公務員違反公務員服務法上所規範之各種義務時,需負法律責任,即受司法懲戒,故公務員服務法與公務員懲戒法上公務員之概念範圍大致相當。

　　公務員服務法第 2 條規定:「本法適用於受有俸給之文武職公務員及公營事業機構純勞工以外之人員。」其適用對象包括:各機關之常任文官、政務人員、武職人員,及公營事業機構純勞工以外之人員。

　　教師之行為規範,規定於教師法中[3],並無公務員服務法之適用。

---

2 教師法第 5 條以下參照。

司法院釋字第 308 號解釋有謂：「公立學校聘任之教師不屬於公務員服務法……所稱之公務員。惟兼任學校行政職務之教師，就其兼任之行政職務，則有公務員服務法之適用。」公立大學之校長、教務長、學務長、總務長、各院院長，公立高中、高職之校長，就其兼任之行政職務而言，係屬公務員服務法之公務員。

依法獨立行使職權之法官、考試委員、監察委員、行政院公平會委員、考試院公務人員保障暨培訓委員會委員等，固屬公務員服務法上之公務員。惟公務員服務法上之部分規定，例如服從義務，與其獨立行使職權之地位不相符合，不適用之。

依司法院釋字第 305 號解釋之見解，公營事業依公司法規定設立者，為私法人，與其人員間，為私法上之契約關係，並非公務員服務法上之公務員。惟依公務員服務法第 2 條之規定，公營事業機構純勞工以外之人員亦屬公務員服務法上之公務員。所謂公營事業機構純勞工以外之人員，依據司法院釋字第 24 號、第 101 號解釋之見解，係指公營事業機構受有俸給之董事、監察人及總經理等高階管理職務。其他員工，則無公務員服務法之適用。

三、國家賠償法上之公務員（最廣義之公務員）

第三種公務員之定義，為責任意義上之公務員，亦即國家賠償法之公務員。國家賠償法第 2 條第 1 項規定：「本法所稱公務員者，謂依法令從事於公務之人員」，其範圍十分寬廣。凡依法令從事於公務之人員，無分文職或武職、政務官或事務官、地方自治人員或中央機關公務員、各級民意機關之民意代表，甚至受託行使公權力之私人（例如：受監理

---

3 有關教師之義務，參見教師法第 32 條規定。

站委託代辦汽車定期檢驗之民間汽車修護場技工），均屬之。

四、其他類型之公務員

除上述組織意義、行為規範意義及責任意義上之公務員外，一般社會大眾所泛稱之（最廣義）公務員，尚包括以下類型：

1.聘用人員：指各機關以契約定期聘用之專業或技術人員。其職稱、員額、期限及報酬，應詳列預算，並列冊送銓敘部登記備查；解聘時亦同（聘用人員聘用條例第 3 條參照）。

2.派用人員：我國公務員法制中原有所謂「派用人員」，其設置以臨時機關或有期限之臨時專任職務為限。派用人員分為簡派、薦派、委派三等；其職務等級表，準用公務人員任用法之規定（原派用人員派用條例第 2 條、第 3 條參照）。其後，派用人員派用條例於 104 年 6 月 17 日廢止。原依派用條例銓敘審定有案之派用人員，具所敘官等職等任用資格者，改依公務人員任用法任用。未具所敘官等職等任用資格者，於派用條例廢止之日起九年內，得適用原派用條例及其施行細則繼續派用，並自派用條例廢止滿九年之翌日起，留任原職稱原官等之職務至離職時為止（公務人員任用法第 36 條之 1 參照）。

3.約僱人員：即所謂僱員，指各機關以行政契約定期僱用，辦理事務性、簡易性等行政或技術工作之人員。約僱人員之僱用，以本機關確無適當人員可資擔任，且年度計畫中已列有預算或經專案核准者為限，並不得擔任或兼任主管職務（行政院與所屬中央及地方各機關約僱人員僱用辦法第 2 條參照）。

4.機要人員：各機關辦理機要職務之人員，得不受任用資格之限制。惟其亦無身分之保障，機關長官得隨時將其免職，機關長官離職時

應同時離職（公務人員任用法第 11 條參照）。

第二節　公務員之資格

擔任公務員，須具備一定之資格。一般資格，包括積極資格與消極資格。前者係指須年滿十八歲，並具備中華民國國籍。後者則係不得有公務人員任用法第 28 條第 1 項各款情事。特別資格，即考試及格。以下分述之。

一、一般資格

所謂一般資格，包括積極資格及消極資格。積極資格係指擔任公務員所須具備之條件，消極資格係指凡有此情事者不得任用為公務員。

㈠積極資格

公務人員考試法第 12 條第 1 項本文規定：「中華民國國民，年滿十八歲，具有本法所定應考資格者，得應本法之考試。」依此，公務員之積極資格，即須年滿十八歲，並具備中華民國國籍。

㈡消極資格

公務人員任用法第 28 條第 1 項規定：「有下列情事之一者，不得任用為公務人員：

一、未具或喪失中華民國國籍。

二、具中華民國國籍兼具外國國籍。但本法或其他法律另有規定者，不在此限。

三、動員戡亂時期終止後，曾犯內亂罪、外患罪，經有罪判決確定或通緝有案尚未結案。

四、曾服公務有貪污行為，經有罪判決確定或通緝有案尚未結案。

五、犯前二款以外之罪，判處有期徒刑以上之刑確定，尚未執行或執行未畢。但受緩刑宣告者，不在此限。

六、曾受免除職務懲戒處分。

七、依法停止任用。

八、褫奪公權尚未復權。

九、經原住民族特種考試及格，而未具或喪失原住民身分。但具有其他考試及格資格者，得以該考試及格資格任用之。

十、依其他法律規定不得任用為公務人員。

十一、受監護或輔助宣告，尚未撤銷。」

公務人員於任用後，有第 11 款情事者，應依規定辦理退休或資遣。有其他情事之一者，應予免職；任用後發現其於任用時有上述各款情事之一者，應撤銷任用（公務人員任用法第 28 條第 4 項參照）。

上述公務員之消極資格中，最常出現爭議者，為第 2 款「具中華民國國籍兼具外國國籍」（即所謂雙重國籍）之情形。公務人員依法不得兼具外國國籍。惟如公務人員無法完成喪失外國國籍及取得證明文件，係因該外國國家法令致不得放棄國籍，且已於到職前依規定辦理放棄外國國籍，並出具書面佐證文件經外交部查證屬實，仍得任用為公務人員，並以擔任不涉及國家安全或國家機密之機關及職務為限（公務人員任用法第 28 條第 2 項參照）。如其並無因該外國國家法令致不得放棄國籍之情事，且未於到職之日起一年內完成喪失該國國籍及取得證明文件者，應予免職（公務人員任用法第 28 條第 4 項參照）。實務上，曾發生公立醫院醫師公務員因任職期間取得他國國籍而遭免職之案例[4]。

---

[4] 聲請人劉〇〇自中華民國 80 年 1 月 15 日起任職臺北市立陽明醫院醫師，經銓

應注意者，國籍法第 20 條對此設有例外規定，即公立大學校長、公立各級學校教師兼任行政主管人員與研究機關首長、副首長、研究人員及經各級主管教育行政或文化機關核准設立之社會教育或文化機構首長、副首長，以及公營事業中對經營政策負有主要決策責任以外之人員等，具有專長或特殊技能而在我國不易覓得之人才，且不涉及國家機密之職務者，得經各該主管機關核准，不受此一限制。

此外，臺灣地區與大陸地區人民關係條例第 21 條規定：大陸地區人民經許可進入臺灣地區者，除法律另有規定外，非在臺灣地區設有戶籍滿十年，不得登記為公職候選人、擔任公教或公營事業機關人員；非在臺灣地區設有戶籍滿二十年，不得擔任情報機關人員，或國防機關之軍官、士官及士兵，以及文職、教職及國軍聘雇人員。實務上，曾有如下案例：大陸地區人民，與臺灣人結婚後獲准來臺定居設籍取得身分證，並參加公務人員初等考試獲錄取，於取得任用資格後分發到某國小擔任書記。其後，經臺北市政府以其違反兩岸人民關係條例之規定為由，令其離職[5]。

但大陸地區人民經許可進入臺灣地區設有戶籍者，得依法令規定擔任大學教職、學術研究機構研究人員或社會教育機構專業人員，不受在

敘部審定以技術人員任用，歷至 89 年 1 月 16 日改以醫事人員任用。臺北市政府衛生局於 101 年間由臺灣士林地方法院檢察署檢察官不起訴處分書，發現聲請人業於 93 年 6 月 24 日取得加拿大國籍，乃依公務人員任用法第 28 條第 1 項第 2 款本文及第 2 項規定核定聲請人免職，並溯及自 93 年 6 月 24 日生效。詳情可參考司法院釋字第 768 號解釋（兼具外國國籍者不得擔任以公務人員身分任用之公立醫療機構醫師案）理由書。

[5] 本件爭議其後並經司法院作成釋字第 618 號解釋，詳情可參考本解釋之釋憲申請書。

臺灣地區設有戶籍滿十年之限制（臺灣地區與大陸地區人民關係條例第21條第2項參照）。

公務人員於任用後，有上述消極資格之情事，應予免職，或撤銷任用者，該人員任職期間之職務行為，不失其效力；業已依規定支付之俸給及其他給付，不予追還。但經依第1項第2款（具中華民國國籍兼具外國國籍）情事撤銷任用者，應予追還（公務人員任用法第28條第5項參照）。

二、特別資格

除上述一般資格外，公務人員任用法上之公務員，尚需考試及格，此即擔任公務員所需具備之特別資格。

公務人員之考試，分高等考試、普通考試、初等考試三等。高等考試按學歷分為一、二、三級。此外，為因應特殊性質機關之需要及保障身心障礙者、原住民族之就業權益，得比照前項考試之等級舉行一、二、三、四、五等之特種考試。為避免人員流動過於頻繁，影響機關之效能，高等考試及格人員於服務三年內，特種考試及格人員於服務六年內，不得轉調原分發任用之主管機關或申請舉辦特種考試機關及其所屬機關、學校以外之機關、學校任職（公務人員考試法第6條第1、2項參照）。

有關高等考試之應考資格，公立或立案之私立大學研究院、所，或符合教育部採認規定之國外大學研究院、所，得有博士學位者，得應公務人員高等考試一級考試。公立或立案之私立大學研究院、所，或符合教育部採認規定之國外大學研究院、所，得有碩士以上學位者，得應公務人員高等考試二級考試。公立或立案之私立獨立學院以上學校或符合

教育部採認規定之國外獨立學院以上學校相當院、系、組、所、學位學程畢業者，或高等考試相當類科及格者，或普通考試相當類科及格滿三年者，得應公務人員高等考試三級考試（公務人員考試法第 13 條參照）。

　　有關普通考試之應考資格，公立或立案之私立職業學校、高級中學以上學校或國外相當學制以上學校相當院、系、科、組、所、學位學程畢業者，或普通考試以上考試相當類科考試及格者，或初等考試相當類科及格滿三年者，得應公務人員普通考試（公務人員考試法第 14 條參照）。

　　初等考試並無應考資格之學歷限制。凡中華民國國民年滿十八歲者，得應公務人員初等考試（公務人員考試法第 15 條參照）。

　　至於政務官、民選首長、民意代表等，則無特別資格之限制，無需考試及格。

第三節　公務員之權利與保障——兼論特別權力關係

　　公務員為國家服務，享有身分保障，以及俸給、退休金等權利。其作為社會構成員之一分子，也享有一般人所擁有之基本權利，如人身自由、言論自由等。惟其所享有之權利，是否與一般人民相同？如公務員之權利受侵害時，得否及如何尋求救濟？上述問題，長久以來受到特別權力關係之深遠影響。以下，擬先就特別權力關係之內涵加以論述。

一、特別權力關係

㈠概說

　　公法上法律關係，可分為存在於國家與人民間之一般權力關係，與存在於具有特殊身分者與國家間之特別權力關係。公務員、學生、軍人、受刑人作為社會構成員之一分子，也享有一般人所擁有之基本權利，如人身自由、言論自由等。惟基於公務員與國家之間的特殊身分關係，公務員所享有之基本權利受到限制，此即所謂「特別權力關係」(besonderes Gewaltverhältnis) 理論。

　　特別權力關係為德國 19 世紀之產物，由德國學者 Paul Laband 及 Otto Mayer 先後奠定其理論基礎。Paul Laband 所主張之「主體封閉說」，認為一般法律關係只存在於普通人民與國家之間，國家本身為一封閉之主體，國家機關及其公務員之間並無一般法律關係存在。Otto Mayer 則以「自願不構成侵害」之法理為出發點，認為當事人既然自願加入與國家間特殊之身分關係中，則其受到較多之限制，並無違法之問題[6]。

　　所謂特別權力關係，又可區分為「公法上勤務關係」，即公務員與國家、軍人與國家間之關係；以及「公營造物利用關係」，即學生與學校、受刑人與監獄間之關係。

　　特別權力關係之內容，與一般權力關係不同之處，主要有四點[7]：

　　1.當事人之不平等性。權力主體與相對人之間，處於不對等之關係，權力主體對於相對人擁有概括支配權。

　　2.義務之不確定性。權力主體得課予相對人不定量之義務。

---

[6] 李震山，行政法導論，2019 年修訂 11 版，頁 20。
[7] 陳敏，行政法總論，2019 年 10 版，頁 226 以下。

3.特別規則制定權。權力主體得制定所謂「特別規則」(Sonderverordnung)，限制相對人之基本權利，不受法律保留原則之限制。例如：依據公務員廉政倫理規範之規定，公務員正常社交禮俗標準，市價不得超過新臺幣三千元；同一年度來自同一來源受贈財物以新臺幣一萬元為限（公務員廉政倫理規範二、㈢）。公務員收受與其職務有利害關係者餽贈財物，其市價須在新臺幣五百元以下（公務員廉政倫理規範四、㈢）。此等限制，並無法律依據或法律之授權，僅由行政院以行政規則定之，即得限制公務員之基本權利。

4.訴訟救濟管道之排除。相對人權利受侵害時，不得向法院請求權利保護。特別權力關係之內容中，尤以此點對相對人之限制最為重大。蓋法諺有云：「有權利，即有救濟」；「沒有救濟的權利，不是真正的權利」。特別權力關係中，相對人之權利受到權力主體侵害，既無救濟之管道，則實際上相對人之權利即等同未受保障。

㈡特別權力關係在我國之適用

我國法制，在民國 70 年之前，完全承襲 19 世紀德國特別權力關係之內容，其對於相對人權利之限制甚至更為嚴格。民國 70 年之後，社會氛圍漸趨緩和，由司法院大法官發起一連串突破特別權力關係之改革。晚近，特別權力關係之適用範圍已大幅縮減，論者有謂傳統之特別權力關係已逐漸轉化為由法律就特定身分者之特別權利義務關係為規範之「特別法律關係」(Sonderrechtsverhältnis)[8]，以下詳述之。

1.公務員

我國法制上對於特別權力關係之突破，首推司法院釋字第 187 號解釋。該解釋作成於民國 73 年，首度允許公務員對於請領退休金之爭議

---

[8] 吳庚、盛子龍，行政法之理論與實用，2020 年增訂 16 版，頁 157 以下。

提起行政救濟，其內容略謂：公務人員依法辦理退休請領退休金，乃行使法律基於憲法規定所賦予之權利，應受保障。其向原服務機關請求核發服務年資或未領退休金之證明，未獲發給者，在程序上非不得依法提起訴願或行政訴訟。

其後，司法院大法官復於民國 78 年作成釋字第 243 號解釋，允許公務員對於免職處分提起行政救濟，其內容略謂：中央或地方機關依公務人員考績法或相關法規之規定，對公務員所為之免職處分，直接影響其憲法所保障之服公職權利，受處分之公務員自得行使憲法第 16 條訴願及訴訟之權。該公務員已依法向該管機關申請復審及向銓敘機關申請再復審或以類此之程序謀求救濟者，相當於業經訴願、再訴願程序，如仍有不服，應許其提起行政訴訟，方符有權利即有救濟之法理。惟對於記大過處分，則認為：公務人員考績法之記大過處分，並未改變公務員之身分關係，不直接影響人民服公職之權利，上開各判例不許其以訴訟請求救濟，與憲法尚無牴觸。

民國 81 年，司法院接續作成第 298 號解釋，指出：關於足以改變公務員身分或對於公務員有重大影響之懲戒處分，受處分人得向掌理懲戒事項之司法機關聲明不服，由該司法機關就原處分是否違法或不當加以審查，以資救濟。將公務員得提起行政救濟的範圍，從「足以改變公務員身分之懲戒處分」擴張及於「對於公務員有重大影響之懲戒處分」。惟該解釋並未明確指出對於公務員有重大影響之懲戒處分之具體範圍。

上述司法院大法官對於特別權力關係之突破，實以德國戰後改革特別權力關係之學理發展為理論之基礎。二次大戰之後，德國法學界亟思擺脫特別權力關係之桎梏，其中，尤以 Carl Hermann Ule 所提出之「基礎關係與經營關係理論」，對於我國實務之影響最大。Ule 將特別權力關

係區分為所謂「基礎關係」(Grundverhältnis) 與「經營關係」(Betriebsverhältnis)。前者係指形成或消滅公務員身分之處分，如：任命、免職、命令退休等。在基礎關係之範圍內，公務員遭受國家公權力之侵害時，得提起行政救濟。後者則係指不變更公務員身分，僅屬國家對於組織內部之經營管理行為，如：調職、陞遷、懲處等。在經營關係之範圍內，公務員不得對國家之措施提起行政救濟[9]。

　　最高行政法院接續司法院大法官之腳步，加入改革特別權力關係之行列，於民國 104 年 8 月份作成有關特別權力關係在公務員法上適用之庭長法官聯席會議決議，略謂：憲法第 18 條所保障人民服公職之權利，包括公務人員任職後依法律晉敘陞遷之權，為司法院釋字第 611 號解釋所揭示。而公務員年終考績考列丙等之法律效果，除最近一年不得辦理陞任外（公務人員陞遷法第 12 條第 1 項第 5 款參照），未來三年亦不得參加委任升薦任或薦任升簡任之升官等訓練（公務人員任用法第 17 條參照），於晉敘陞遷等服公職之權利影響重大。基於憲法第 16 條有權利即有救濟之意旨，應無不許對之提起司法救濟之理。

　　上述實務見解，接續民國 81 年司法院大法官所作成之第 298 號解釋，將「公務員年終考績考列丙等」例示為「對於公務員有重大影響之懲戒處分」而允許對之提起行政救濟。

　　在公務員與國家關係中，對於特別權力關係之徹底突破，則為晚近司法院釋字第 785 號解釋。其理由書略謂：「……公務人員與國家間雖具有公法上職務關係，但其作為基本權主體之身分與一般人民並無不同，本於憲法第 16 條有權利即有救濟之意旨，人民因其公務人員身分，與其服務機關或人事主管機關發生公法上爭議，認其權利遭受違法侵

[9] 李震山，行政法導論，2019 年修訂 11 版，頁 20。

害，或有主張權利之必要，自得按相關措施與爭議之性質，依法提起相應之行政訴訟，並不因其公務人員身分而異其公法上爭議之訴訟救濟途徑之保障。」依此，對於公務員之措施，如侵害其權益者，公務員即得對之提起行政救濟，不再以該措施是否具有行政處分之性質為斷[10]。

2.學生

學生亦為特別權力關係適用之對象。早期實務見解認為：學生不得對於學校之處分提起行政救濟。對於學生與學校間特別權力關係之突破，始於司法院釋字第 382 號解釋。該解釋亦以前述德國學者 Ule 所提出之基礎關係與經營關係理論為依據，略謂：「各級學校依有關學籍規則或懲處規定，對學生所為退學或類此之處分行為，足以改變其學生身分並損及其受教育之機會，自屬對人民憲法上受教育之權利有重大影響，此種處分行為應為訴願法及行政訴訟法上之行政處分。受處分之學生於用盡校內申訴途徑，未獲救濟者，自得依法提起訴願及行政訴訟。」惟「如學生所受處分係為維持學校秩序、實現教育目的所必要，且未侵害其受教育之權利者（例如記過、申誡等處分），除循學校內部申訴途徑謀求救濟外，尚無許其提起行政爭訟之餘地。」

其後，釋字第 684 號解釋進一步突破特別權力關係之限制，變更釋字第 382 號解釋之見解，略謂：「大學為實現研究學術及培育人才之教育目的或維持學校秩序，對學生所為行政處分或其他公權力措施，如侵害學生受教育權或其他基本權利，即使非屬退學或類此之處分，本於憲法第 16 條有權利即有救濟之意旨，仍應許權利受侵害之學生提起行政爭訟，無特別限制之必要。」本解釋適用之對象僅限於大學，至於高級

---

[10] 相同見解，參見：吳庚、盛子龍，行政法之理論與實用，2020 年增訂 16 版，頁 142 以下。

中學以下學校，則仍不許對於退學或類此處分以外之其他行為提起行政救濟。

　　民國 108 年，司法院作成釋字第 784 號解釋略謂：「本於憲法第 16 條保障人民訴訟權之意旨，各級學校學生認其權利因學校之教育或管理等公權力措施而遭受侵害時，即使非屬退學或類此之處分，亦得按相關措施之性質，依法提起相應之行政爭訟程序以為救濟，無特別限制之必要。」至此，特別權力關係在學生與學校領域中之適用範圍，已大幅縮減。無論學校之措施是否具有行政處分之性質，如其對於學生之權利有所侵害，即得提起行政救濟[11]。例如晚近實務上，即有高中學生因未參加升旗及防災演練遭學校記警告後，提起行政訴訟，經行政法院實體審理後駁回之案例[12]。

3. 受刑人與受羈押被告

　　封閉性公營造物與其利用人間之關係，長久以來亦受到特別權力關係之支配，受刑人、羈押中被告對於監所、看守所之各項措施不服，均不得提起救濟。及至民國 97 年司法院作成釋字第 653 號解釋，指摘「羈押法……之規定，不許受羈押被告向法院提起訴訟請求救濟之部分，與憲法第 16 條保障人民訴訟權之意旨有違，……」，始見突破。其後，釋字第 691 號解釋亦指出：「受刑人不服行政機關不予假釋之決定者，其救濟有待立法為通盤考量決定之。在相關法律修正前，由行政法院審理。」

　　晚近，司法院釋字第 755 號解釋進一步指出：「監獄行刑法……規

---

[11] 相同見解，參見：吳庚、盛子龍，行政法之理論與實用，2020 年增訂 16 版，頁 148。

[12] 臺北高等行政法院 110 年度簡上字第 52 號判決參照。

定，不許受刑人就監獄處分或其他管理措施，逾越達成監獄行刑目的所必要之範圍，而不法侵害其憲法所保障之基本權利且非顯屬輕微時，得向法院請求救濟之部分，逾越憲法第 23 條之必要程度，與憲法第 16 條保障人民訴訟權之意旨有違。」承認受刑人對於「逾越達成監獄行刑目的所必要之範圍，而不法侵害其憲法所保障之基本權利且非顯屬輕微」之監獄處分或其他管理措施，如：申請外役監審查未獲選之處分、看守所否准其申請寄送信函之決定等，得提起救濟。至如不服監獄臨時取消教化活動、變更午晚餐菜色等處分，仍不許向法院請求救濟。

二、公務員之權利

公務員作為社會構成員之一分子，除能享有一般之基本人權外，基於其公務員之身分，能夠享有以下之權利：

㈠經濟上權利

所謂經濟上權利，包括：俸給權、退休金請求權、撫卹金請求權、參加公務員保險請求權、職務上費用償付請求權、因公涉訟輔助請求權等。

㈡身分上權利

公務人員保障法第 9 條規定：「公務人員之身分應予保障，非依法律不得剝奪。基於身分之請求權，其保障亦同。」除依法受免除職務、撤職等處分外，不得剝奪其公務人員之身分，是為公務人員身分保障權。此外，公務人員非依法律，亦不得予以停職。其於停職、休職或留職停薪期間，仍具公務人員身分（公務人員保障法第 9 條之 1 參照）。

公務人員基於身分之請求權，亦受保障。其經銓敘審定之官等職等應予保障，非依法律不得變更（公務人員保障法第 13 條參照）。經銓敘

審定之俸級應予保障，非依法律不得降級或減俸（公務人員保障法第 14 條參照）。依其職務種類、性質與服務地區，所應得之法定加給，非依法令不得變更（公務人員保障法第 15 條參照）。

㈢勞動權

公務人員並非勞工，惟其仍享有一定之勞動者權益。首先，公務人員雖不得組織工會，惟其得組織「公務人員協會」，行使其團結權。公務人員協會法第 1 條規定：「公務人員為加強為民服務、提昇工作效率、維護其權益、改善工作條件並促進聯誼合作，得組織公務人員協會。」

公務人員協會法第 46 條規定：「公務人員協會不得發起、主辦、幫助或參與任何罷工、怠職或其他足以產生相當結果之活動，並不得參與政治活動。」惟公務人員協會仍享有建議權、協商權等權限，對於考試、銓敘、保障、撫卹、退休，以及公務人員任免、考績、級俸、陞遷、褒獎等，得提出建議（公務人員協會法第 6 條參照）。對於辦公環境之改善、行政管理、服勤之方式及起訖時間等事項，得提出協商。但依法得提起申訴、復審、訴願、行政訴訟之事項，為公務人員個人權益事項，以及與國防、安全、警政、獄政、消防及災害防救等事項相關者，不得提出協商（公務人員協會法第 7 條參照）。

三、公務員權益保障之救濟途徑

公務人員身分、官職等級、俸給、工作條件、管理措施等有關權益之保障，適用公務人員保障法之規定（公務人員保障法第 2 條參照）。如其權益受公權力侵害時，得依公務人員保障法之規定請求救濟。

公務人員保障法所保障之對象，原則上僅限於狹義之公務員，即法定機關（構）及公立學校依公務人員任用法律任用之有給專任人員（公

務人員保障法第 3 條參照）。惟依公務人員保障法第 102 條規定，教育
人員任用條例公布施行前已進用未經銓敘合格之公立學校職員、私立學
校改制為公立學校未具任用資格之留用人員、公營事業依法任用之人
員、各機關依法派用、聘用、聘任、僱用或留用人員，以及應各種公務
人員考試錄取參加訓練之人員，或訓練期滿成績及格未獲分發任用之人
員，其權益受公權力侵害時，得準用公務人員保障法之規定，請求救
濟。

　　公務人員權益之救濟，依復審、申訴、再申訴之程序行之。公務人
員提起之復審、再申訴事件，由公務人員保障暨培訓委員會審議決定
（公務人員保障法第 4 條參照）。

㈠復審

1.復審人

　　公務人員保障法第 25 條第 1 項規定：「公務人員對於服務機關或人
事主管機關所為之行政處分，認為違法或顯然不當，致損害其權利或利
益者，得依本法提起復審。」已辭職、退休，或經免職、撤職而喪失公
務人員身分之非現職公務人員，基於其原公務人員身分之請求權遭受侵
害時，亦得提起復審請求救濟（公務人員保障法第 25 條第 1 項後段參
照）。

　　公務人員保障法第 25 條第 2 項規定：「公務人員已亡故者，其遺族
基於該公務人員身分所生之公法上財產請求權遭受侵害時，亦得依本法
規定提起復審。」實務上，曾有公務人員之遺族因申請核發生活安全
金、撫卹金、撫慰金事件而提起復審者[13]。

---

[13] 保訓會 100 公審決字第 0080 號、102 公審決字第 0038 號及 102 公審決字第
　　0116 號復審決定參照。

2.復審之客體

復審程序之客體，為人事行政處分。其範圍包括：

a.改變公務人員身分之處分

所謂「改變公務人員身分之處分」，依現行實務上見解，其範圍包括：

(1)免職處分。實務上，公務人員受免職處分後提起復審之案例頗多，例如：警員因涉嫌違反毒品危害防制條例案件經一次記二大過核布免職不服提起行政救濟[14]、市立中學事務組長連續曠職達四日以上經核布一次記二大過專案考績免職不服提起行政救濟[15]。

(2)停職處分。例如：駐外代表處組長擔任股份有限公司董事且持股超過該公司資本額百分之三十，為經營商業之行為，違反公務員服務法規定，經核布停職不服提起行政救濟[16]。

(3)停職後申請復職。例如：地方法院檢察署檢察官因涉嫌貪污等案件停職後，申請復職遭否准提起行政救濟[17]。

(4)調任較低官等職等職務處分。例如：原為薦任第九職等公務人員，所任職務官職等範圍為薦任第八職等至薦任第九職等，經調任官職等範圍為薦任第六職等至第八職等之職務，不服調任處分提起行政救濟[18]。

公務人員經調任非主管職務，如其官職等、俸級、升遷序列均未改

---

[14] 最高行政法院 106 年度判字第 332 號判決參照。

[15] 最高行政法院 104 年度判字第 317 號判決參照。

[16] 最高行政法院 99 年度判字第 1240 號判決參照。

[17] 最高行政法院 101 年度判字第 82 號判決參照。

[18] 最高行政法院 104 年度判字第 50 號判決參照。

變，該調任是否得為提起復審對象之行政處分，向為爭議之問題。實務上有採肯定見解者[19]，有採否定見解者[20]。民國 104 年 8 月份庭長法官聯席會議決議㈠採否定見解，該決議之內容略謂：「甲由主管人員調任為同一機關非主管人員，但仍以原官等官階任用並敘原俸級及同一陞遷序列，雖使其因此喪失主管加給之支給，惟基於對機關首長統御管理及人事調度運用權之尊重，且依公務人員俸給法第 2 條第 5 款規定，主管加給係指本俸、年功俸以外，因所任『職務』性質，而另加之給與，並非本於公務人員身分依法應獲得之俸給，故應認該職務調任，未損及既有之公務員身分、官等、職等及俸給等權益，不得提起行政訴訟請求救濟。」

b.對於公務員有重大影響之處分

所謂「對於公務員有重大影響之處分」，例如：公務員年終考績考列丙等之處分。最高行政法院民國 104 年 8 月份庭長法官聯席會議決議㈡略謂：「憲法第 18 條所保障人民服公職之權利，包括公務人員任職後依法律晉敘陞遷之權，為司法院釋字第 611 號解釋所揭示。而公務員年終考績考列丙等之法律效果，除最近一年不得辦理陞任外（公務人員陞遷法第 12 條第 1 項第 5 款參照），未來三年亦不得參加委任升薦任或薦任升簡任之升官等訓練（公務人員任用法第 17 條參照），於晉敘陞遷等服公職之權利影響重大。基於憲法第 16 條有權利即有救濟之意旨，應無不許對之提起司法救濟之理。」

c.本於公務人員身分之財產請求

所謂「本於公務人員身分之財產請求」者，包括：請領退休金、福

---

[19] 最高行政法院 100 年度判字第 1557 號判決參照。
[20] 最高行政法院 102 年度判字第 564 號判決參照。

利互助金，以及其他公法上財產請求。此類事件，實務上見解向來認為其行為之性質為行政處分。當事人不服，得對之提起行政救濟。詳述如下：

(1)請領退休金。司法院釋字第 187 號解釋有謂：「公務人員依法辦理退休請領退休金，乃行使法律基於憲法規定所賦予之權利，應受保障。其向原服務機關請求核發服務年資或未領退休金之證明，未獲發給者，在程序上非不得依法提起……行政訴訟。」

(2)請領福利互助金。司法院釋字第 312 號解釋有謂：「公務人員之公法上財產請求權，遭受損害時，得依……行政訴訟程序請求救濟。公務人員退休，依據法令規定請領福利互助金，乃為公法上財產請求權之行使，如有爭執，自應依此意旨辦理。」

(3)其他公法上財產請求權。例如：賠償進修費用事件[21]、返還眷舍搬遷一次補助費事件[22]、公務員之遺族申請發給撫慰金事件[23]等。

3.復審之類型

提起復審之類型，包括：

(1)撤銷復審：復審人對於原處分機關所為之行政處分，認為違法或顯然不當，致損害其權利或利益者，得提起復審，請求撤銷。例如：公務人員不服其免職或考績丙等之處分，提起復審，請求撤銷原處分。

(2)課予義務復審：公務人員保障法第 26 條規定：「公務人員因原處分機關對其依法申請之案件，於法定期間內應作為而不作為，或予以駁回，認為損害其權利或利益者，得提起請求該機關為行政處分或應為特

---

[21]最高行政法院 107 年度裁字第 338 號裁定參照。
[22]最高行政法院 106 年度判字第 471 號判決參照。
[23]最高行政法院 106 年度判字第 243 號判決參照。

定內容之行政處分之復審。前項期間，法令未明定者，自機關受理申請之日起為二個月」。例如：公務人員申請核發年終工作獎金，應為處分之機關於法定期間內應作為而不作為，遂提起復審，請求命該機關核發年終工作獎金。公務人員經停職後申請復職，遭原處分機關否准，其不服否准處分，提起復審，請求命該機關准許其復職。

4.復審之提起及審議

復審之提起，應自行政處分達到之次日起三十日內為之。前項期間，以原處分機關收受復審書之日期為準。復審人誤向原處分機關以外機關提起復審者，以該機關收受之日，視為提起復審之日（公務人員保障法第 30 條參照）。

公務人員保障法第 43 條第 1 項規定：「提起復審應具復審書，載明下列事項，由復審人或其代理人簽名或蓋章：

一、復審人之姓名、出生年月日、住居所、國民身分證統一編號或身分證明文件及字號。有代理人者，其姓名、出生年月日、職業、住居所或事務所、國民身分證統一編號或身分證明文件及字號。

二、復審人之服務機關、職稱、官職等。

三、原處分機關。

四、復審請求事項。

五、事實及理由。

六、證據。其為文書者，應添具影本或繕本。

七、行政處分達到之年月日。

八、提起之年月日。」

提起課予義務復審者，原無原處分機關。前項第 3 款應載明「應為

行政處分之機關」，第 7 款所列事項應載明「申請之年月日」，並附原申請書之影本及受理申請機關收受證明（公務人員保障法第 43 條第 2、3 項參照）。

　　復審人提起復審時，並非直接將復審書遞送保訓會。公務人員保障法第 44 條第 1 項規定：「復審人應繕具復審書經由原處分機關向保訓會提起復審」，何以須經由原處分機關向保訓會提起復審？蓋「原處分機關對於前項復審應先行重新審查原行政處分是否合法妥當，其認為復審為有理由者，得自行變更或撤銷原行政處分，並函知保訓會」（公務人員保障法第 44 條第 2 項參照）。「原處分機關自收到復審書之次日起二十日內，不依復審人之請求變更或撤銷原行政處分者，應附具答辯書，並將必要之關係文件，送於保訓會」（公務人員保障法第 44 條第 3 項參照）。「原處分機關檢卷答辯時，應將前項答辯書抄送復審人」（公務人員保障法第 44 條第 4 項參照）。復審人如未經由原處分機關，而是逕向保訓會提起復審者，保訓會無需將復審書原本送交原處分機關，僅需將復審書影本或副本送交原處分機關辦理重新審查及答辯程序（公務人員保障法第 44 條第 5 項參照）。

　　保訓會審理復審事件時，原則上就書面審查決定之。必要時，得通知復審人或有關人員到達指定處所陳述意見並接受詢問。為保障復審人之程序參與權，復審人請求陳述意見而有正當理由者，應予到達指定處所陳述意見之機會（公務人員保障法第 50 條參照）。亦「得依職權或依復審人之申請，通知復審人或其代表人、復審代理人、輔佐人及原處分機關派員於指定期日到達指定處所言詞辯論」（公務人員保障法第 52 條參照）。

5.復審決定

　　復審決定應於保訓會收受原處分機關檢卷答辯之次日起三個月內為之；復審書不合法定程式，尚待補正者，自復審人補正之次日起算，未為補正者，自補正期間屆滿之次日起算；復審人係於表示不服後三十日內補送復審書者，自補送之次日起算，未為補送者，自補送期間屆滿之次日起算；復審人於復審事件決定期間內續補具理由者，自最後補具理由之次日起算（公務人員保障法第 69 條第 1 項參照）。

　　復審事件不能於前項期間內決定者，得予延長，並通知復審人。延長以一次為限，最長不得逾二個月（公務人員保障法第 69 條第 2 項參照）。

　　公務人員保障法第 61 條第 1 項規定：「復審事件有下列各款情形之一者，應為不受理決定：

　　一、復審書不合法定程式不能補正或經酌定相當期間通知補正逾期不補正者。

　　二、提起復審逾法定期間或未於第四十六條但書所定期間，補送復審書者。

　　三、復審人無復審能力而未由法定代理人代為復審行為，經通知補正逾期不補正者。

　　四、復審人不適格者。

　　五、行政處分已不存在者。

　　六、對已決定或已撤回之復審事件重行提起復審者。

　　七、對不屬復審救濟範圍內之事項，提起復審者。」

復審事件如無上述程序不合法之情事者，保訓會應作成實體決定。

　　公務人員保障法第 63 條第 1、2 項規定：「復審無理由者，保訓會

應以決定駁回之。原行政處分所憑之理由雖屬不當，但依其他理由認為正當者，應以復審為無理由。」

公務人員保障法第 65 條第 1 項規定：「復審有理由者，保訓會應於復審人表示不服之範圍內，以決定撤銷原行政處分之全部或一部，並得視事件之情節，發回原處分機關另為處分。但原處分機關於復審人表示不服之範圍內，不得為更不利益之處分。」有時保訓會將原處分撤銷發回後，原處分機關並未遵照復審決定之意旨處理。復審人再次提起復審時，如保訓會一再發回原處分機關，對於當事人之權利保障並無幫助，徒然損及其有效權利保護請求權。是以公務人員保障法第 65 條第 2 項規定：「前項發回原處分機關另為處分，原處分機關未於規定期限內依復審決定意旨處理，經復審人再提起復審時，保訓會得逕為變更之決定。」

復審人提起課予義務復審時，保訓會所作成之復審決定之內容與上述撤銷復審有所不同。公務人員保障法第 66 條第 1 項規定：「對於依第二十六條第一項提起之復審，保訓會認為有理由者，應指定相當期間，命應作為之機關速為一定之處分。」但「保訓會未為前項決定前，應作為之機關已為行政處分者，保訓會應認為復審無理由，以決定駁回之」（公務人員保障法第 66 條第 1 項參照）。

復審決定書，應載明下列事項（公務人員保障法第 71 條參照）：「

一、復審人之姓名、出生年月日、服務機關、職稱、住居所、國民身分證統一編號或身分證明文件及字號。

二、有法定代理人或復審代理人者，其姓名、出生年月日、住居所、國民身分證統一編號或身分證明文件及字號。

三、主文、事實及理由；其係不受理決定者，得不記載事實。

四、決定機關及其首長。

五、年、月、日。

復審決定書之正本應於決定後十五日內送達復審人及原處分機關。」

㈡申訴、再申訴

公務人員保障法第 77 條第 1 項規定：「公務人員對於服務機關所為之管理措施或有關工作條件之處置認為不當，致影響其權益者，得提起申訴、再申訴。」

申訴、再申訴之客體為人事行政處分以外之管理措施或有關工作條件之處置。例如：官職等、俸級、升遷序列均未改變之調任[24]、年終考績考列乙等之評定[25]、限制進修時數每週四小時之措施[26]、未遴選再申訴人參加委任公務人員晉升薦任官等訓練之決定[27]等。

公務人員保障法第 78 條第 1 項規定：「申訴之提起，應於管理措施或有關工作條件之處置達到之次日起三十日內，向服務機關為之。不服服務機關函復者，得於復函送達之次日起三十日內，向保訓會提起再申訴。」

服務機關對申訴事件，應於收受申訴書之次日起三十日內，就請求事項詳備理由函復，必要時得延長二十日，並通知申訴人。逾期未函復，申訴人得逕提再申訴。再申訴決定應於收受再申訴書之次日起三個月內為之。必要時得延長一個月，並通知再申訴人（公務人員保障法第

---

[24] 保訓會 107 公申決字 0137 號再申訴決定參照。

[25] 保訓會 107 公申決字 000175 號再申訴決定參照。

[26] 保訓會 92 公申決字 0207 號再申訴決定參照。

[27] 保訓會 91 公申決字 0227 號再申訴決定參照。

81 條參照）。

　　各機關對於保訓會查詢之再申訴事件，應於二十日內將事實、理由及處理意見，並附有關資料，回復保訓會。各機關對於再申訴事件未於前項規定期間內回復者，保訓會得逕為決定（公務人員保障法第 82 條參照）。

㈢對於復審或再申訴決定不服之救濟途徑

　　當事人對於復審或再申訴決定不服時，有以下之救濟途徑：

1.申請再審議

　　再審議者，其性質近似於再審，係針對已確定之復審或再申訴決定所提起之特殊救濟途徑。

　　公務人員保障法第 94 條規定：「保障事件經保訓會審議決定，除復審事件復審人已依法向司法機關請求救濟者外，於復審決定或再申訴決定確定後，有下列情形之一者，原處分機關、服務機關、復審人或再申訴人得向保訓會申請再審議：

　　一、適用法規顯有錯誤者。

　　二、決定理由與主文顯有矛盾者。

　　三、決定機關之組織不合法者。

　　四、依本法應迴避之委員參與決定者。

　　五、參與決定之委員關於該保障事件違背職務，犯刑事上之罪者。

　　六、復審、再申訴之代理人或代表人，關於該復審、再申訴有刑事上應罰之行為，影響於決定者。

　　七、證人、鑑定人或通譯就為決定基礎之證言、鑑定或通譯為虛偽陳述者。

　　八、為決定基礎之證物，係偽造或變造者。

九、為決定基礎之民事、刑事或行政訴訟判決或行政處分，依其後之確定裁判或行政處分已變更者。

十、發現未經斟酌之證物或得使用該證物者。但以如經斟酌可受較有利益之決定者為限。

十一、原決定就足以影響於決定之重要證物漏未斟酌者。

前項申請於原行政處分、原管理措施、原工作條件之處置及原決定執行完畢後，亦得為之。

第一項第五款至第八款情形，以宣告有罪之判決已確定，或其刑事訴訟不能開始或續行非因證據不足者為限。」

2. 提起行政訴訟

當事人對於人事行政處分不服，提起復審仍未獲救濟時，得提起行政訴訟。公務人員保障法第72條第1項規定：「保訓會復審決定依法得聲明不服者，復審決定書應附記如不服決定，得於決定書送達之次日起二個月內，依法向該管司法機關請求救濟。」至於人事行政處分以外之其他管理措施或有關工作條件之處置，當事人如有不服，於提起申訴、再申訴未獲救濟後，昔日見解認為並無行政訴訟之管道可資救濟。惟依晚近司法院釋字第785號解釋之見解：「本於憲法第16條有權利即有救濟之意旨，人民因其公務人員身分，與其服務機關或人事主管機關發生公法上爭議，認其權利遭受違法侵害，或有主張權利之必要，自得按相關措施與爭議之性質，依法提起相應之行政訴訟，並不因其公務人員身分而異其公法上爭議之訴訟救濟途徑之保障。……公務人員保障法……並不排除公務人員認其權利受違法侵害或有主張其權利之必要時，原即得按相關措施之性質，依法提起相應之行政訴訟，請求救濟。」如公務員權利受有違法之侵害，不問該措施之性質是否行政處分、係依復審或

申訴、再申訴程序救濟，均得提起行政訴訟[28]。

㈣保訓會所為保障事件決定之效力

保訓會所為保障事件決定，攸關公務人員權益保障。尤其公務人員提起復審或再申訴，經保訓會認為有理由而作成撤銷原處分或原處置之決定時，原處分或服務機關應遵照辦理，不得違背，否則公務人員保障制度形同虛設。是以公務人員保障法第 91 條第 1 項前段規定：「保訓會所為保障事件之決定確定後，有拘束各關係機關之效力。」

為督促原處分機關或服務機關確實遵照保訓會之決定辦理，公務人員保障法第 91 條第 2 項及第 3 項規定：「原處分機關應於復審決定確定之次日起二個月內，將處理情形回復保訓會。必要時得予延長，但不得超過二個月，並通知復審人及保訓會。服務機關應於收受再申訴決定書之次日起二個月內，將處理情形回復保訓會。必要時得予延長，但不得超過二個月，並通知再申訴人及保訓會。」同法第 92 條第 1 項規定：「原處分機關、服務機關於前條規定期限內未處理者，保訓會應檢具證據將違失人員移送監察院依法處理。但違失人員為薦任第九職等以下人員，由保訓會通知原處分機關或服務機關之上級機關依法處理。」前項違失人員如為民意機關（如直轄市或縣市議會、鄉鎮市民代表會）首長，移送監察院依法處理對其恐無嚇阻力。故同法第 92 條第 2 項規定：「由保訓會處新臺幣十萬元以上一百萬元以下罰鍰，並公布違失事實。」

第四節　公務員之義務

公務員代表國家，服務民眾，其負有如下之義務：

---

[28] 吳庚、盛子龍，行政法之理論與實用，2020 年增訂 16 版，頁 230。

一、中立義務

為確保公務人員依法行政、執行公正、政治中立，我國定有公務人員行政中立法，要求「公務人員應嚴守行政中立，依據法令執行職務，忠實推行政府政策，服務人民」（公務人員行政中立法第 3 條參照）。

負有行政中立義務者，除「法定機關依法任用、派用之有給專任人員及公立學校依法任用之職員」外（公務人員行政中立法第 2 條參照），亦包括公立學校校長及公立學校兼任行政職務之教師、各機關及公立學校依法聘用、僱用人員等（公務人員行政中立法第 17 條參照）。

公務人員應依法公正執行職務，不得對任何團體或個人予以差別待遇 （公務人員行政中立法第 4 條參照）。公務人員得加入政黨或其他政治團體，但不得兼任政黨或其他政治團體之職務，亦不得利用職務上之權力、機會或方法介入黨派紛爭，或兼任公職候選人競選辦事處之職務（公務人員行政中立法第 5 條參照）。公務人員不得利用職務上之權力、機會或方法，使他人加入或不加入政黨或其他政治團體；亦不得要求他人參加或不參加政黨或其他政治團體有關之選舉活動（公務人員行政中立法第 6 條參照）。

公務人員不得於上班或勤務時間，從事政黨或其他政治團體之活動（公務人員行政中立法第 7 條第 1 項本文參照）。不得為支持或反對特定之政黨、其他政治團體或公職候選人，動用行政資源編印製、散發宣傳品或辦理相關活動；在辦公場所懸掛、張貼、穿戴或標示特定政黨、其他政治團體或公職候選人之旗幟、徽章或服飾；主持集會、發起遊行或領導連署活動；在大眾傳播媒體具銜或具名廣告；公開為公職候選人站台、助講、遊行或拜票（公務人員行政中立法第 9 條參照）。長官亦

不得要求公務人員從事本法禁止之行為（公務人員行政中立法第 14 條第 1 項參照）。

二、服從義務

公務員負有服從長官命令之義務。服從義務之目的並非要求公務員服從權威，而是為維護行政一體性，藉以提升行政效率，追求人民福祉。

公務員服從長官之命令，其前提之一，為長官之命令須合於以下之形式合法要件[29]：

1.命令者對於公務員須有指揮監督權。長官之命令有衝突時，公務員對於兩級長官同時所發命令，以上級長官之命令為準；主管長官與兼管長官同時所發命令，以主管長官之命令為準（公務員服務法第 4 條參照）。

2.命令內容不得為法律上或事實上不能。例如：命逮捕已死亡之通緝犯、命令執行已廢止之法律。

3.須符合法定形式。命令如屬要式行為者，例如：調職、免職令，應以具備必要內容之正式派令行之。

4.非屬應獨立行使職權之職務範圍。例如：法官、保訓會委員等，依法應獨立行使職權，在處理具體個案時，自不受長官命令之拘束。

公務員對於長官依職權所發布之命令，有服從義務。惟所謂服從義務，其內涵如何？向有以下不同見解[30]：

1.形式合法說。此說認為：若命令之形式合法，屬官有絕對服從之

---

[29] 李震山，行政法導論，2019 年修訂 11 版，頁 188 以下。

[30] 吳庚、盛子龍，行政法之理論與實用，2020 年增訂 16 版，頁 223。

義務，不得就其內容是否違法加以審查。

　　2.實質合法說。此說認為：公務員固然有服從長官命令義務，然其亦有服從國家法令之義務。且後者之順位，優於前者。故公務員對於長官之違法命令，應為實質審查而不服從之；如其服從，即應負違法責任。

　　3.瑕疵明顯說。此說認為：長官之命令是否違法，原則上屬官無權審查；惟命令違法性明顯重大時，屬官應不服從之。

　　4.陳述意見說。此說認為：屬官對於命令是否違法無審查權，但得陳述意見，如長官仍維持其命令時，屬官應服從之。

　　就此問題，我國法制原則上採陳述意見說，兼採瑕疵明顯說。按公務員服務法第3條規定：「公務員對於長官監督範圍內所發之命令有服從義務，如認為該命令違法，應負報告之義務；該管長官如認其命令並未違法，而以書面署名下達時，公務員即應服從；其因此所生之責任，由該長官負之。但其命令有違反刑事法律者，公務員無服從之義務。前項情形，該管長官非以書面署名下達命令者，公務員得請求其以書面署名為之，該管長官拒絕時，視為撤回其命令。」

　　依此規定，長官之命令明顯違法者，例如：長官命公務員偽造文書、湮滅證據，公務員應拒絕執行命令，否則應自負刑事責任[31]。其他情形，例如：長官為趕時間命司機闖紅燈、行駛路肩，命下屬違反廢棄物清理法規定傾倒垃圾等，公務員應陳述意見；該管長官如認其命令並未違法，而以書面署名下達時，公務員即應服從；其因此所生之責任，如行政懲處、司法懲戒責任等，由該長官負之[32]。

---

[31] 刑法第21條第2項規定：「依所屬上級公務員命令之職務上行為，不罰。但明知命令違法者，不在此限。」可資參照。

三、守密義務

公務員有絕對保守政府機關（構）機密之義務，對於機密事件，無論是否主管事務，均不得洩漏；離職後，亦同。公務員未經機關（構）同意，不得以代表機關（構）名義或使用職稱，發表與其職務或服務機關（構）業務職掌有關之言論（公務員服務法第 5 條第 1、2 項參照）。

四、不為一定行為義務

公務員於任職中，甚至離職後，均負有義務，不得為特定之行為。其內容如下：

㈠不得經營商業

公務員不得經營商業。所謂經營商業，包括擔任公司發起人或公司、商業負責人，或擔任以營利為目的之事業負責人、董事、監察人或相類似職務。但經公股股權管理機關指派代表公股或遴薦兼任政府直接或間接投資事業之董事、監察人或相類似職務，並經服務機關事先核准或機關首長經上級機關事先核准者，不在此限（公務員服務法第 14 條第 1、2 項參照）。實務上曾有如下案例：某政府民政處處長（比照簡任第十二職等任用）長期兼任加油站股份有限公司董事，違反公務員服務法有關公務員不得經營商業之規定，經依法提案彈劾，遭公務員懲戒委員會（現懲戒法庭）記過一次處分[33]。

公務員所任職務對營利事業有直接監督或管理權限者，不得取得該營利事業之股份或出資額（公務員服務法第 14 條第 4 項參照）。例如任

---

[32] 亦參：公務人員保障法第 17 條之規定。

[33] 公務員懲戒委員會 102 年度鑑字第 12694 號公懲議決書參照。

職於金融監督管理委員會（金管會）之公務員，不得購買公民營銀行之股票。

(二)不得兼任他項公職或業務

公務員除法令規定外，不得兼任他項公職；其依法令兼職者，不得兼薪（公務員服務法第 15 條第 1 項參照）。例如：某部會主任秘書得兼任該部會訴願審議委員會委員，但不得兼薪。此外，公務員除法令規定外，不得兼任領證職業及其他反覆從事同種類行為之業務（公務員服務法第 15 條第 2 項參照）。實務上，銓敘部曾有函釋指出：「汽車駕駛人駕駛營業汽車營業或以駕駛汽車為職業者，均為職業駕駛人，須領有職業駕照始得為之，且該職業駕照須定期經主管機關審驗。是該等職業駕駛人（含 Uber、多元化計程車等）不論自行駕駛營業汽車營業或受雇擔任駕駛工作，均屬服務法……所稱之『業務』，……公務員尚不得兼任之。」[34]

例外情形，公務員得兼任教學或研究工作或非以營利為目的之事業或團體職務。實務上，各級法院法官經常到大學法律系兼任教職，開設審判實務類之課程，惟應經服務機關（構）同意（公務員服務法第 15 條第 4 項參照）。

應注意者，公務員兼職，如對公務員名譽、政府信譽、其本職性質有妨礙或有利益衝突者，不得為之（公務員服務法第 15 條第 7 項參照）。

(三)迴避義務

為避免公務員利用其職務上之權力，對營利事業掛鈎，進行利益輸送，以換取其離職之出路，公務員服務法定有所謂「旋轉門條款」，規

---

[34] 銓敘部 108 年 10 月 2 日部法一字第 1084860352 號函參照。

定：「公務員於其離職後三年內，不得擔任與其離職前五年內之職務直接相關之營利事業董事、監察人、經理、執行業務之股東或顧問。」（公務員服務法第 16 條參照）　實務上曾發生前財政部長因違反旋轉門條款轉任某金控公司董事長遭起訴事件。

五、保持品位之義務

公務員服務法第 6 條規定：「公務員應公正無私、誠信清廉、謹慎勤勉，不得有損害公務員名譽及政府信譽之行為。」

第五節　公務員之責任

憲法第 24 條規定：「凡公務員違法侵害人民之自由或權利者，除依法律受懲戒外，應負刑事及民事責任。被害人民就其所受損害，並得依法律向國家請求賠償」。公務員所負擔之責任，除行政責任外，尚有民事、刑事及國家賠償責任。民事、刑事責任，非行政法所探討之領域。國家賠償責任，將於本書最末章詳述之。以下所論述者，為公務員之行政責任。

公務員之行政責任者，公務員有違法、失職之情事時，在行政法上所應承擔之責任。公務員服務法第 23 條規定：「公務員違反本法規定者，應按情節輕重，分別予以懲戒或懲處，……。」是以所謂公務員之行政責任，包括懲戒與懲處二者，以下詳述之。

一、懲戒責任

懲戒責任者，又稱司法懲戒責任，其法律依據為公務員懲戒法。公

務員有「違法執行職務、怠於執行職務或其他失職行為」（公務員懲戒法第2條第1款參照），有懲戒之必要者，應受懲戒。例如：公務員假借權力，以圖本身之利益，收受廠商逾越正常社交禮俗標準之款項者，應予以懲戒。除執行職務範疇外，「非執行職務之違法行為，致嚴重損害政府之信譽」（公務員懲戒法第2條第2款參照）者，亦應受懲戒。例如：公務員休假外出時酒後駕車，經警方查獲。其違法行為雖非執行職務，如嚴重損害政府之信譽，應予以懲戒。

應注意者，公務員懲戒法之適用對象，不限於現任之公務員。對退休（職、伍）或其他原因離職之公務員於任職期間之行為，亦適用之（公務員懲戒法第1條第2項參照）。

㈠發動程序

監察院認為公務員有違法、失職情事，應付懲戒者，應將彈劾案連同證據，移送懲戒法院審理（公務員懲戒法第23條第1項參照）。此外，各院、部、會首長，省、直轄市、縣（市）行政首長或其他相當之主管機關首長，認為所屬公務員有違法、失職情事者，應由其機關備文敘明事由，連同證據送請監察院審查。但對於所屬薦任第九職等或相當於薦任第九職等以下之公務員，得逕送懲戒法院審理（公務員懲戒法第24條第1項參照）。

昔日，多有公務員涉犯違法、失職情事時，火速申請退休，以求脫免懲戒責任者。為避免此種情事，公務員懲戒法第8條第1項規定，公務員經移送懲戒，或經主管機關送請監察院審查者，在不受懲戒、免議、不受理判決確定、懲戒處分生效或審查結束前，不得資遣或申請退休、退伍。

㈡懲戒處分

公務員之懲戒處分如下（公務員懲戒法第 9 條第 1 項參照）：

1.免除職務：免其現職，並不得再任用為公務員（公務員懲戒法第 11 條參照）。免除職務為最嚴重的懲戒處分，通常係針對有重大違失行為之公務員所為。例如：承辦採購案之軍職人員因收受鉅額賄款（新臺幣兩千六百萬元），且行為後態度不佳，迄未繳回犯罪所得，經懲戒法院判處免除職務[35]。

2.撤職：撤其現職，並於一定期間停止任用；其期間為一年以上、五年以下；停止任用期間屆滿，再任公務員者，自再任之日起，二年內不得晉敘、陞任或遷調主管職務（公務員懲戒法第 12 條參照）。

實務上曾有如下案例，可供參考：某鄉鄉長因配合特定土地炒作業者，訂定自治條例，明知該條例違背上位法規範，經縣政府否准該條例之備查，仍逕將該條例發布實施，配合土地炒作業者，簽訂內容、附款方式異於常規之買賣契約書，經上級政府多次要求停止辦理土地標售及移轉，仍執意為之、恣意遷調不願曲從之公務員，並任用沆瀣一氣人員，以遂犯行，違法亂紀，惡性重大，經監察院依法提案彈劾後，遭撤職並停止任用兩年處分[36]。

3.剝奪、減少退休（職、伍）金：剝奪退休（職、伍）金，指剝奪受懲戒人離職前所有任職年資所計給之退休 （職、 伍） 或其他離職給與；其已支領者，並應追回之（公務員懲戒法第 13 條第 1 項參照）。減少退休（職、伍）金，指減少受懲戒人離職前所有任職年資所計給之退休（職、伍）或其他離職給與百分之十至百分之二十；其已支領者，並

---

[35] 懲戒法院懲戒法庭 111 年度澄字第 13 號懲戒判決參照。

[36] 公務員懲戒委員會 102 年度鑑字第 12629 號議決書參照。

應追回之（公務員懲戒法第 13 條第 2 項參照）。上述懲戒處分之對象以退休（職、伍）或其他原因離職之公務員為限（公務員懲戒法第 9 條第 2 項參照）。

4.休職：休其現職，停發俸（薪）給，並不得申請退休、退伍或在其他機關任職；其期間為六個月以上、三年以下。休職期滿，許其回復原職務或相當之其他職務。自復職之日起，二年內不得晉敘、陞任或遷調主管職務（公務員懲戒法第 14 條第 1、2 項參照）。

5.降級：依受懲戒人現職之俸（薪）級降一級或二級改敘；自改敘之日起，二年內不得晉敘、陞任或遷調主管職務（公務員懲戒法第 15 條第 1 項參照）。受降級處分而無級可降者，按每級差額，減其月俸（薪）；其期間為二年（公務員懲戒法第 15 條第 2 項參照）。

6.減俸：依受懲戒人現職之月俸（薪）減百分之十至百分之二十支給；其期間為六個月以上、三年以下。自減俸之日起，一年內不得晉敘、陞任或遷調主管職務（公務員懲戒法第 16 條參照）。

7.罰款：其金額為新臺幣一萬元以上、一百萬元以下（公務員懲戒法第 17 條參照）。罰款得與剝奪、減少退休金，以及減俸以外之其餘各款（包括：免除職務、撤職、休職、降級、記過、申誡等）併為處分（公務員懲戒法第 9 條第 3 項參照）。

8.記過：記過，得為記過一次或二次。自記過之日起一年內，不得晉敘、陞任或遷調主管職務。一年內記過累計三次者，依其現職之俸（薪）級降一級改敘（公務員懲戒法第 18 條參照）。

9.申誡：以書面為之（公務員懲戒法第 19 條參照）。

應注意者，上述懲戒處分中，休職、降級及記過之處分於政務人員不適用之（公務員懲戒法第 9 條第 4 項參照）。

㈢懲戒權行使期間

公務員懲戒法對於懲戒權設有行使期間之限制。應受懲戒行為，自行為終了之日起，至案件繫屬懲戒法院之日止，已逾十年者，不得予以休職之懲戒。應受懲戒行為，自行為終了之日起，至案件繫屬懲戒法院之日止，已逾五年者，不得予以減少退休（職、伍）金、降級、減俸、罰款、記過或申誡之懲戒。前二項行為終了之日，指公務員應受懲戒行為終結之日。但應受懲戒行為係不作為者，指公務員所屬服務機關或移送機關知悉之日（公務員懲戒法第 20 條參照）。

至於免除職務、撤職、剝奪退休金等懲戒處分，則無行使期間之限制。蓋公務員懲戒制度並非針對違失行為公務員個人所施以之制裁，而是一種人事管理措施。其目的主要在於維持職業文官體制之健全、矯正公務員違失行為，維持、穩固並確保公職務秩序之整體利益[37]。公務員之違失行為重大，如已達動搖其「廉正性」(Integrität) 之程度而不再適任公務員，自應予以汰除，不因時間經過而阻礙懲戒權之行使。

㈣審判程序

公務員懲戒事件，由懲戒法院審理。其審判程序，可分為二個審級。

第一審程序，以法官三人合議行之（懲戒法院組織法第 4 條第 2 項參照）。懲戒法庭應本於言詞辯論而為判決（公務員懲戒法第 46 條第 1 項本文參照）。

當事人對於懲戒法庭第一審之終局判決不服者，得於判決送達後二十日之不變期間內，上訴於懲戒法庭第二審（公務員懲戒法第 64 條本

---

[37] 劉建宏，公務員懲戒制度上違失行為一體性原則之研究，司法院委託專題研究計畫案報告書，2014 年 7 月，頁 63。

文參照)。上訴審程序,以法官五人合議行之(懲戒法院組織法第4條第2項參照)。懲戒法庭第二審之判決,亦應經言詞辯論為之(公務員懲戒法第74條第1項本文參照)。

(五)停職

公務員涉有違法、失職情事情節重大,縱使尚未加以懲戒,如任其繼續執行職務時,恐生弊端。為維持行政機關形象,避免違失情節進一步擴大,應停止其執行職務。是以公務員懲戒法第4條規定:「公務員有下列各款情形之一者,其職務當然停止:一、依刑事訴訟程序被通緝或羈押。二、依刑事確定判決,受褫奪公權之宣告。三、依刑事確定判決,受徒刑之宣告,在監所執行中。」

除上述情形外,「懲戒法庭對於移送之懲戒案件,認為情節重大,有先行停止職務之必要者,得裁定先行停止被付懲戒人之職務,並通知被付懲戒人所屬主管機關。」(公務員懲戒法第5條第1項參照)主管機關對於所屬公務員,依規定送請監察院審查或懲戒法院審理而認為有免除職務、撤職或休職等情節重大之虞者,亦得依職權先行停止其職務(公務員懲戒法第5條第3項參照)。

依法經停止職務之公務員,在停職中所為之職務上行為,不生效力(公務員懲戒法第6條參照)。停職為維持風紀、防止弊端之人事管理措施,並非對於公務員之處罰。依法經停止職務之公務員,於停止職務事由消滅後,未經懲戒法庭判決或經判決未受免除職務、撤職或休職處分,且未在監所執行徒刑中者,得依法申請復職。服務機關或其上級機關,除法律另有規定外,應許其復職,並補給其停職期間之本俸(年功俸)或相當之給與(公務員懲戒法第7條第1項參照)。

㈥刑懲並罰原則

同一行為已受刑罰或行政罰之處罰者，仍得予以懲戒。其同一行為不受刑罰或行政罰之處罰者，亦同（公務員懲戒法第 22 條第 2 項參照）。

二、懲處責任

懲處責任者，又稱行政懲處責任，其法律依據為公務人員考績法。

按公務人員之考績，可分為年終考績與專案考績。公務員之懲處，分申誡、記過、記大過及免職（公務人員考績法第 12 條第 1 項參照）。免職處分為行政懲處責任中，效果最嚴重者。依公務人員考績法之規定，年終考績不滿 60 分者，應考列丁等，予以免職（公務人員考績法第 6 條第 1 項第 4 款、第 7 條第 1 項第 4 款參照）。專案考績一次記二大過者，免職（公務人員考績法第 12 條第 1 項第 2 款第 2 目參照）。我國實務上，曾有如下案例可供參考：移民署專勤隊隊長涉嫌猥褻臨時收容所女性受收容人，經依專案考績一次二大過免職確定[38]。

三、懲戒責任與懲處責任之關係

懲戒責任與懲處責任，均屬行政責任，二者本質上近似。論者對於我國公務員懲戒與懲處責任雙軌之制度，向有批評[39]。惟憲法法庭 111 年憲判字第 9 號判決肯定公務人員考績法有關考列丁等應予免職處分規定之合憲性，我國公務員行政責任，仍維持懲戒與懲處雙軌制。

---

[38] 最高行政法院 102 年度判字第 394 號判決參照。

[39] 參照許宗力大法官、廖義男大法官於司法院釋字第 583 號解釋之不同意見書；李震山，行政法導論，2019 年修訂 11 版，頁 203 以下。

㈠懲戒與懲處之區別

上述懲戒責任與懲處責任，二者間有如下之不同[40]：

1.處分機關不同。懲戒之機關為懲戒法院，懲處則由公務員之服務機關為之。

2.處分種類不同。懲戒處分之種類，包括：免除職務、撤職、剝奪或減少退休（職、伍）金、休職、降級、減俸、罰款、記過、申誡等（公務員懲戒法第 9 條第 1 項參照）。懲處之種類，則有免職、記大過、記過及申誡等（公務人員考績法第 12 條第 1 項參照）。

3.處分程序不同。懲戒程序，由監察院將彈劾案連同證據，移送懲戒法院審理，或由機關首長送請監察院審查；對於所屬薦任第九職等或相當於薦任第九職等以下之公務員，得逕送懲戒法院審理（公務員懲戒法第 24 條第 1 項參照）。懲處程序，則由公務員所屬機關依平時考核程序行之。於有重大功過時，則依專案考績程序辦理（公務人員考績法第 12 條第 1 項參照）。

4.救濟程序不同。對於懲戒法庭依第一審程序所為懲戒處分之裁判不服，得上訴於懲戒法庭第二審（公務員懲戒法第 64 條本文參照）。公務員對於所屬機關之懲處不服，得依復審或申訴、再申訴程序救濟。不服復審或再申訴決定時，得按相關措施與爭議之性質，依法提起相應之行政訴訟（司法院釋字第 785 號解釋參照）。

㈡懲戒與懲處之競合

同一行為，已受懲戒法院之判決確定，不受重複懲戒。如再經移送懲戒，法院應為免議之判決（公務員懲戒法第 56 條第 1 款參照）。

公務員受懲戒或懲處之要件，既屬相當，則對於公務員之同一違失

---

[40] 吳庚、盛子龍，行政法之理論與實用，2020 年增訂 16 版，頁 230 以下。

行為,即可能有同時或先後發動懲戒及懲處程序而生競合之問題。析述
如下:

1.先懲處,後懲戒

同一行為經主管機關或其他權責機關為行政懲處後 , 得復移送懲
戒。且無論懲戒法院判決之結果,係受懲戒處分、不受懲戒或免議,於
判決確定時,原行政懲處處分失其效力 (公務員懲戒法第 22 條第 3 項
參照)。例如:公務員因違失行為原受免職之行政懲處,同一行為其後
經移送懲戒法院,經判決不受懲戒,原免職處分失其效力。

2.先懲戒,後懲處

同一行為經司法懲戒後,是否仍得行政懲處?依所謂司法懲戒吸收
行政懲處原則,如懲戒之結果為應受懲戒處分,自不應再行懲處[41]。縱
使懲戒之結果為免議、不受理或不予懲戒者,基於對司法行為之尊重,
亦不宜再行懲處[42]。

第六節　公物之定義與種類

公物者,國家或地方行政主體為達一定行政目的,直接供行政行使
或民眾使用之物。相對於民法上物之概念,行政法上之 「公物」,具有
如下特性:

1.公物以不融通物為原則。是以公物原則上不得為民法上法律行為
如買賣、設定負擔等之標的物。但在不妨害公物設置目的之前提下,得
例外允許行政主體出租甚至讓售 「國有非公用不動產」(國有財產法第

---

[41] 李震山,行政法導論,2019 年修訂 11 版,頁 212。

[42] 吳庚、盛子龍,行政法之理論與實用,2020 年增訂 16 版,頁 234 以下。

42 條以下、第 49 條以下參照)。

　　2.公物以有體物為原則。如：道路、橋樑、公園等均屬之。惟公物亦有無體物者，如：廣播電視頻道，基於「資源有限性」之考量，亦應視為公物，俾能合理分配使用。此外，電力亦屬無體物，若其符合公物之其他特性，亦不失為公物[43]。

　　3.公物之所有權未必為公有。公物之權屬，多半為公行政主體如國家或地方自治團體所有。惟亦有不屬行政主體所有之所謂「他有公物」者，例如：私有土地因供不特定公眾通行所必要而成立公用地役關係之「既成道路」[44]、私人所有供公眾通行之「騎樓」[45]等，均屬之。

　　公物可區分為以下數種[46]：

一、行政使用公物

　　行政使用公物 (öffentliche Sachen im Verwaltungsgebrauch)，又稱為「公務用物」，係為達成行政任務，直接供行政機關使用之物。例如：軍艦、警車等均屬之。

　　行政使用公物，通常僅供行政機關使用。例外情形，人民也有使用公務用物之可能。如基於行政任務之執行而使用公務用物者，例如：因犯罪被警察逮捕，坐警車被送往警局。或係基於契約關係而使用公務用物者，例如：電影公司與國防部簽約，在軍艦上拍攝戰爭片。

---

[43] 李震山，行政法導論，2019 年修訂 11 版，頁 117 以下。
[44] 司法院釋字第 400 號解釋理由書段碼 3 參照。
[45] 司法院釋字第 562 號解釋理由書段碼 2 參照。
[46] 李震山，行政法導論，2019 年修訂 11 版，頁 121 以下。

二、公共公物

公共公物 (öffentliche Sachen im Gemeingebrauch) 者，由行政機關所直接提供，供公眾在該物一般使用目的之範圍內，無需許可而自由使用之物。一般之公物均屬此類，如：道路、橋樑、廣場等。

公共公物之一般使用，例如在廣場上散步、發傳單，無別許可。但超出一般使用範圍時，仍需特別許可，例如：在道路上舉辦馬拉松賽跑或擺設攤位、在橋樑上高空彈跳、在市立摩天大樓上跳傘等。

判斷是否在一般使用範圍內之標準，為「公眾忍受」(Gemeinverträglichkeit) 原則。詳言之，公物之使用不能造成其他使用權人持續、重大之妨害，或者完全排除其他人之使用。否則，即逾越公眾忍受原則，需獲得管理機關之許可，始得使用。以街頭藝人為例，依據「臺北市街頭藝人從事藝文展演活動管理辦法」第 6 條第 1 項規定，街頭藝人應填具申請書，向管理機關申請公共展演空間使用許可。即認定街頭藝人對於公共展演空間之使用，已逾越公眾忍受原則，故需主管機關之許可。

行政主體設置公共公物，人民固然有權使用。惟人民並無要求行政主體設置 (Schaffung) 或維持 (Aufrechterhaltung) 公物之權利，僅有請求行政主體訂定適當規則，使其能夠享有與其他民眾相同之「公平使用公物權」。

應注意者，並非所有人民對於一切公物均享有相同之使用權。地方自治團體如給予設籍之居民參觀市立古蹟時票價優惠甚至減免，如有自治條例作為法律依據，並無不可。德國有給予公物臨近居民特別使用權限之制度，例如：承認居民對於臨近巷道基於公物之近用權，向主管機

關登記並繳費後，即享有在臨近巷弄停車之權利，外車則不得進入 (anliegerfrei)。其他國家中，亦有社區公園設有門禁管制，僅社區居民有權進入之制度。公物或公共資源部分私化，有利有弊。立法者應妥善考量各方利益，在維持居民權益與保障公物公用之利益之間權衡得失[47]。

三、特別用物

特別用物 (öffentliche Sachen im Sondergebrauch) 者，該公物雖可由民眾使用，但限於物之使用目的，並非任何民眾皆可自由使用，必須經主管機關之許可。例如：公有山坡地適合農牧、造林者，由主管機關放租、放領一定條件之人民後，始得使用。林務局對於林班地愛玉子、金線蓮等森林副產物之採集，以招標方式供民眾競標採收權，取得許可後，始得進入森林採集。

特別用物與公用公物之區別在於：公用公物以提供人民自由使用為原則，例外在特別使用的情況下，始應申請許可。至於特別用物則自始即不以提供任何人自由使用為目標，須經許可，始得使用特別用物。行政機關准許特定當事人使用特別用物，其性質為授益行政處分[48]。

第七節　公物之形成、變更與消滅

一、公物之形成

公物之形成，有兩種方式。其一為：經由公物之設定 (Widmung)

---

[47] 相同見解，參見：李震山，行政法導論，2019 年修訂 11 版，頁 123。
[48] 李震山，行政法導論，2019 年修訂 11 版，頁 123 以下。

後，將公物提供公用。例如：道路經宣布通車之後，開放公共使用。公物之設定行為多為行政處分，但亦得為事實行為。例如：在公園中裝設一長椅，該設置之行為已經明顯表示提供公用之目的，無需再另行作成行政處分。其二為：未經公物之設定程序，逕由公共使用而成為公物。依物之性質，事實上已能供公共使用，經實際上為公眾使用之後，即成為公物。例如：河流經人民用以行船之後，成為公共水道[49]。

應注意者，公物之形成，不以經由公物之設定為必要。且如僅有公物之設定，仍未實際上提供公用者，仍非公物。例如：新建公路舉行通車典禮之後，仍暫時封閉並未開放通車，該公路仍非公共公物。

二、公物之變更與廢止

公物經設定之後，除法律別有規定者外，不得任意變更其用途。如需變更，需經法定之程序，始得變更為其他公物。例如：將供汽、機車通行之道路變更為行人徒步區。

公物之消滅，亦有多種原因。其一為由公物主管機關明示廢止公用(Entwidmung) 者。例如：公園內之溜滑梯因年久失修，設備損壞恐生危害，由公物主管機關公告禁止使用並於周邊設置圍籬。其二為經自然廢止者。例如：河川淤塞，不能再航行船隻，係由於自然因素致使公物喪失其公用之特性而自然廢止[50]。

---

[49] 李震山，行政法導論，2019 年修訂 11 版，頁 126 以下。

[50] 有關公物之變更與廢止，參見：李震山，行政法導論，2019 年修訂 11 版，頁 128 以下。

課後練習

1. 下列何者非屬公物？（110 普考）
   (A)南迴公路
   (B)大安森林公園
   (C)便利商店附設停車場
   (D)市政府內辦公設備

2. 依司法院大法官解釋意旨 ， 關於學生之在學關係 ， 下列敘述何者正確？（109 普考）
   (A)各級學校學生僅限於退學處分或改變學生身分關係，始得爭訟
   (B)各級學校學生針對學校所為侵害其權利之公權力措施，得提起行政爭訟
   (C)各級學校學生僅得就學校所為之行政處分，提起行政爭訟
   (D)各級學校不得以學則訂定有關學生退學、開除學籍等事項

3. 依公務人員保障法規定，關於公務人員服從義務之敘述，下列何者錯誤？（109 普考）
   (A)公務人員對長官於監督範圍內所發之命令原則上有服從義務
   (B)公務人員對於長官命令之合法性如有疑義，得隨時陳述，但無報告義務
   (C)命令有違反刑事法律者，長官雖以書面署名下達，公務人員仍無服從之義務
   (D)長官非以書面署名下達命令者，公務人員得請求長官以書面署名下達命令，長官若拒絕，視為撤回命令

4.依公務員服務法之規定，下列敘述何者錯誤？（110 普考）

　⑷公務員服務法對於其他公營事業機關之服務人員，亦有適用

　⒝公務員於其離職後 3 年內，不得擔任與其離職前 5 年內之職務直接
　　相關之營利事業董事

　⒞機關首長兼任教學或研究工作者，應經上級主管機關許可

　⒟公務員不得投資非屬其服務機關監督之農、工、礦、交通或新聞出
　　版事業

5.關於公務人員之停職，下列敘述何者錯誤？（109 普考）

　⑷公務人員於停職期間，不得執行職務

　⒝公務人員於停職期間，身分並未喪失

　⒞公務人員於停職期間所為之職務上行為，不生效力

　⒟公務人員於停職事由消滅 3 個月後，當然復職

6.關於公務員法律責任之敘述，下列何者錯誤？（109 普考）

　⑷採刑懲併行

　⒝採懲戒與懲處雙軌制

　⒞同一行為經懲戒法院為不受懲戒之判決者，被付懲戒人之服務機關
　　仍得對其為免職處分

　⒟同一行為經懲戒法院作出懲戒處分之判決者，被付懲戒人之服務機
　　關不得再對其為懲處

7.關於公務人員保障法規定之申訴及再申訴程序，下列敘述何者錯誤？
　（108 身三）

　⑷公務人員對於服務機關所為之行政處分，應提起申訴、再申訴

　⒝公務人員提起申訴，應向服務機關為之

　⒞公務人員提起再申訴，應向公務人員保障暨培訓委員會為之

　⒟再申訴事件之審理機關得依職權或依申請進行調處

8.依公務員懲戒法之規定，關於懲戒處分，下列敘述何者正確？（110 普考）

　　(A)申誡處分，得以口頭或書面為之

　　(B)受降級處分者，依現職之俸（薪）級降一級至三級改敘

　　(C)罰款之懲戒處分得與剝奪、減少退休（職、伍）金之懲戒處分併為處分

　　(D)剝奪、減少退休（職、伍）金之懲戒處分，以退休（職、伍）或其他原因離職之公務員為限

一、甲於民國 （以下略） 108 年 10 月分發至某地方法院擔任四等書記官，工作態度良好，平日工作表現也受到同仁與主管之肯定，因此自許此一肯定也能反映在其年終考績中。惟甲之 109 年年終考績仍被考列為乙等，甲於收到考績通知書後，忿忿不平。試問：此一考績通知書之法律性質為何？甲若不服，應如何提起救濟？（110 司四書記官）

二、公務員甲因犯貪污治罪條例之違背職務收受賄賂罪，遭地方法院判處有期徒刑 3 年，褫奪公權 2 年。懲戒法院判決甲撤職並停止任用 2 年。甲主張其於懲戒前已辭職獲准而不具公務員身分，懲戒法院不應對甲予以懲戒；況甲已受刑事判決，懲戒法院之懲戒判決違反一行為不二罰原則。請問甲之主張有無理由？（108 調三）

課後練習解答

1.(C)。 2.(B)。 3.(B)。 4.(D)。 5.(D)。 6.(C)。 7.(A)。 8.(D)。

一、

㈠乙等考績通知書之法律性質

昔日我國實務上見解認為，未改變公務人員身分之乙等考績評定，並非行政處分。惟司法院公布釋字第 785 號解釋後，實務上見解亦有改變。按保訓會所公布之人事行政行為一覽表內明訂，考績考列乙等性質為行政處分。

㈡應如何提起救濟

公務人員保障法第 25 條第 1 項前段規定：「公務人員對於服務機關或人事主管機關所為之行政處分，認為違法或顯然不當，致損害其權利或利益者，得依本法提起復審。」本題乙應循復審程序提起救濟，如不服復審決定，得再提起行政訴訟。

二、

㈠公務員懲戒法之適用對象，不限於現任之公務員。對退休（職、伍）或其他原因離職之公務員於任職期間之行為，亦適用之（公務員懲戒法第 1 條第 2 項參照）。甲於懲戒前已辭職獲准而不具公務員身分，懲戒法院對於其任職期間之違失行為，仍得予以懲戒。

㈡同一行為已受刑罰或行政罰之處罰者，仍得予以懲戒。其同一行為不受刑罰或行政罰之處罰者，亦同（公務員懲戒法第 22 條第 2 項參照）。甲雖已受刑事判決，懲戒法院仍得對於同一行為予以懲戒。

第三編
行政作用法

行政作用者，行政主體為達成行政目的，本於其行政權所為之行為。行政作用，以是否基於高權地位所為、是否以強制力為後盾，以及是否具法規制性為標準，可區分為如下之行為形式 (Handlungsform)[1]：

國家之行為，以其是否基於高權地位所為，可分為私法行為與公法行為。私法行為即所謂國庫行政，係國家基於一般人地位所從事之交易行為，如：行政輔助行為、行政營利行為，及私法形式之給付行政等（詳參本書第一章第三節）。公法行為者，國家基於高權地位所為之行為。

公法行為中，以其是否以強制力為後盾，可分為非權力行為與權力行為。非權力行為者，國家基於高權地位所為，但不以強制力為後盾之行為；包括行政指導（如開立勸導單）、觀念通知（如告知申請人案件處理情形）等。惟國家之高權地位通常均以其強制力為後盾，此即所謂權力行為。

權力行為中，以其是否具有法規制性，即是否發生權利或義務得喪變更之效果為標準，又可區分為不具法規制性者與具法規制性者。

不具法規制性者，包括事實行為（如警車在街道巡邏）及只在行政機關內部發生效力之內部行為。所謂內部行為，又可分為具體行為即個別職務指令（如長官指示某陳情案件應如何辦理），以及抽象行為，即行政規則。

具法規制性者，即外部行為，對於相對人發生效力，影響其權利義務。又可分為具體行為與抽象行為。具體行為包括單方行為即行政處分，以及雙方行為即行政契約。抽象行為，即法規命令。

---

[1] 李震山，行政法導論，2019 年修訂 11 版，頁 215 以下。

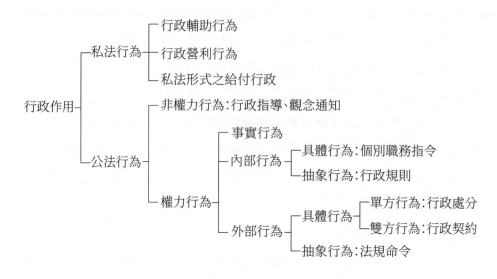

行政行為類型圖

　　行政指導者，行政機關在其職權範圍內，為實現一定行政目的，以輔導、協助等不具法律上強制力之方法，促使特定人為一定作為或不作為（行政程序法第 165 條參照）。例如：調解爭議、公害防治之輔導、對於在危險水域戲水之民眾開立勸導單等。行政指導之性質為非權力行為，並無法之拘束力（但當事人可能產生心理上之強制力），因此，相對人拒絕指導時，行政機關應即停止，並不得據此對相對人為不利之處置（行政程序法第 166 條第 2 項參照）。

　　行政指導，並無法律上之效力，故通常亦無救濟之問題。但例外情形，如：行政機關對於某一商家重複進行多次行政指導（騷擾民眾），或者其行政指導之內容錯誤，導致人民權利受損，仍有爭訟（訴請停止該行為）或國家賠償之問題[2]。

---

[2] 陳敏，行政法總論，2019 年 10 版，頁 645。

　　觀念通知 (Wissenserklärung) 者，將一定事實通知他方之行為，其本身不發生直接之法律效果，故與作為行政契約要素之意思表示 (Willenserklärung) 有所不同。例如：通知申請人補件、去函告知申請人辦理情形、函覆人民之詢問等。

　　個別指令 (Einzelweisung) 者，行政機關內部有關職務上針對具體個案處置方式之指示；例如：長官指示屬官某一案件之處理方式。個別指令對外不直接發生拘束力，受指令者亦不得對之不服提起救濟，在法律上之重要性不高。

　　事實行為 (Verwaltungsrealakt) 者，行為不具有拘束力、不具有規制性內涵，僅產生事實效果，不直接發生法律效果（僅為發生法律效果之條件）之行為；例如：警察之巡邏、蒐證等。「實施行為」(Ausführungshandlung) 亦為事實行為之一種，通常係為實現行政處分內容所為，故具有強制性，如：拆除違建、不服解散命令之強制驅離、撲殺罹患禽流感之病雞等。實施行為係為實現具有法效性之行政行為如行政處分所為，其本身不具有規制內涵。對於事實行為不服，得依行政訴訟法第 8 條第 1 項之一般給付之訴請求救濟。

第 8 章　法規命令與行政規則

　　行政機關得依據法律之授權，發布法規命令，以限制人民之權利。行政機關對所屬下級機關或機關首長對所屬公務人員，亦得就機關內部職務之分配、執行業務之程序、適用法律與行使裁量權等事項，下達行政規則。

　　法規命令與行政規則同屬權力行為中之抽象行為，二者間有以下之不同點[3]：1.法規命令規範人民之權利、義務，故須有法律之授權；行政規則則否。2.法規命令之規範對象為一般人民，行政規則為下級機關或屬官。3.行政機關訂定法規命令前，應先將草案公告；行政規則則無此要求。4.法規命令直接對外發生效力，行政規則原則上僅對內生效。5.法規命令關涉人民之權益，故發布後應即送立法院審查；行政規則無需送置立法院審查。

第一節　法規命令之定義與訂定程序

　　法規命令 (Rechtsverordnung) 者，行政機關基於法律授權，對多數不特定人民就一般事項所作抽象之對外發生法律效果之行為（行政程序法第 150 條第 1 項參照）。

　　依此定義，法規命令需具備如下要件：

㈠**發布主體為行政機關**

　　發布法規命令之主體需為行政機關，內部單位無此權限。

---

[3] 吳庚、盛子龍，行政法之理論與實用，2020 年增訂 16 版，頁 246 以下。

㈡基於法律之授權

我國實務上之所謂行政命令，原有授權命令與職權命令之別[4]。行政程序法公布施行後，已廢止職權命令。行政程序法第 174 條之 1 規定：「本法施行前，行政機關依中央法規標準法第七條訂定之命令，須以法律規定或以法律明列其授權依據者，應於本法施行後二年內，以法律規定或以法律明列其授權依據後修正或訂定；逾期失效。」行政程序法已施行多年，理論上而言，職權命令已不復存在。惟實務上至今仍有不少職權命令，混跡於法規範之中。

法律授權行政機關訂定法規命令，行政機關即應自行訂定該命令並對外發布。倘法律並無轉委任之授權，行政機關不得委由其所屬下級機關逕行發布相關規章，此即所謂轉委任禁止原則[5]。

㈢為抽象性法規範

法規命令為對多數不特定人民就一般事項所作抽象行為，此為其與同屬外部行為之行政處分間之區別。申言之，法規命令所規範者並非人、事、時、地、物特定之具體事件。其對象為一般人民，並非特定之人。對於能涵攝於法規範之一切相同事件均有適用，具有「反覆實施」之效力。

㈣對外發生法律效果

法規命令為對外發生法律效果之行為，此為其與同屬抽象行為之行政規則間之區別。法規命令之名稱，可為規程、規則、細則、辦法、綱要、標準、準則（中央法規標準法第 3 條參照）。

---

[4] 中央法規標準法第 7 條規定：「各機關依其法定職權或基於法律授權訂定之命令，應視其性質分別下達或發布，並即送立法院。」可資參照。

[5] 司法院釋字第 524 號解釋參照。

　　法規命令之訂定，多數由行政機關自行草擬，然亦得由人民或團體提議為之（行政程序法第 152 條第 1 項參照）。人民或團體之提議，應以書面敘明法規命令訂定之目的、依據及理由，並附具相關資料（行政程序法第 152 條第 2 項參照）。受理提議之行政機關，應依下列情形分別處理：非主管之事項，移送有管轄權之機關。依法不得以法規命令規定，或無須訂定法規命令之事項，附述理由通知原提議者。有訂定法規命令之必要者，則應著手研擬草案（行政程序法第 153 條參照）。

　　行政機關擬訂法規命令時，除情況急迫，顯然無法事先公告周知者外，應載明訂定機關之名稱、訂定之依據、草案全文或其主要內容，於政府公報或新聞紙公告。行政機關除為前項之公告外，並得以適當之方法，例如在平面或電子媒體刊載廣告，將公告內容廣泛周知（行政程序法第 154 條參照）。

　　任何人得於所定期間內向指定機關陳述意見（行政程序法第 154 條第 1 項第 4 款參照）。必要時，行政機關得依職權舉行聽證（行政程序法第 155 條參照）。行政機關為訂定法規命令，依法舉行聽證者，應於政府公報或新聞紙公告（行政程序法第 156 條參照）。

　　行政機關完成法規命令之訂定程序後，應發布之，使其生效。法規命令之發布，應刊登政府公報或新聞紙（行政程序法第 157 條第 3 項參照），不得僅於政府網站上發布，否則不生效力。命令發布後，應即送立法院審查（中央法規標準法第 7 條參照）。法規命令依法應經上級機關核定者，應於核定後始得發布（行政程序法第 157 條第 1 項參照）。

　　法規命令，有下列情形之一者，無效：一、牴觸憲法、法律或上級機關之命令者。二、無法律之授權而剝奪或限制人民之自由、權利者。三、其訂定依法應經其他機關核准，而未經核准者。法規命令之一部分

無效者，其他部分仍為有效。但除去該無效部分，法規命令顯失規範目的者，全部無效（行政程序法第 158 條參照）。

第二節　法規命令之監督與審查

法規命令為單方行為，行政機關得基於自己之意思決定，發布命令，限制不特定多數人之權益，自需施以一定之監督。法規命令之監督，可分為以下數種：

㈠行政監督

上級行政機關本於指揮監督權，得主動對下級機關所發布之命令加以審查，審查範圍包括命令之合法性及妥當性。甚至得加強審查密度，進行事前審查。行政程序法第 157 條第 1 項規定：「法規命令依法應經上級機關核定者，應於核定後始得發布。」

㈡立法監督

行政機關發布法規命令，須經法律授權。立法機關對於法規命令，自亦有監督之權限。各機關所訂定之命令發布後，應即送立法院（中央法規標準法第 7 條參照），並提報立法院會議。出席委員對於該命令，認為有違反、變更或牴觸法律者，或應以法律規定事項而以命令定之者，如有十五人以上連署或附議，即交付有關委員會審查（立法院職權行使法第 60 條參照）。

法規命令經發布後，即生效力。送置立法院並非法規命令之生效要件。但立法院對於法規命令有廢止保留權。經通知更正或廢止之命令，逾二個月仍未更正或廢止者，該命令失效（立法院職權行使法第 62 條第 3 項參照）。

(三)司法審查

法官依法審判，對於行政機關所發布之命令，擁有命令違法審查權。法官於執行審判職務時，就具體個案中，所適用法規命令之合法性，得加以審查，如認為該命令違法時，得不予適用（司法院釋字第137 號解釋參照）。

應注意者，法官之命令違法審查權，僅能排除違法命令在該個案中之適用，並不能排除其效力。僅憲法法庭得宣告法規命令失效。

第三節　行政規則之定義及效力

行政規則 (Verwaltungsvorschrift) 者，行政機關對所屬下級機關或機關首長對所屬公務人員，就機關內部職務之分配、執行業務之程序、適用法律與行使裁量權等事項，所下達非直接對外發生法規範效力之一般性、抽象性規則（行政程序法第 159 條第 1 項參照）。

行政規則依其性質以要點、注意事項、作業程序、須知、原則、基準、規範定名；其性質特殊者，並得以章程、範本、方案、補充規定、表定名[6]。

行政規則依其性質，可區分為如下之分類[7]（行政程序法第 159 條第 1 項參照）：

1.組織性行政規則：規範機關內部之組織、事務分配、人事管理等事項。

---

[6] 中央法規標準法並未就行政規則之名稱加以規定，可參照臺北市政府法規標準自治條例第 37 條第 2 項規定。

[7] 李震山，行政法導論，2019 年修訂 11 版，頁 230。

2.作業性行政規則：規範機關內部業務處理方式。例如：各機關之節能減碳施行要點。

3.裁量性行政規則：行政機關就裁量權之行使預設裁量基準，藉以保障法律適用一致性與平等性。例如：違反道路交通管理事件統一裁罰基準表、稅務違章案件裁罰金額或倍數參考表。

4.解釋性行政規則：上級機關為保持行政決定之一致性，基於其監督權限所下達之法令解釋基準。例如：各種解釋令、解釋函。

行政規則為內部行為，僅拘束訂定機關、其下級機關及屬官，未「直接對外發生法規範效力」。故其毋需法律授權，亦無需對外發布，以下達方式使其生效即可。行政規則下達後，亦無須送置立法院審查。

裁量性及解釋性行政規則雖無直接對外效力，惟既拘束下級機關或屬官，下級機關或屬官適用不確定法律概念或行使裁量權時，自須遵守之。此種內部拘束力的反射效果，即對行政行為之相對人產生「間接對外效力」。因此，行政機關為協助下級機關或屬官統一解釋法令、認定事實、及行使裁量權而訂頒之解釋性規定及裁量基準，應由其首長簽署，並登載於政府公報（行政程序法第160條第2項參照），使人民周知。

課後練習

1. 法律授權經濟部得訂定法規命令，但無明文授權轉委任時，經濟部可否逕行委由所屬機關訂定法規命令？（108 普考）
   (A)可以，經濟部得基於指揮監督權限為之
   (B)可以，經濟部得依權限委任之方式為之
   (C)不可以，經濟部應先訂定法規命令，再由該命令授權所屬機關訂定之
   (D)不可以，應有法律授權轉委任，始得為之

2. 依行政程序法規定，關於行政命令訂定程序之敘述，下列何者錯誤？（110 普考）
   (A)法規命令草案之預告，除於政府公報或新聞紙公告，並未禁止以其他方式使大眾知悉草案內容
   (B)任何人均得於指定期間內向指定機關陳述意見，惟利害關係人之意見陳述，訂定機關應舉行聽證予以回應
   (C)法規命令之發布，限於刊登在政府公報或新聞紙，在機關首頁登載並不符合生效要件
   (D)解釋性規則及裁量基準，以發布為生效要件

3. 依行政程序法規定，行政機關擬訂法規命令時，原則上應將草案公告。有關公告之敘述，下列何者錯誤？（110 高三）
   (A)人民得對法規命令向指定機關陳述意見
   (B)公告應載明法規命令訂定之依據
   (C)公告得不載明法規命令草案全文，而僅載明其主要內容
   (D)公告得以任何將公告內容廣泛周知之適當方法為之，不拘泥形式

4. 法規命令於政府網站上發布而未刊登於政府公報或新聞紙時，該法規命令之效力如何？（108 普考）

　(A)不發生效力

　(B)發生效力，且因已公告周知，故無需補正

　(C)發生效力，但應事後刊登公報或新聞紙補正

　(D)無效

5. 有關行政命令事後監督之敘述，下列何者錯誤？（108 普考）

　(A)基於行政一體原則，上級機關對於下級機關所發布之行政命令有違法或不當審查之權限

　(B)各機關依其法定職權或基於法律授權訂定之命令，應視其性質分別下達或發布，並即送立法院

　(C)監察院認為行政院及其所屬各機關所發布之行政命令有牴觸法律之處，得加以調查，促其注意改善

　(D)行政命令不得作為違憲審查之對象

6. 下列何者為行政規則？（108 高三）

　(A)財產保險商品審查應注意事項

　(B)高空彈跳活動及其經營管理辦法

　(C)船舶設備規則

　(D)全民健康保險醫療服務給付項目及支付標準

7. 關於行政規則之效力，下列敘述何者正確？（107 高三）

　(A)具有拘束訂定機關、其下級機關及屬官之內部效力

　(B)法官於審判時，應受各機關所訂行政規則之拘束

　(C)行政規則對人民發生直接法拘束力

　(D)所有行政規則均須登載政府公報與發布才生效

8.關於法規命令與行政規則之區別，下列敘述何者錯誤？（109 高三）

(A)法規命令應有法律之授權；行政規則毋須法律授權

(B)法規命令發布後須送立法院審查始生效力；行政規則無送立法院審查之必要

(C)法規命令適用對象為一般人民；行政規則原則上以本機關、下級機關及所屬公務員為規範對象

(D)法規命令訂定前應將草案公告；行政規則毋須踐行草案公告程序

9.上級機關對下級機關所頒布之解釋函令，其性質屬於：（108 普考）

(A)法規命令

(B)行政規則

(C)行政指導

(D)行政處分

一、A 縣民甲對中央法令產生疑義，向執行機關 A 縣府陳情。A 縣府遂向中央主管機關 B 請示。B 部以函（簡稱函一）回覆 A 縣府，指示該個案之解決方法。A 縣府根據 B 部的指示，發函（簡稱函二）轉知陳情人甲。而 B 部另以函（簡稱函三）將該法令之意旨通告各關係機關，並登載機關公報上。以上三種函之法律性質及效力如何？請附理由分別論述之。（101 一般警三）

課後練習解答

1.(D)。　2.(B)、(D)。　3.(D)。　4.(A)。　5.(D)。　6.(A)。　7.(A)。　8.(B)。　9.(B)。

一、

㈠函一之性質，為行政機關內部有關職務上針對具體個案處置方式之個別指令。

㈡函二函覆人民關於中央法律疑義之詢問，係將一定事實通知他方之行為，不發生法律效果，其性質為觀念通知。

㈢函三為上級機關為保持行政決定之一致性，基於其監督權限所下達之法令解釋基準，其性質為解釋性行政規則。

第 **9** 章　行政處分

　　傳統行政法律關係中，以行政處分 (Verwaltungsakt) 為核心，是國家規制行政法律關係最重要之工具。

　　行政處分為行政法學中最重要的課題之一。本章以「行政處分」為名，將就行政處分之定義及類型、行政處分之構成要件、行政處分之附款、行政處分之效力、瑕疵行政處分、行政處分之廢棄與行政程序重開等內容，加以說明。行政處分效力消滅後，常有公法上返還請求權之問題，本章亦將就此加以探討。公法上請求權，多以行政處分之方式實現。是以請求權時效之問題，亦為本章探究之課題。

第一節　行政處分之定義及類型

　　行政處分者，行政機關就公法上具體事件所為之決定或其他公權力措施而對外直接發生法律效果之單方行政行為（行政程序法第 92 條第 1 項參照）。行政處分在行政實務上極為常見，舉凡行政機關對於人民之處罰（罰鍰、沒入、吊扣執照等）、財稅機關發給納稅義務人之繳稅通知、公務員之任免、國家考試及格與否之通知、對於各種年金、津貼申請之准駁等，均為行政處分。

　　行政處分依各種不同之區分標準，有如下之分類[1]：

---

[1] 有關行政處分之類型，參見：吳庚、盛子龍，行政法之理論與實用，2020 年增訂 16 版，頁 314 以下。

㈠下命處分、形成處分與確認處分

行政處分以處分之內容為區分標準，可分為下命處分、形成處分與確認處分。

1.下命處分者，命相對人作為、不作為或容忍之行政處分。例如：命納稅義務人繳納一定金額稅款之課稅處分、命染疫者不得外出之居家隔離處分、入境者須接受（容忍）PCR 檢測之強制篩檢處分等。

2.形成處分者，處分之內容係設定、變更或消滅法律關係之行政處分。例如：公務員之任命或免職處分、陞遷或降級處分、吊扣執照或吊銷執照處分等。

3.確認處分者，對於法律關係，或者具有重要性之人的地位或物之性質加以認定之行政處分。例如：確認所有權移轉之土地登記處分、確認具有僑生身分之處分、確認在某地設籍之戶籍登記處分等。

㈡授益處分、侵益處分、混合處分與附第三人效力之處分

行政處分以對關係人之效果及效力是否及於第三人為區分標準，可分為授益處分、侵益處分、混合處分與附第三人效力之處分。

1.授益處分者，授予相對人利益或免除其義務之行政處分。例如：准許商標註冊，發給營業執照、入學許可、免稅證明等。

2.侵益處分者，造成相對人法律上之不利益或增加其負擔之行政處分，包括課予相對人義務與取消其授益二種情形。例如：通知納稅、裁定罰鍰，係屬前者；取消身心障礙者津貼，係屬後者。

3.混合處分者，同時具有侵益及授益性質之行政處分，為一種強制的授益處分。例如：強制兒童預防接種、強迫入學接受國民教育等。

4.附第三人效力之行政處分 (Verwaltungsakte mit Drittwirkung) 者，行政處分對相對人授益同時產生對第三人侵益之結果，或者對相對人侵

益同時產生對第三人授益之結果[2]。例如：主管機關核發建造執照予起造人，同時侵害鄰人之權益，係屬前者；智慧財產局因利害關係人之舉發而撤銷專利權人之專利權，係屬後者。

(三)羈束處分與裁量處分

行政處分以行政機關對於處分之作成是否享有裁量權為區分標準，可分為羈束處分與裁量處分。

1.羈束處分者，法定構成要件具備之後，行政機關只能為特定內容之行政處分。

2.裁量處分者，法定構成要件具備之後，行政機關仍享有一定裁量權，有權決定為如何內容之行政處分。

舉例而言，依據道路交通管理處罰條例第 35 條第 3 項規定，汽機車駕駛人於十年內第三次以上酒精濃度超過規定標準者，「應」 當場移置保管該汽機車、吊銷其駕駛執照及施以道路交通安全講習，公路主管機關「得」公布其姓名、照片及違法事實。汽車駕駛人合於本條之構成要件者，行政機關應作成吊銷其駕駛執照及施以道路交通安全講習之處分，並無裁量之餘地。至於公路主管機關是否公布其姓名、照片及違法事實，則享有裁量權。

3.需申請或需同意之處分與多階段行政處分

行政處分以需要當事人或其他機關協力為區分標準，可分為需申請或需同意之處分與多階段行政處分。

(1)需申請之處分者，行政機關之行政處分，以當事人依法提出申請為前提，行政機關不得依職權為之。例如：老人年金、低收入戶生活補助、公教人員子女教育補助等，均為需申請之處分。需同意之處分者，

---

[2] 吳庚、盛子龍，行政法之理論與實用，2020 年增訂 16 版，頁 319。

行政機關作成處分後，尚需相對人同意，始生效力。例如：任命公務員之處分。

(2)多階段行政處分 (mehrstufiger Verwaltungsakt) 者，行政機關作成行政處分需其他機關之參與或同意之情形。例如：地方政府主管建築機關核發建築物使用執照前，應會同消防主管機關檢查其消防設備，合格後方得發給使用執照（建築法第 72 條參照）。上述發給使用執照，即為多階段行政處分。消防主管機關檢查消防設備，係前階段行為，僅係行政機關間內部之意思聯絡， 並非行政處分， 不得對之逕行提起行政救濟[3]。

第二節　行政處分之構成要件

行政處分者，行政機關就公法上具體事件所為之決定或其他公權力措施而對外直接發生法律效果之單方行政行為（行政程序法第 92 條第 1 項參照）。依此定義，行政處分之構成要件如下：

一、行政機關之行為

行政處分為（廣義）行政機關所為之行政行為，即除狹義之立法行為及司法審判行為外之一切國家行為。

中央機關如行政院及其所屬機關所為之行政行為，自屬之。考試院及其所屬機關所為之行政行為，例如：考選部因應考人偽造證件而撤銷其考試及格資格；監察院所為之行政行為，例如：監察院因公務員逾期申報財產依公職人員財產申報法所為之處罰，均屬之。司法機關所為審

---

[3] 李震山，行政法導論，2019 年修訂 11 版，頁 321。

判行為以外之司法行政處分，例如：高等法院駁回律師登錄之聲請，亦屬之。至於地方機關（直轄市、縣市及鄉鎮市）所為之行政行為，自亦包括在內。

二、基於高權地位所為

行政處分係行政機關所為且具有高權特質 (hoheitlicher Charakter) 之行政行為[4]。私經濟行政諸如行政輔助行為、行政營利行為及私法形式之給付行政等，不具高權特質，其本質為私法行為，並非行政處分。

應注意者，行政處分係以國家強制力為後盾之行為。因此，公法行為中之非權力行為，如行政指導、資訊提供等，不以國家強制力為後盾，亦非行政處分。

三、單方行政行為

行政法律關係中，以行政機關之單方行為為主要行為態樣。蓋行政法律關係以維持公共秩序為重要之目的，與私法關係以雙方合意之契約為主要行為態樣，有所不同。行政法上固然亦有行政契約，畢竟為數甚少，並非主要行為態樣。

行政處分係單方行政行為，基於行政機關單方之決定或措施，即生拘束他方之效力。相對人如不遵從，行政機關甚至得自行強制其履行。

四、對外行政行為

行政處分係行政機關對外之行為。故所謂「準備行為」，例如機關內部未核定之擬稿、機關間之會簽意見，尚不具對外性，並非行政處分。

---

[4] 吳庚、盛子龍，行政法之理論與實用，2020 年增訂 16 版，頁 286。

行政處分必須由其他機關共同參與作成者，即前述之所謂多階段行政處分，其前階段之行為為部分行為 (Teilakt)，屬機關內部之表示 (verwaltungsinterne Erklärung)，並非行政處分[5]。

五、針對個案

行政處分應具有個別性，為規制具體案件之「個案法」(Einzelfallregelung)[6]。如非針對個案，而具有通案之性質，則非行政處分，而屬法規命令之範疇。

典型之行政處分，其相對人須特定，事件則為具體。例如：某甲於民國 112 年 3 月 30 日於某地違法棄置廢棄物，經主管機關裁處罰鍰處分。該處分之相對人特定（某甲），其事件具體（於特定時間、地點為特定違規行為）。

行政處分中有所謂「一般處分」(Allgemeinverfügung) 者，為特殊類型之行政處分。所謂一般處分又可分為對人一般處分與對物一般處分。對人一般處分者，處分之相對人雖非特定，而依一般性特徵可得確定其範圍。例如：警察機關禁止民眾參加預定於某年月日於某地所舉辦之集會。禁止命令之時間、地點、事項皆明確，處分相對人之範圍可透過類別描述確定其範圍（即有意前往參加者），屬對人一般處分[7]。

行政程序法第 92 條第 2 項後段規定，有關公物之設定、變更、廢止或其一般使用者，亦為一般處分，即所謂對物一般處分。例如：公告新設立之公園開放供公眾使用、公告某路段每晚六時至十二時為行人徒

---

[5] 李震山，行政法導論，2019 年修訂 11 版，頁 321。
[6] 李震山，行政法導論，2019 年修訂 11 版，頁 326。
[7] 吳庚、盛子龍，行政法之理論與實用，2020 年增訂 16 版，頁 301。

步區、廢止供公用之既成道路[8]等。

　　一般處分屬行政處分之特殊類型。就事件具體性之要件而言，對人一般處分已放寬對於相對人特定性的限制，與典型行政處分要求相對人係特定之人，有所不同。處分之相對人雖非特定，而依一般性特徵可得確定其範圍者，亦符合一般處分之要件。惟對於事件具體性（發生於特定時間、特定地點之特定事件）之要求，並未改變。至於對物一般處分，其範圍更為廣泛。非但處分之相對人不特定，其事件亦非具體。詳言之，其處分之效力並非針對發生於特定時間、地點之具體事件而「一次完結」，卻具有「反覆實施」之持續效果。其本質與法規命令較為接近，是一種為便利相對人救濟由法律所擬制的行政處分類型。

法規命令、行政處分、一般處分之比較表

類型	法規命令	行政處分	對人一般處分	對物一般處分
相對人	不特定	特定	不特定	不特定
事件	抽象	具體	具體	抽象
持續性	具有反覆實施之持續效力。	一次完結，不具有反覆實施之效力。	一次完結，不具有反覆實施之效力。	具有反覆實施之持續效力。

六、發生法律效果

　　行政處分應對外發生法律效果，即創設、變更或消滅相對人之權利或義務，學理上稱之為行政處分之法效性或規制性。行政處分所生法律效果，不以公法上法律效果為限，亦包括私法上法律效果。例如：土地

---

[8] 案例參考：吳庚、盛子龍，行政法之理論與實用，2020 年增訂 16 版，頁 304。

徵收之處分，發生私人所有權消滅之效果。

行政處分與觀念通知有所不同。後者係行政機關就具體事實所作之判斷、認識或傳達行為；例如：函知聲請輔導就業之處理情形、行政機關回覆人民詢問所為法律釋疑等。觀念通知並非「意思表示」(Willenserklärung)，僅為「認知表示」(Wissenerklärung)，不生法律效果，是為其與行政處分不同之處[9]。

行政處分與事實行為亦有所不同。後者不具有規制性內涵，僅產生事實效果，不直接發生法律效果。例如：警察之巡邏、清潔隊清除垃圾等[10]。

第三節　行政處分之附款

行政處分之附款 (Nebenbestimmung) 者，對於行政處分之主要規制內容加以補充或限制之附加規制[11]，例如：行政處分所附加之條件、期限、負擔等。並非所有行政處分均得附附款。行政機關作成行政處分有裁量權時，得為附款。無裁量權者，以法律有明文規定或為確保行政處分法定要件之履行而以該要件為附款內容者為限，始得為之（行政程序法第 93 條第 1 項參照）。附款不得違背行政處分之目的，並應與該處分之目的具有正當合理之關聯（行政程序法第 94 條參照）。

行政處分之附款，有如下數種類型（行政程序法第 93 條第 2 項參照）：

---

[9] 吳庚、盛子龍，行政法之理論與實用，2020 年增訂 16 版，頁 294 以下。

[10] 陳敏，行政法總論，2019 年 10 版，頁 317。

[11] 陳敏，行政法總論，2019 年 10 版，頁 517。

一、條件

附條件 (Bedingung) 者，行政處分效力之發生或消滅，繫於將來不確定事實。所謂條件，又可分為停止條件與解除條件二種。附停止條件者，條件成就時，行政處分始發生效力。例如：主管機關預先禁止游泳池、三溫暖業者營業，但附停止條件自水庫水位高於呆水位不足十公尺時生效。附解除條件者，條件成就時，行政處分失其效力。例如：許可工程公司僱傭外籍勞工，但附解除條件，於工程完工時，該許可失效，所有外籍勞工均應解僱遣返[12]。

二、期限

附期限者，行政處分效力之開始或終結，繫於未來特定之時日。期限可分為始期和終期。附始期者，行政處分之效力自該時日起發生。例如：核准一計畫，自當年度 8 月 1 日起生效。附終期者，行政處分之效力自該時日起消滅。例如：警方許可民眾於室外集會遊行，但其期間至當天晚間十時為止。

三、負擔

附負擔 (Auflage) 者，授益處分附加特定之作為、不作為或忍受之義務。例如：准許外國人居留，但附加不得就業之限制。

負擔與條件，均係將來不確定之事實，惟二者仍有以下之不同[13]：

1.負擔係受處分人之獨立義務，與行政處分為可分關係；條件與行政處分則為不可分關係。因此，對於負擔，受處分人得對之獨立提起撤

---

[12] 吳庚、盛子龍，行法之理論與實用，2020 年增訂 16 版，頁 338 以下。
[13] 陳敏，行政法總論，2019 年 10 版，頁 523。

銷之訴；對於行政處分之條件則不可。如有不服，須對整個行政處分提起撤銷訴訟。

　　2.附負擔之目的，不在於阻止行政處分之效力，而在於促使受處分人履行該負擔之義務（不得就業）。附條件之目的，在於決定行政處分之效力（持續乾旱限水處分將生效），不在於促使受處分人履行義務。

　　3.受處分人不履行負擔時，行政處分並非當然失效；附條件之行政處分其（停止）條件不成就時，行政處分不生效力。

四、保留廢止權

　　行政機關對於授予相對人利益之處分，保留將來在特定前提下廢止之權力。例如：主管機關允許餐廳營業，惟為避免擾民，保留將來影響鄰人居住安寧時廢止營業許可之權力。

五、負擔之保留

　　負擔之保留者，保留負擔之事後附加或變更（行政程序法第 93 條第 2 項第 5 款參照）之謂。詳述之下：

　　1.保留負擔之事後附加：行政機關作成授益處分時，並未附具體之負擔，但保留將來附加負擔之權。例如：行政機關允許工廠營運，但預慮營運後可能影響環境安寧，故於許可處分中保留未來附加要求工廠降低噪音負擔之權。

　　2.保留負擔之事後變更：行政機關作成授益處分時，已附有負擔，並保留將來變更負擔之權。例如：行政機關允許工廠營運時，已附有降低噪音之負擔，並保留未來必要時進一步變更，對工廠要求更為嚴格噪音管制之權。

第四節　行政處分之效力

行政處分作成後，如經合法送達相對人或以其他適當方法通知或使其知悉，即生效力。行政處分之效力，有如下數種：

一、存續力

行政處分之存續力 (Bestandskraft)，以往有稱之為確定力者。為區別法院確定判決所生之「確定力」(Rechtskraft)，其後通稱為存續力。

行政處分之存續力又可分為形式存續力與實質存續力二者。形式存續力者，行政處分經有效成立，於法定救濟期間經過後，相對人不得再循通常救濟途徑加以爭執之效力。實質存續力者，行政處分之內容對於相對人、關係人及原處分機關均發生拘束之效力。相對人或利害關係人不得為相反之主張，原處分機關亦不得再作成不同之決定[14]。

二、構成要件效力

行政處分之存續力，發生於作成處分機關及處分相對人之間；構成要件效力則是對於原處分機關以外其他機關之效力。

行政處分之「構成要件效力」者，確定之行政處分作為其他行政處分之構成要件時，對於其他機關甚至法院所生之拘束力。按國家分官設職，各行政機關行使職權，其他行政機關應予以尊重，以之作為其決定之基礎，不得自行審查其決定之合法性。例如：外國人某甲經主管機關核准歸化為我國國民，該處分即拘束其他機關而應承認某甲為我國國

---

[14] 吳庚、盛子龍，行政法之理論與實用，2020 年增訂 16 版，頁 346。

民，不得自行為相反之認定。又如：地方政府核發之農業用地作農業使用證明書，對於稅捐稽徵機關具有拘束力，稽徵機關不得自為相反之認定而否准其申請免徵遺產稅、贈與稅或田賦之申請[15]。

行政處分之構成要件效力，甚至對於法院亦有拘束力。縱使是職司審查行政處分合法性之行政法院，若該行政處分並非其本案審查之程序標的時，仍受構成要件效力之拘束。

三、執行力

行政處分之執行力者，行政處分有效成立後，得按其內容，對負有作為義務或不作為義務之相對人，於其不履行其義務時，強制其履行或強制其遵守之力。

行政處分之執行力，僅下命處分有之。有關執行力最重要之問題，即其發生之時點。按我國之立法例係採取行政爭訟不停止執行原則，行政處分之執行力發生於行政處分生效之後，除法律另有規定（例如：行政程序法第127條第4項規定，行政機關向受益人主張公法上返還請求權時，於「行政處分未確定前，不得移送行政執行」），或者受理訴願機關或行政法院於個案中停止原處分之執行外，不因相對人提起訴願或行政訴訟等行政救濟而當然停止（訴願法第93條第1項、行政訴訟法第116條第1項參照）。

第五節　瑕疵行政處分

行政處分須符合程序及實質合法要件。前者，例如：行政機關須有

---

[15] 吳庚、盛子龍，行政法之理論與實用，2020年增訂16版，頁352以下。

管轄權、機關之組織須合法、處分之程序須合規等。後者，例如：行政機關之意思表示須健全，無錯誤或受詐欺、脅迫等情事，認定事實、適用法律須正確，並合乎行政法之法律原則如比例原則、差別待遇禁止原則、依法行政原則等。行政處分如有違反程序或實質合法要件者，即有瑕疵。

瑕疵行政處分之效力，依其瑕疵之種類，而有不同。可能根本即非行政處分，可能為無效行政處分。多數情形，該處分雖有效，但得撤銷。違反程序或方式規定之行政處分，得以補正之方式治癒其瑕疵。此外，尚得以轉換之方式，將有瑕疵之行政處分轉換為具有相同實質及程序要件之其他合法處分。處分之瑕疵若屬輕微，得更正之。以下詳述之。

一、非行政處分

非行政處分 (Nicht-Verwaltungsakt) 者，根本欠缺行政處分之成立要件，故尚未成立行政處分。例如：非公務員所為、行政處分之草稿等。行政處分尚未成立，自無效力可言，不必對之提起確認無效或撤銷訴訟。但如就此有爭執之必要，得提起確認行政處分不成立之訴，以除去其行政處分之表象。

二、無效行政處分

行政處分具有重大明顯之瑕疵者，處分雖已成立，其為無效。所謂「重大明顯之瑕疵」，包括以下情形（行政程序法第 111 條參照）：

一、不能由書面處分中得知處分機關者。
二、應以證書方式作成而未給予證書者。例如：主管機關告知相對

人取得教師資格，卻未核發教師證書。主管機關核准人民團體立案，卻未核發立案證書[16]。

三、內容對任何人均屬不能實現者。例如：稅捐稽徵機關不知納稅義務人已死亡而核發繳稅通知書命其繳納稅款，其內容對任何人均屬不能實現，為無效行政處分。

四、所要求或許可之行為構成犯罪者。

五、內容違背公共秩序、善良風俗者。

六、未經授權而違背法規有關專屬管轄之規定或缺乏事務權限者。應注意者，所謂「缺乏事務權限」，應限縮於重大明顯之情況者。例如：由教育行政機關核發建築執照、清潔隊員開立交通罰單等情形。如係單純違反土地管轄權限，如應屬高雄國稅局管轄之稅捐案件，臺北國稅局誤以為其有管轄權而作成核課處分，並非本款之情形，該處分並非無效[17]。

行政處分無效者，自始、當然無效。相對人如有提起行政救濟之必要，應對之提起確認行政處分無效之訴，並非訴請撤銷行政處分。

三、得撤銷之行政處分

行政處分如違反程序或實質合法要件而有瑕疵，若非有重大明顯瑕疵而無效，又非得補正之程序瑕疵，通常即屬得撤銷之情形。例如：行政處分違反比例原則或差別待遇禁止原則等。

得撤銷之行政處分，得由原處分機關或其上級機關依職權撤銷，亦

---

[16] 蕭文生，行政法——基礎理論與實務，2021年增訂4版，頁419。

[17] 相同見解亦參：吳庚、盛子龍，行政法之理論與實用，2020年增訂16版，頁371；蕭文生，行政法——基礎理論與實務，2021年增訂4版，頁418。

得經相對人提起行政救濟後，由受理訴願機關或行政法院撤銷。行政處分經撤銷者，行政處分之效力溯及消滅。

四、得補正之行政處分

違反程序或方式規定之行政處分，除有無效之情事外，因下列情形而補正（行政程序法第 114 條第 1 項參照）：

一、須經申請始得作成之行政處分，當事人已於事後提出者。例如：申請人申請第一類低收入戶生活扶助費，主管機關認為不符資格，但符合第二類申請資格，乃核准申請人第二類低收入戶生活扶助費。此時，申請人得於事後提出第二類低收入戶生活扶助費之申請，以補正該瑕疵。

二、必須記明之理由已於事後記明者。

三、應給予當事人陳述意見之機會已於事後給予者。

四、應參與行政處分作成之委員會已於事後作成決議者。例如：依據平均地權條例第 15 條之規定，直轄市或縣（市）主管機關辦理規定地價，應分區調查最近一年之土地買賣價格或收益價格，依據調查結果，劃分地價區段並估計區段地價，提交地價評議委員會評議後，公告地價。主管機關如未提交地價評議委員會評議，可於事後經其作成決議，補正該瑕疵[18]。

五、應參與行政處分作成之其他機關已於事後參與者。例如：依據國籍法第 6 條之規定，外國人或無國籍人，有殊勳於中華民國者，得申請歸化。內政部為是項歸化之許可，應經行政院核准。內政部如逕行許可歸化之申請，得於事後經行政院核准，以補正該瑕疵[19]。

---

[18] 陳敏，行政法總論，2019 年 10 版，頁 434。

上述第二款至第五款之補正行為，僅得於訴願程序終結前為之；得不經訴願程序者，僅得於向行政法院起訴前為之（行政程序法第 114 條第 2 項參照）。行政處分經補正後，其瑕疵即已治癒而不復存在，相對人嗣後不得再訴請撤銷該處分。

五、行政處分之轉換

行政處分之轉換者，違法之行政處分，由具有溯及效力之其他行政處分轉變為與原處分具有相同實質及程序要件之其他合法處分之謂。例如：行政機關撤銷一自始無效之裁罰處分，該撤銷處分原屬違法，行政機關可將之轉換為確認無效之處分[20]。

行政處分之轉換，須具備以下積極要件及消極要件[21]。就積極要件而言：

1.原處分具備作成另一處分之實體及程序要件。

2.此二處分可以達成相同之目的。例如前述案例，撤銷或確認無效二處分之目的均係為消滅原本違法之裁罰處分。

就消極要件而言，如有下列情形，不得轉換（行政程序法第 116 條第 1 項但書參照）：

1.違法行政處分，因維護重大公益或受益人之信賴利益不得撤銷者。

2.轉換法律效果對當事人更為不利者。

3.由羈束處分轉換為裁量處分者。

行政處分之轉換，行政程序法上雖有明文規定，惟實務上並不常

[19]陳敏，行政法總論，2019 年 10 版，頁 435 以下。
[20]吳庚、盛子龍，行政法之理論與實用，2020 年增訂 16 版，頁 390。
[21]吳庚、盛子龍，行政法之理論與實用，2020 年增訂 16 版，頁 391 以下。

見。對於有瑕疵之行政處分，如有轉換之必要時，行政機關多以撤銷及重為處分之方式處理[22]。

六、行政處分之更正

行政處分如有誤寫、誤算或其他類此之顯然錯誤者，處分機關得隨時或依申請更正之（行政程序法第 101 條參照）。例如：處分書之受處分人姓名書寫錯誤，但其人別資訊如身分證字號、出生年月日及聯絡地址等均正確，由處分書整體記載之內容可識別受處分人之真實身分之情形。

行政處分有誤寫、誤算或其他類此之顯然錯誤者，對於處分之效力並無實質影響。相對人不得訴請撤銷，僅得申請行政機關更正。

第六節　行政處分之廢棄與行政程序重開

行政處分有存續力，處分確定後，相對人不得再循通常救濟途徑加以爭執，原處分機關亦不得再作成不同之決定。惟例外情形，行政處分仍有被廢棄之可能，人民亦得申請重新進行行政程序。

行政處分之廢棄 (Aufhebung) 者，行政機關或行政法院在一般法律救濟程序之外，所為排除行政處分效力之行為。行政處分之廢棄，以原處分是否違法為區分，又可分為撤銷或廢止二種類型。以下分述之。

一、違法行政處分之撤銷

行政處分有實質存續力，處分作成後，原處分機關原不得再作成不

---

[22] 陳敏，行政法總論，2019 年 10 版，頁 442。

同之決定。例外情形，原處分機關得撤銷違法之行政處分，使其溯及既往失其效力。行政程序法第117條本文規定：「違法行政處分於法定救濟期間經過後，原處分機關得依職權為全部或一部之撤銷；其上級機關，亦得為之。」

行政處分之撤銷，以原處分違法為其前提。所謂違法，可能係作成行政處分之程序違反相關規定，例如：處分機關欠缺管轄權；可能係行政處分實質違反相關規定，例如：行政機關有裁量濫用、違反比例原則等情事。

本條規定「於法定救濟期間經過後」得撤銷之，其真意係指「縱使法定救濟期間經過」，仍得撤銷。則在法定救濟期間（例如：提起訴願或撤銷訴訟之除斥期間）經過之前，行政處分尚未確定，基於舉重以明輕之法理，自得撤銷[23]。擁有撤銷權之機關，除原處分機關之外，尚包括其上級機關在內。

行政處分如有違法，基於依法行政原則之要求，行政機關原則上應將原處分撤銷。惟違法行政處分撤銷之要件，因該處分係侵益處分或授益處分，有所不同。以下分述之。

㈠侵益處分之撤銷

違法之侵益處分，除撤銷「對公益有重大危害」（行政程序法第117條第1款參照）之情形外，行政機關均得加以撤銷。例如：行政機關作成裁罰處分，嗣後發現原處分違法，得依職權為全部或一部之撤銷。由於撤銷之對象為侵益處分，撤銷對相對人有利，自不生信賴保護之問題。

依我國實務上之見解，法律賦予行政機關撤銷違法行政處分之權

---

[23] 相同見解：吳庚、盛子龍，行政法之理論與實用，2020年增訂16版，頁376。

限，行政機關是否撤銷，仍享有裁量權。至於人民依行政程序法第 117 條規定請求撤銷違法處分者，僅係督促行政機關加以注意而已，並非擁有請求行政機關撤銷之權利。行政機關就其請求所為之回覆，其性質並非行政處分，相對人不得對其提起行政救濟[24]。

違法行政處分經撤銷後，溯及既往失其效力。但為維護公益或為避免受益人財產上之損失，為撤銷之機關得另定失其效力之日期（行政程序法第 118 條參照）。

㈡授益處分之撤銷

違法行政處分如係授益處分，行政機關加以撤銷時，必然涉及相對人之信賴保護。依據行政程序法之規定，受益人無第 119 條所列信賴不值得保護之情形，而信賴授予利益之行政處分，其信賴利益顯然大於撤銷所欲維護之公益者，不得撤銷（行政程序法第 117 條第 2 款參照）。依此，行政機關得否撤銷違法之行政處分，應依下列步驟判斷之：

1.首先，應判斷受益人之信賴是否值得保護

依行政程序法第 119 條之規定，受益人有下列各款情形之一者，其信賴不值得保護[25]：

一、以詐欺、脅迫或賄賂方法，使行政機關作成行政處分者。

例如：以抄襲之方式完成論文，屬於以詐欺之方法使行政機關作成授予學位之處分。學校核銷其學位時，不得主張信賴保護。

二、對重要事項提供不正確資料或為不完全陳述，致使行政機關依

---

[24] 最高行政法院 101 年度裁字第 540 號裁定參照；吳庚、盛子龍，行政法之理論與實用，2020 年增訂 16 版，頁 378 以下。

[25] 以下案例，引自：蕭文生，行政法——基礎理論與實務，2021 年增訂 4 版，頁 438 以下。

該資料或陳述而作成行政處分者。

例如：計程車駕駛人申請執業登記時，對其是否有道路交通管理處罰條例第 37 條第 1 項犯罪前科之重要事項為不完全陳述，致使行政機關依該陳述而核發執業登記，主管機關撤銷其執業登記時，受益人不得主張信賴保護。

三、明知行政處分違法或因重大過失而不知者。

實務上曾有如下案例，可供參考[26]：申請人受讓某電子遊戲場營業權利，經主管機關核發電子遊戲場業營業級別證。嗣主管機關查得系爭商號因原負責人涉及賭博罪依法命令停業在案，乃撤銷該電子遊戲場業營業級別證。申請人不服，主張受信賴保護原則之保障。最高行政法院謂：主管機關於法院判決有罪確定後，猶准予換發電子遊戲場業營業級別證，上開核准係屬違法之行政處分。又該電子遊戲場早因受停業處分而處於停業狀態，此屬附近居民所周知的事實。申請人向原負責人頂讓該電子遊戲場業時，縱使未獲告知實情，但只要前往現場查看，稍向同業、鄰居或當地派出所打聽，或登上政府工商網站搜尋，即可輕易知悉；如果其未知悉，正顯示其未從事任何查詢動作，尚難謂無違反一般人之注意義務，而有重大過失，其信賴仍不值得保護。

受益人如有上述信賴不值得保護之情事，自不生信賴保護之問題，行政機關得撤銷違法之授益處分。

受益人如無上述信賴不值得保護之情事，再繼續判斷以下問題，即：

---

[26] 最高行政法院 100 年度判字第 1911 號判決參照；蕭文生，行政法——基礎理論與實務，2021 年增訂 4 版，頁 439 以下。

2.其信賴利益是否顯然大於撤銷所欲維護之公益

如受益人之信賴利益顯然大於撤銷所欲維護之公益，應保障受益人之信賴利益，行政機關不得撤銷原處分。

實務上曾有如下案例，可供參考[27]：稽徵機關誤認所有權人所出售之土地為未經徵收之公共設施保留地，而准予免徵土地增值稅在案。嗣後查知原處分違法，乃撤銷原處分，並發單補徵土地增值稅。最高行政法院認為：本件免徵土地增值稅之處分，係屬違法行政處分。惟稽徵機關於系爭土地已辦竣過戶程序一年後，突然作成補徵金額各近約五百萬元之處分，相較於受益人出售系爭土地之所得價金僅有一百餘萬元，不只造成受益人背負巨額之公法上債務，且將造成相關當事人間之輾轉求償，對於已然確定之法律關係發生巨變，本件信賴利益顯然大於主管機關撤銷處分所欲維護之公益，主管機關依法不得撤銷並予補徵。

如受益人之信賴利益並非顯然大於撤銷所欲維護之公益，應貫徹撤銷所欲維護之公益，行政機關仍得撤銷原處分。實務上曾有如下案例，可供參考[28]：公立學校因敘薪錯誤溢發受益人薪資，嗣後撤銷原敘薪通知，並請求受益人繳還溢領薪給及獎金。受益人主張信賴保護原則，最高行政法院認為：教師敘薪之核計，固然關係教師生活之保障，惟衡酌教師敘薪核計之公平性，原處分機關撤銷敘薪通知所欲維護之公益顯然大於受益人之個人利益，行政機關依職權撤銷違法之敘薪通知，自屬合法。

---

[27] 最高行政法院 98 年度判字第 125 號判決參照；蕭文生，行政法——基礎理論與實務，2021 年增訂 4 版，頁 438。

[28] 最高行政法院 106 年度判字第 159 號判決參照；蕭文生，行政法——基礎理論與實務，2021 年增訂 4 版，頁 438。

　　應注意者，違法行政處分之撤銷，應自原處分機關或其上級機關知有撤銷原因時起二年內為之（行政程序法第 121 條第 1 項參照）。所謂「知有撤銷原因」，係指有撤銷權之機關確實知曉原作成之授益行政處分有撤銷原因（最高行政法院 102 年度 2 月份第 2 次庭長法官聯席會議決議參照），並非自行政處分作成時起算。

　　授予利益之違法行政處分經撤銷後，如受益人無信賴不值得保護之情形，其因信賴該處分致遭受財產上之損失者，為撤銷之機關應給予合理之補償。補償額度不得超過受益人因該處分存續可得之利益。關於補償之爭議及補償之金額，相對人有不服者，得向行政法院提起給付訴訟（行政程序法第 120 條參照）。

二、合法行政處分之廢止

　　行政處分之廢止 (Widerruf) 者，對於合法之行政處分，因情事、法律或目的之變更，若任令該處分之效力繼續，將嚴重影響公益時，使該行政處分向將來消滅失其效力之謂。

　　行政處分之廢止與撤銷，有所不同。廢止之對象為合法行政處分，原則上不溯及既往（行政程序法第 125 條參照）；撤銷之對象為違法行政處分，有溯及既往之效力（行政程序法第 118 條本文參照）。

㈠合法侵益處分之廢止

　　非授予利益之合法行政處分，得由原處分機關依職權為全部或一部之廢止（行政程序法第 122 條本文參照）。例如：疫情期間，有入境民眾受居家檢疫處分，拒不遵從。主管機關另處強制安置集中檢疫場所處分，惟受處分者已逃匿無蹤。至尋獲時，疫情已退散，事實上已無隔離之必要，原處分機關得廢止該強制安置處分。

　　由於所廢止者係侵益處分，對相對人有利，並無信賴保護問題，相對人亦不致對之提起行政救濟，故行政機關擁有較為廣泛之裁量權，得由行政機關依合義務裁量決定是否廢止原處分。但廢止後仍應為同一內容之處分或依法不得廢止者，不得廢止（行政程序法第 122 條但書參照）。

(二)合法授益處分之廢止

　　合法授益處分之廢止，受到嚴格限制。蓋所廢止之行政處分既係合法，又為授益處分，如廢止將嚴重侵害相對人之信賴保護。

　　授予利益之合法行政處分，有下列各款情形之一者，得由原處分機關依職權為全部或一部之廢止（行政程序法第 123 條參照）：

　　一、法規准許廢止者。例如：依據道路交通管理處罰條例第 43 條第 2 項之規定，汽車駕駛人有惡意逼車、超速逾速限六十公里以上等情事因而肇事者，吊銷其駕駛執照。該吊銷駕照之處分，即授益處分之廢止。

　　二、原處分機關保留行政處分之廢止權者。例如：為解決都市地區停車位短缺問題，法令暫時開放在住宅區設置機械式停車塔，惟許可處分中保留將來政策變更時之廢止權。受益人就此既早已知悉，自無信賴保護之可言，行政機關得廢止該授益處分。

　　三、附負擔之行政處分，受益人未履行該負擔者。例如：許可外國人入境居留，但附加就業限制之負擔。行為人如有違反時，得廢止其居留許可。

　　四、行政處分所依據之法規或事實事後發生變更，致不廢止該處分對公益將有危害者。例如：主管機關原許可業者在山坡地經營遊樂園，許可期間五十年。開園十年後，因遭遇大地震致地形變動，該地區已成

為危險山坡地。主管機關得因行政處分所依據之事實事後發生變更，不廢止該處分對公益將有危害而廢止原授益處分。

　　五、其他為防止或除去對公益之重大危害者。合法授益處分之廢止，應自廢止原因發生後二年內為之（行政程序法第 124 條參照）。合法行政處分經廢止後，自廢止時或自廢止機關所指定較後之日時起，失其效力。但受益人未履行負擔致行政處分受廢止者，得溯及既往失其效力（行政程序法第 125 條參照）。

　　合法授益處分之廢止，如非因可歸責於受益人之事由所致者，受益人應受到信賴保護原則之保障。縱使行政機關基於維護公益之考量而廢止原授益處分，受益人就此仍享有補償請求權。依行政程序法第 126 條第 1 項之規定，原處分機關因「行政處分所依據之法規或事實事後發生變更，致不廢止該處分對公益將有危害」，或「其他為防止或除去對公益之重大危害」而廢止合法授益處分者，對受益人因信賴該處分致遭受財產上之損失，應給予合理之補償。例如前廢止遊樂園營業許可之案例中，行政機關應補償業者投資於園區地上物、機械設備之損失。

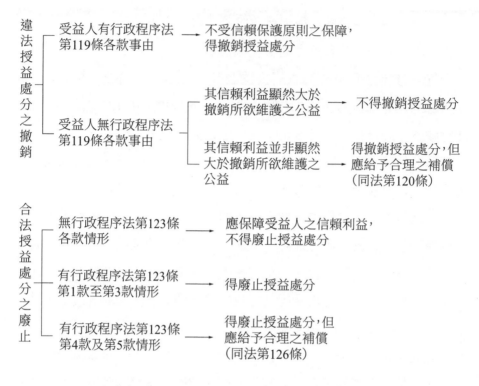

授益處分之撤銷、廢止與信賴保護原則之關係圖

三、行政程序重開

　　行政處分有存續力，處分確定後，相對人不得再循通常救濟途徑加以爭執。惟例外情形，人民得申請重新進行行政程序。

　　行政程序法第128條規定：「行政處分於法定救濟期間經過後，具有下列各款情形之一者，相對人或利害關係人得向行政機關申請撤銷、廢止或變更之。但相對人或利害關係人因重大過失而未能在行政程序或救濟程序中主張其事由者，不在此限：

一、具有持續效力之行政處分所依據之事實事後發生有利於相對
　　人或利害關係人之變更者。

二、發生新事實或發現新證據者，但以如經斟酌可受較有利益之處
　　分者為限。

三、其他具有相當於行政訴訟法所定再審事由且足以影響行政處
　　分者。

前項申請，應自法定救濟期間經過後三個月內為之；其事由發生在
後或知悉在後者，自發生或知悉時起算。但自法定救濟期間經過後已逾
五年者，不得申請。

第一項之新證據，指處分作成前已存在或成立而未及調查斟酌，及
處分作成後始存在或成立之證據。」

本條行政程序重開制度之制度目的，係在一般行政救濟途徑之外，
另設特別救濟途徑，以調和法安定性與依法行政原則之衝突，保護處分
相對人即利害關係人之權益。

依據本條第 1 項之規定，得申請行政程序重開之主體，限於處分之
相對人或利害關係人（例如：附第三人效力行政處分之第三人），且須
非因重大過失而未能在行政程序或救濟程序中主張其事由者。

申請行政程序重開，將破壞行政處分之存續力，對於法安定性有重
大影響，故需具備下列專屬法定事由之一，始得為之 （行政程序法第
128 條第 1 項參照）：

一、具有持續效力之行政處分所依據之事實事後發生有利於相對人
或利害關係人之變更者。

例如：稅捐稽徵機關對於欠稅之納稅義務人作成限制出境處分，其
後納稅義務人已繳清稅款，得依本條規定申請行政程序重開，廢止該限

制出境處分。疾病管制機關命罹患法定傳染病者接受強制隔離治療，處分執行之前，患者已痊癒且無傳染他人之危險。得依本條規定申請程序重開，廢止該強制隔離治療之處分[29]。

二、發生新事實或發現新證據者，但以如經斟酌可受較有利益之處分者為限。

本款之所謂「發生新事實」，係指於行政處分作成後始發生，卻足以改變原處分效力之事實。例如：所有權人出售土地並移轉所有權，經核課土地增值稅。其後所有權人主張受詐欺而撤銷所有權移轉行為，得依本款規定申請程序重開，廢止原核課土地增值稅之處分。

本款之所謂發現「新證據」，依往昔實務上見解，認為專指「於作成行政處分業已存在，但為申請人所不知，致未經斟酌之證據而言，並不包括作成行政處分後始發現之證據。」[30]舉例而言，海關以某甲進口之商品為仿冒品裁處罰鍰及沒入處分，甲並未提起行政救濟，致處分已有存續力。嗣於同一事件之刑事訴訟程序中，法院將該商品送往國外總公司，經檢驗其為真品，並出具證明書。依據昔日之實務見解，甲不得主張本款之發現「新證據」而申請行政程序重開。蓋該證明書為作成行政處分後始發現之證據，並非於作成行政處分時業已存在者。此一見解，對於申請程序重開者構成重大之限制，備受學者批評[31]。民國110年修法時，新增本條第3項規定如下：「第一項之新證據，指處分作成前已存在或成立而未及調查斟酌，及『處分作成後始存在或成立之證據』。」此一問題已獲立法解決。

---

[29] 吳庚、盛子龍，行政法之理論與實用，2020年增訂16版，頁394。

[30] 例見：最高行政法院103年度判字第319號判決。

[31] 例見：吳庚、盛子龍，行政法之理論與實用，2020年增訂16版，頁395以下。

三、其他具有相當於行政訴訟法所定再審事由且足以影響行政處分者。

行政程序重開之對象為有存續力之行政處分。行政處分對於相對人發生存續力，有二種情形。一為相對人並未對之提起行政救濟，行政處分於法定救濟期間經過後，有存續力。二為相對人對於行政處分不服提起行政救濟，經行政法院確定判決駁回，行政處分因此有存續力。前者之情形，得為行政程序重開之標的，固無疑問。後者之情形，相對人或利害關係人得否對之申請行政程序重開，則有爭議。就此問題，我國實務原則上採取否定見解，認為當事人應循再審程序尋求救濟，不得逕行申請行政程序重開。例如：最高行政法院 107 年度判字第 597 號判決即有謂：「如果經行政法院實體確定判決維持之行政處分，當事人得再依行政程序法第 128 條規定申請重開行政程序，不但造成特別救濟程序的重複，治絲益棼外，亦與判決既判力相牴觸。」[32]實務上見解對於當事人之權利保障，頗為不利。與其要求當事人循冗長、繁複之再審程序尋求救濟，實不若由當事人逕依行政程序法第 128 條規定申請行政程序重開之簡便、迅速。對於此一問題，應採肯定見解，使相對人或利害關係人對於經行政法院確定判決駁回之行政處分，亦得申請行政程序重開[33]。

申請行政程序重開，應自法定救濟期間經過後三個月內為之；其事由發生在後或知悉在後者，自發生或知悉時起算。但自法定救濟期間經過後已逾五年者，不得申請（行政程序法第 128 條第 2 項參照）。

---

[32]實務上類似見解，亦參：最高行政法院 107 年度判字第 743 號判決、最高行政法院 108 年度判字第 56 號判決。

[33]相同見解：吳庚、盛子龍，行政法之理論與實用，2020 年增訂 16 版，頁 400 以下。

行政機關認重開行政程序之申請為有理由者，應撤銷、廢止或變更原處分；認申請為無理由或雖有重新開始程序之原因，如認為原處分為正當者，應駁回之（行政程序法第 129 條參照）。行政機關駁回程序重開之申請時，該駁回決定之性質亦為行政處分，申請人得對之提起行政救濟。

第七節　公法上返還請求權

公法上返還請求權 (öffentlich-rechtlicher Erstattungsanspruch)，又有稱公法上不當得利返還請求權者，在公法之範疇內，欠缺法律上原因而發生財產變動，致一方受有利益，他方因此受有損害，受損害之一方得請求返還所受利益之請求權[34]。

行政程序法第 127 條第 1 項規定：「授予利益之行政處分，其內容係提供一次或連續之金錢或可分物之給付者，經撤銷、廢止或條件成就而有溯及既往失效之情形時，受益人應返還因該處分所受領之給付。其行政處分經確認無效者，亦同」，即屬公法上返還請求權之實證法上規定之一。我國公法上返還請求權之案例，實務上最常見者，為行政機關誤發或溢發各種年金、社會救助或薪津，後經發現原處分違法而撤銷原處分後，請求受益人返還溢領金額之情形。

行政機關對受益人主張公法上返還請求權，昔日最重要的爭議，即為返還途徑之問題[35]。詳言之，行政機關究應對受益人提起一般給付之

---

[34] 有關公法上返還請求權之定義及內涵，詳見：劉建宏，基本人權保障與行政救濟途徑㈡，2013 年，頁 1 以下。

[35] 有關行政主體向人民主張公法上返還請求權法律途徑之爭議問題，詳見：劉建

訴，俟勝訴取得執行名義後，再依行政訴訟法之強制執行程序請求返還；或者得逕行作成行政處分命其返還，如受益人不履行則移送行政執行分署強制執行？就此問題，行政程序法於民國 104 年修法時新增本條第 3 項之規定謂：「行政機關依前二項規定請求返還時，應以書面行政處分確認返還範圍，並限期命受益人返還之。」採取較為有利於行政機關之「逕行作成行政處分命其返還」方案。該行政處分未確定前，不得移送行政執行（行政程序法第 127 條第 4 項參照）。

第八節　請求權時效

請求權罹於時效之概念，源自於民法，行政法上亦承襲之。公法上請求權時效之長短，因權利人為行政機關或人民而有所不同。於請求權人為行政機關時，除法律另有規定外，因五年間不行使而消滅；於請求權人為人民時，除法律另有規定外，因十年間不行使而消滅（行政程序法第 131 條第 1 項參照）。行政程序法對於行政機關之要求較高，故其時效之期間較短，以督促其儘速行使權利。

公法上請求權，因時效完成而當然消滅（行政程序法第 131 條第 2 項參照）。此與民法上請求權罹於時效採「抗辯權發生說」，權利本體並未消滅之情形有所不同。故稅捐稽徵機關對納稅義務人核課稅捐，如已逾核課期間，縱使納稅義務人已繳清稅款，由於稽徵機關之稅捐請求權已消滅，納稅義務人仍得請求返還[36]。

宏，基本人權保障與行政救濟途徑(二)，2013 年，頁 28 以下。

[36] 相同見解：吳庚、盛子龍，行政法之理論與實用，2020 年增訂 16 版，頁 404；蕭文生，行政法——基礎理論與實務，2021 年增訂 4 版，頁 462。

課後練習

1. 下列何者屬於已發生效力之行政處分？（110 普考）

(A)對特定違規業者作成停止其營業之命令

(B)已經執行完畢之違章建築強制拆除行為

(C)應人民請求而公開之空氣污染調查報告

(D)未公告或刊登政府公報之書面一般處分

2. 主管機關對於非法之集會下令解散，其行為之法律性質為何？（109 移四）

(A)行政計畫

(B)法規命令

(C)行政事實行為

(D)行政處分

3. 下列何種類型之行政行為，始具有執行力？（109 普考）

(A)確認處分

(B)下命處分

(C)形成處分

(D)行政指導

4. 依行政程序法規定，合法授益處分之廢止事由，不包括下列何者？（108 普考）

(A)法規准許廢止者

(B)原處分機關保留行政處分之廢止權者

(C)附負擔之行政處分，受益人未履行該負擔者

(D)原處分機關事後發現原處分作成時違法者

5.甲申請經營餐廳，主管機關對於其夜間營業是否對鄰人產生嚴重聲響干擾，有無設置防止噪音設備之必要，尚無法預見。因此主管機關發給營業許可，並註記保留將來有必要時，得要求其設置防止噪音設備。此屬何種行政處分之附款？（109 移四）

(A)附期限

(B)附條件

(C)保留負擔之事後附加

(D)保留行政處分之廢止權

6.下列何者非屬行政處分無效之情形？（110 高三）

(A)僅以電子郵件通知通過汽車駕駛考試，不發給汽車駕駛執照

(B)立法院對於特定工廠，要求其須於 1 個月內改善污染物排放，並禁止日後不得排放任何污染物質

(C)主管機關對於所有權人要求拆除違建，而該違建已於處分作成前因火災全部燒毀

(D)財政部臺北國稅局對於設籍於高雄之納稅義務人所為正確內容之所得稅補繳處分

7.依行政程序法規定，關於行政機關依職權撤銷違法行政處分之敘述，下列何者錯誤？（107 普考）

(A)法定救濟期間經過後，不得撤銷

(B)原處分機關或其上級機關得依職權為全部或一部之撤銷

(C)撤銷對公益有重大危害者，不得撤銷

(D)該處分之受益人具備信賴保護要件，且其信賴利益顯然大於撤銷所欲維護之公益者，不得撤銷

8.下列何種情形，不適用公法上不當得利返還請求權？（110普考）

　　(A)甲公務員因溢領一次性退休金之給付，主管機關撤銷原核定處分後，命甲返還溢領金額

　　(B)乙繳付工業區開發管理基金後，因非可歸責於己之事由而未設廠，向主管機關請求返還

　　(C)丙之土地經徵收並領取補償金後，經查計算標準錯誤有溢領情形，補償機關請求丙返還

　　(D)丁廠商參與政府採購得標並已完工驗收，主管機關未給付工程尾款，丁訴請該機關返還

一、甲就某筆土地向乙機關申請建築執照，於取得建築執照後即進行施工。惟乙機關於甲施工後6個月始發現該申請建築之地點，有地震斷層帶穿越，該地點為禁止建築區域，遂撤銷甲之建築執照，並通知甲停止施工興建。試問：乙機關撤銷甲建築執照之行政行為的法律性質為何？乙機關要如何合法撤銷甲之建築執照？（110司四書記官）

二、行政程序之重新進行，行政程序法第128條有如下規定：「行政處分於法定救濟期間經過後，具有下列各款情形之一者，相對人或利害關係人得向行政機關申請撤銷、廢止或變更之。但相對人或利害關係人因重大過失而未能在行政程序或救濟程序中主張其事由者，不在此限：……。」請問本條規定之行政程序重新進行，其主要目的為何？若相對人對原行政處分已經提起訴願及行政訴訟，並經行政法院判決實體駁回確定在案，則當事人可否再申請行政程序的重

新進行？可以提起程序之重新進行者的事由之一是：「發生新事實或發現新證據者，但以如經斟酌可受較有利益之處分者為限。」請舉例說明「發生新事實」及「發現新證據」。（109 一般警三）

課後練習解答

1.(A)。 2.(D)。 3.(B)。 4.(D)。 5.(C)。 6.(D)。 7.(A)。 8.(D)。

一、

㈠行政處分之廢棄，以原處分是否違法為區分，又可分為撤銷或廢止二種類型。本題，乙機關許可甲建築執照之申請，其性質為授益處分。又乙機關於甲施工後6個月始發現該申請建築之地點有地震斷層帶穿越，該地點為禁止建築區域，原行政處分作成時即為違法。故乙機關撤銷甲之建築執照，其法律性質為違法授益處分之撤銷。

㈡乙機關擬撤銷甲之建築執照，需考慮下列因素：

1.受益人之信賴是否值得保護。

依行政程序法第119條之規定，受益人有下列各款情形之一者，其信賴不值得保護：一、以詐欺、脅迫或賄賂方法，使行政機關作成行政處分者。二、對重要事項提供不正確資料或為不完全陳述，致使行政機關依該資料或陳述而作成行政處分者。三、明知行政處分違法或因重大過失而不知者。

依題意，甲並無行政程序法第119條所規定信賴不值得保護之情形。

2.其信賴利益是否顯然大於撤銷所欲維護之公益。

如受益人之信賴利益顯然大於撤銷所欲維護之公益，應保障受益人之信賴利益，行政機關不得撤銷原處分。如受益人之信賴利益並非顯然大於撤銷所欲維護之公益，行政機關仍得撤銷原處分。

依題意，甲之信賴利益（施工興建建物之權利），並未顯然大於撤銷所欲維護之公益（維護建築安全，保障人民之生命、財產權），故乙機關得撤銷甲之建築執照。惟依行政程序法第120條規定，為保障甲

之信賴利益，乙機關應給予合理之補償。關於補償之爭議及補償之金額，相對人有不服者，得向行政法院提起給付訴訟。

二、

㈠行政程序重新進行之主要目的：在一般行政救濟途徑之外，另設特別救濟途徑，以調和法安定性與依法行政原則之衝突，保護處分相對人或利害關係人之權益。

㈡若相對人對原行政處分已經提起訴願及行政訴訟，並經行政法院判決實體駁回確定在案，我國實務上見解，認為當事人應循再審程序尋求救濟，不得逕行申請行政程序重開。學說上則有認為：鑑於法院之再審程序通常冗長、繁複，為保障當事人之有效權利保護請求權，應允許當事人逕行申請行政程序重開。

㈢「發生新事實」者，指於行政處分作成後始發生，卻足以改變原處分效力之事實。例如：甲出售土地並移轉所有權，經核課土地增值稅。其後甲主張受詐欺而撤銷所有權移轉行為，即為「發生新事實」，得申請程序重開，廢止原核課土地增值稅之處分。

「發現新證據」者，指發現處分作成前已存在或成立而未及調查斟酌，及處分作成後始存在或成立之證據（行政程序法第 128 條第 3 項參照）。例如：海關以某甲進口之商品為仿冒品裁處罰鍰及沒入處分，甲並未提起行政救濟，致處分已有存續力。嗣於同一事件之刑事訴訟程序中，法院將該商品送往國外總公司，經檢驗其為真品，並出具證明書。甲得主張發現新證據，申請行政程序重開。

第 **10** 章　行政契約

　　行政契約 (Verwaltungsvertrag) 者，依當事人間意思表示之合致，以契約設定、變更或消滅公法上法律關係之行為。傳統高權行政，以單方之行政處分為其核心。行政機關具有「統治主體」之地位，與人民間為「命令服從」之「從屬關係」。晚近，社會逐漸改變，強調官民合作，傳統以單方行政處分為核心之行政，已無法因應彈性多元之社會現狀，遂有以公權力主體與相對人間以意思表示合致形成法律關係之行政契約出現。

　　行政契約與需相對人協力（申請或同意）之行政處分，有所不同。行政契約為雙方行為，相對人所為意思表示，與行政主體之意思表示合致後，共同創設法律關係。若欠缺一方之表意，契約不成立。在需相對人協力之行政處分，其本質仍係行政機關之單方行為。相對人之申請或同意係觀念通知，為行政處分之特別生效要件。如有欠缺，行政處分仍成立，但不生效力[1]。

　　行政契約發生公法上法律關係，與私法契約產生私法上權利義務關係，有所不同。二者之區別，首先以契約之標的為判斷標準。契約之標的為私法上法律關係如承攬、買賣、委任、租賃者，例如：行政機關依政府採購法規定之程序與人民締結之各種工程、物品及勞務採購契約，政府機關租賃私人房舍作為辦公場所等，均屬私法契約。若由契約之標的難以判斷時，則以契約之目的為判斷標準。

　　行政契約為要式行為。行政契約之締結，應以書面為之（行政程序

---

[1] 李震山，行政法導論，2019 年修訂 11 版，頁 355 以下。

法第 139 條本文參照)。

　　行政契約,又可分為和解契約與雙務契約二者。以下分述之。

第一節　和解契約

　　和解契約者,行政機關對於行政處分所依據之事實或法律關係,經依職權調查仍不能確定者,為有效達成行政目的,並解決爭執,與人民和解,締結行政契約,以代替行政處分 (行政程序法第 136 條參照)。例如:公平會與臺灣微軟 (Microsoft) 公司於 2003 年達成之行政和解案。

　　行政機關與人民有所爭執時,不得逕行締結和解契約。須俟行政機關對於事實或法律關係,經依職權調查仍不能確定者,為有效達成行政目的,並解決爭執,始得與人民和解,締結行政契約,以代替原擬作成之行政處分。

　　我國實務上承認之和解契約,包括[2]:

　1.稅法上行政契約

　　例如:納稅義務人與稅捐稽徵機關簽訂切結書,約定由納稅義務人於一定期間將找回遺失之免稅照繳銷,否則將辦理補稅。廠商因外銷品退貨運回,進口時向海關出具保證書,言明六個月內復運出口,逾期應繳納稅捐,並願由海關在其所繳納保證金中扣抵。

　2.公法上保證關係

　　例如:第三人擔保納稅義務人完稅,否則代其履行之契約。擔保人依行政執行法第 18 條規定向行政執行分署於擔保書狀載明 , 義務人逃

---

[2] 案例引自:吳庚、盛子龍,行政法之理論與實用,2020 年增訂 16 版,頁 427 以下。

亡或不履行義務由其負清償責任之保證契約。

3.國家賠償法上之賠償協議

請求權人與賠償義務機關依國家賠償法第 10 條規定就國家賠償達成協議時，該協議之性質亦為行政和解契約。

第二節　雙務契約

雙務契約者，人民為特定目的所為之給付，有助於行政機關執行其行政任務者，行政機關與人民所締結，使之互負給付義務之行政契約。例如：醫學院公費生與教育部簽訂之公費生契約[3]。

人民與行政機關簽訂雙務契約時，人民之給付必須基於特定用途，且給付必須有助於行政機關執行其職務。此外，人民與行政機關之相互給付義務應相當，並具有正當合理之關聯（行政程序法第 137 條參照），避免行政機關廉售或濫用公權力。

行政機關並非在任何情況下，均得與人民締結雙務契約。行政機關對於行政處分之作成有裁量權時，得享有選擇行為形式之自由，不作成行政處分而與人民締結雙務契約。行政機關無裁量權時，代替該行政處分之行政契約所約定之人民給付，以依第 93 條第 1 項規定得為附款者為限，始得為之（行政程序法第 137 條第 2 項參照）。

我國實務上承認之雙務契約，包括[4]：

1.委託行使公權力之協議

---

[3] 司法院釋字第 348 號解釋參照。

[4] 案例引自：吳庚、盛子龍，行政法之理論與實用，2020 年增訂 16 版，頁 428 以下。

　　如：環保署委託民營修車廠代驗廢氣排放標準所定契約、陸委會委託海基會辦理文書認證所定契約。

　　2.行政主體間有關公營造物或公物之協議

　　例如：昔日臺北縣之永和、中和及新店等市，協議在新店市之安坑設置垃圾焚化爐，各市共同使用並分擔經費所定之契約。精省時，將省屬之財產、公營造物移轉中央政府接管，例如將省立醫院改制為署立醫院，省立高中改制為國立高中，所定之契約。

　　3.公法上抵銷關係

　　例如：人民主張以土地徵收補償費與尚須繳納之工程受益費抵銷，由人民與市政府、稅捐稽徵處成立之雙務契約。

　　4.社會保險關係

　　司法院釋字第 533 號解釋有謂：「中央健康保險局依其組織法規係國家機關，為執行其法定之職權，就辦理全民健康保險醫療服務有關事項，與各醫事服務機構締結全民健康保險特約醫事服務機構合約，約定由特約醫事服務機構提供被保險人醫療保健服務，以達促進國民健康、增進公共利益之行政目的，故此項合約具有行政契約之性質」，可資參照。

第三節　行政契約之效力

　　人民與行政機關締結行政契約，如雙方之意思表示健全，契約內容合法，自發生拘束雙方當事人之效力。惟若行政契約有程序上或實質上之瑕疵，將影響行政契約之效力。按行政處分有瑕疵時，其效力未定，依其瑕疵之類型而有得更正、得補正、得撤銷及無效等不同結果。在行

政契約之情形則有所不同。為強化對於行政契約合法性之要求，行政契約有瑕疵時，立法者多賦予其無效之效果。依行政程序法之規定，下列情形，行政契約為無效或不生效力：

　1.依其性質或法規規定不得締結行政契約者

依其性質或法規規定不得締約而締結行政契約者，其契約無效（行政程序法第 135 條但書、第 141 條第 2 項參照）。

　2.未事先公告契約當事人應具資格者

行政契約當事人之一方為人民，依法應以甄選或其他競爭方式決定該當事人時，行政機關應事先公告應具之資格及決定之程序。決定前，並應予參與競爭者表示意見之機會。違反上述規定而締結行政契約者，其契約無效（行政程序法第 138 條、第 141 條第 2 項參照）。

　3.依民法規定之結果為無效者

行政契約準用民法規定之結果為無效者，無效（行政程序法第 141 條參照）。例如：締約之人民無行為能力，依民法第 75 條規定，其意思表示無效。行政契約準用民法該條規定之結果，所締結之行政契約無效。

　4.契約內容之履行將侵害第三人之權利，且未得第三人書面同意者

行政契約依約定內容履行將侵害第三人之權利者，應經該第三人書面之同意，始生效力（行政程序法第 140 條第 1 項參照）。應注意者，所謂「不生效力」，係指在經該第三人書面同意之前，尚未發生效力，與無效係指自始無效、當然無效之情形，有所不同。

　5.行政機關以行政契約代替行政處分，其原處分之作成，應經其他行政機關之核准，而未經其核准者

行政處分之作成，依法規之規定應經其他行政機關之核准、同意或

會同辦理者，代替該行政處分而締結之行政契約，亦應經該行政機關之核准、同意或會同辦理，始生效力（行政程序法第 140 條第 2 項參照）。

　　6.代替行政處分之行政契約，與其內容相同之行政處分為無效者（行政程序法第 142 條第 1 款參照）

　　例如：行政機關以和解契約代替行政處分，惟該和解契約有明顯重大瑕疵，依行政程序法第 111 條第 7 款規定應為無效者，該和解契約無效。

　　7.代替行政處分之行政契約，與其內容相同之行政處分，有得撤銷之違法原因，並為締約雙方所明知者（行政程序法第 142 條第 2 款參照）

　　例如：人民行賄行政機關公務員，與行政機關締結行政契約。嗣後行政機關發現該得撤銷之違法原因，該行政契約無效。

　　8.締結之和解契約或雙務契約，未符合法定要件之相關規定者（行政程序法第 142 條第 3 款、第 4 款參照）

　　行政機關對於行政處分所依據之事實或法律關係，經依職權調查仍不能確定者，為有效達成行政目的，並解決爭執，得與人民和解，締結行政契約（行政程序法第 136 條參照）。行政機關如逕與人民締結和解契約，該契約無效。

　　人民與行政機關簽訂雙務契約時，人民之給付必須基於特定用途，並與行政機關之對待給付相當，並具有正當合理之關聯（行政程序法第 137 條第 1 項參照）。雙務契約違反上述規定者，無效。

　　行政契約之一部無效者，全部無效。但如可認為欠缺該部分，締約雙方亦將締結契約者，其他部分仍為有效（行政程序法第 143 條參照）。

第四節　行政契約之調整與終止

行政契約締結後，雙方即應遵守契約之內容，行使權利、履行義務。惟如有重大事由，得對於行政契約之內容予以調整，甚至終止契約關係。行政契約之調整與終止，可分為行政機關單方之調整、終止，或契約雙方當事人之調整、終止二種情形。

行政程序法第 146 條第 1 項規定：「行政契約當事人之一方為人民者，行政機關為防止或除去對公益之重大危害，得於必要範圍內調整契約內容或終止契約。」行政機關之單方調整、終止權，非補償相對人因此所受之財產上損失，不得為之。相對人對於行政機關之調整難為履行者，得以書面敘明理由終止契約。對於補償金額不同意時，得向行政法院提起給付訴訟（行政程序法第 146 條第 2 項至第 5 項參照）。

行政程序法第 147 條第 1 項規定：「行政契約締結後，因有情事重大變更，非當時所得預料，而依原約定顯失公平者，當事人之一方得請求他方適當調整契約內容。如不能調整，得終止契約。」前項情形，行政契約當事人之一方為人民時，行政機關為維護公益，得於補償相對人之損失後，命其繼續履行原約定之義務。相對人對補償金額不同意時，得向行政法院提起給付訴訟（行政程序法第 147 條第 2 項、第 4 項參照）。

實務上曾有案例如下：行政機關為獎勵私人設置醫院，與醫療院所負責醫師簽訂獎勵建院計畫合約。締約後，契約當事人擅自變更設置醫院之申請人，致該同意補助函遭主管機關廢止，使系爭獎勵建院計畫合約書失所依據，而有情事重大變更，非當時所得預料，且依原約定繼續補助系爭補助貸款利息顯失公平，復不能調整契約內容，故依行政程序

法第 147 條之規定終止系爭獎勵建院計畫合約[5]。

第五節　行政契約之強制執行

　　行政契約之雙方當事人係立於平等地位而締結契約，故人民一方不履行時，他方（行政機關）不得循不履行單方行為（行政處分）所課予義務時移送行政執行分署強制其履行之方式行之，應向行政法院提起一般給付之訴。俟取得執行名義後，聲請地方行政法院強制執行。

　　為免訴訟曠日費時，行政契約之雙方於締約時得約定自願接受執行。行政契約約定自願接受執行時，債務人不為給付時，債權人得以該契約為強制執行之執行名義。前項約定，締約之一方為中央行政機關時，應經主管院、部或同等級機關之認可；締約之一方為地方自治團體之行政機關時，應經該地方自治團體行政首長之認可；契約內容涉及委辦事項者，並應經委辦機關之認可，始生效力（行政程序法第 148 條參照）。

---

[5] 最高行政法院 101 年度判字第 477 號判決參照。

課後練習

1. 依司法實務見解，下列何者非屬行政契約？(110 高三)

   (A)大眾捷運聯合開發契約

   (B)警校公費生契約

   (C)委託車廠辦理汽車定期檢驗契約

   (D)隧道新建工程契約

2. 行政機關在下列何種情形下締結之契約，不具公法性質？(108 高三)

   (A)衛生福利部中央健康保險署與醫事服務機構針對健保醫療服務之項目及報酬所為之約定

   (B)勞動部為增擴辦公空間而向私人承租辦公大樓

   (C)甲市政府為辦理都市計畫所需公共設施用地，與私有土地所有權人所為之協議價購契約

   (D)教育部與通過公費留學考試之應考人約定公費給付、使用與回國服務等事項之權利義務關係

3. 關於行政契約與須相對人同意之行政處分之區別，下列敘述何者錯誤？(109 普考)

   (A)前者為雙方行為，後者為行政機關單方行為

   (B)前者需以書面為之，後者除法規有特別規定外，不以書面方式為限

   (C)前者未經相對人同意，契約不成立；後者未經相對人同意，處分仍可作成

   (D)前者之內容為私法關係，後者之內容為公法關係

4.關於行政機關與人民締結互負給付義務之行政契約，下列敘述何者錯誤？（110 普考）

(A)契約中應約定人民給付之目的

(B)契約之締結應以書面為之

(C)人民之給付與行政機關之給付未相當者，該契約無效

(D)人民之給付不限於行政機關之特定用途

5.教育部欲透過公費考試選拔學生給予公費赴國外深造，教育部與通過考試選拔之學生簽訂公費契約書之前，應遵守下列何種程序？（108 普考）

(A)教育部應事先公告欲參與選拔學生應具之資格及選拔決定之程序

(B)教育部在決定公費生前，必須給予所有參與公費考試選拔者聽證之機會

(C)教育部應事先公告公費契約書之內容

(D)教育部必須事先公告公費考試之舉行方式，且公告方式限於刊載於新聞紙或政府公報

6.有關當事人之一方為人民之行政契約，其內容調整之敘述，下列何者錯誤？（108 普考）

(A)行政機關調整行政契約之內容，非補償相對人因此所受之財產上損失，不得為之

(B)行政機關調整行政契約之內容，應以書面敘明理由

(C)行政機關調整行政契約之內容難以履行者，人民仍不得終止行政契約

(D)人民不同意行政機關之補償金額時，得向行政法院提起給付訴訟

7. 行政機關與人民締結行政契約後，關於調整契約內容或終止契約之敘述，下列何者錯誤？（108 高三）

　(A)行政機關調整契約內容或終止契約，其目的在防止或除去對公益之重大危害

　(B)行政機關應補償相對人因契約內容調整或終止契約所受之財產上損失

　(C)相對人不同意行政機關因行政契約調整而給予補償之金額時，得以書面敘明理由終止契約

　(D)行政契約內容調整後難以履行者，相對人得以書面敘明理由終止契約

8. 甲汽車修理廠與公路監理機關，簽有汽車委託檢驗行政契約，契約中無甲自願接受執行之約定，而甲拒不繳納代收之汽車檢驗費時，公路監理機關應如何處理？（本題部分內容因應行政訴訟法民國 111 年修法而修正）（109 普考）

　(A)移送該管行政執行分署強制執行

　(B)向該管地方行政法院聲請強制執行

　(C)向該管民事執行處聲請強制執行

　(D)向該管行政法院提起一般給付訴訟

9. 依行政程序法規定，下列何者非屬行政契約無效之事由？（107 普考）

　(A)行政契約準用民法規定之結果為無效者

　(B)代替行政處分之行政契約，與其內容相同之行政處分為無效者

　(C)依公法上法律關係之性質或法規規定不得締約者

　(D)依約定內容履行將侵害第三人權利之行政契約，未經該第三人書面同意者

一、甲公司擬在 A 市開設大賣場，因此向 A 市政府經發局申請發給營業執照，A 市政府經發局向甲要求其應依建築法之規定，於賣場內建置五百個車位之停車場後始得發給營業執照，但甲認為其賣場附近之停車設施已相當充分，且為增加賣場攤位之面積，因此和 A 市政府經發局達成書面協議，雙方協議內容為 A 市政府經發局同意甲於繳納免建停車場之代金一億元後，發給甲營業執照。問：若 A 市政府經發局先發給甲營業執照後，甲竟拒絕繳納約定之代金，A 市政府經發局得如何處理？假設甲繳納代金後，A 市政府經發局卻遲未發給甲營業執照，問：甲得如何進行救濟？（103 高三）

課後練習解答

1.(D)。 2.(B)。 3.(D)。 4.(D)。 5.(A)。 6.(C)。 7.(C)。 8.(D)。 9.(D)。

一、

㈠甲公司與 A 市政府經發局所簽訂之協議，為行政程序法第 137 條之雙務契約。

㈡市政府經發局先發給甲營業執照後，甲拒絕繳納約定之代金，如雙方曾依行政程序法第 148 條規定約定自願接受強制執行，A 市政府經發局得以該契約為強制執行之執行名義，準用行政訴訟法有關強制執行之規定執行之。如未約定自願接受強制執行，則須向管轄行政法院提起一般給付之訴，俟勝訴確定取得執行名義後，再依行政訴訟法規定向行政法院聲請強制執行。

㈢甲公司繳納代金後，A 市政府經發局卻遲不發給營業執照。如雙方依行政程序法第 148 條規定約定自願接受強制執行，甲公司得以該契約為強制執行之執行名義，準用行政訴訟法有關強制執行之規定執行之。如未約定自願接受強制執行，則須向管轄行政法院提起一般給付之訴，俟勝訴確定取得執行名義後，再依行政訴訟法規定向行政法院聲請強制執行。

第11章　行政罰

國家為維持社會秩序，達成行政之目標，對於違反行政法上義務之行為，必須加以處罰，以儆效尤，並防止行為人再犯。此種對於違反行政法上義務之行為人所實施之行政制裁，即為行政罰，又稱為行政秩序罰。

第一節　總則

所謂行政罰，依其意義有廣義與狹義之區別。以下分述之：

一、廣義之行政罰

法律對於行為人之「處罰」，有多種類型，其性質各不相同。有所謂「懲戒罰」者，係指對於公務員或專門職業人員（如律師）違反職務上義務之行為所實施之制裁。有所謂「執行罰」者，係指在行政執行程序中，對於不履行作為或不作為義務者所實施之強制手段，如怠金。執行罰之性質其實並非處罰，而是迫使義務人履行其義務之手段（有關行政罰與行政執行手段之區別，詳見本書第十二章「行政執行」的說明）[1]。

另有所謂「行政刑罰」者，不同於一般刑罰之法律依據為刑法典或特別刑法（例如：毒品危害防制條例、槍砲彈藥刀械管制條例），行政

---

[1] 有關行政罰與其類似概念之區別，詳見：吳庚、盛子龍，行政法之理論與實用，2020年16版，頁455以下。

刑罰係規定於行政法規中的刑事制裁。例如：依公平交易法第 34 條及第 15 條第 1 項規定，事業有聯合行為（例如聯合漲價），經主管機關限期令停止而屆期未停止者，處行為人三年以下有期徒刑、拘役或科或併科新臺幣一億元以下罰金。依森林法第 54 條規定，毀棄、損壞保安林，足以生損害於公眾或他人者，處三年以下有期徒刑、拘役或科新臺幣三十萬元以下罰金。

二、行政秩序罰與行政刑罰之區別

前述之行政刑罰，究其性質為刑罰，與行政秩序罰自有所不同。惟對於不法行為，何種行為應以行政刑罰加以制裁？何種行為應以行政秩序罰加以制裁？學理及實務上有不同見解。

有主張「量的區別說」者，認為：行政刑罰係制裁對於法益危害程度較高之行為，行政秩序罰則係制裁對於法益危害程度較低之行為。有主張「質的區別說」者，則認為：行政刑罰係制裁具有社會倫理「負面價值內涵」(Unwertgehalt) 之行為，即刑法上所稱之自然犯；行政秩序罰所制裁之行為不具社會倫理負面價值內涵，其違法性來自於法律之禁止，即所謂法定犯[2]。例如：捷運上禁止飲食，違者將受新臺幣一千五百元以上七千五百元以下之罰鍰處分（大眾捷運法第 50 條第 1 項第 9 款參照）。在捷運上飲食，並不具有社會倫理負面價值內涵，其違法性單純來自於法律之禁止。

上述二說均言之成理，但也均非放諸四海皆準之區別標準。蓋所謂「量」與「質」的區別，具有流動性，可能隨時間的推移而有所不同。舉例而言，酒後駕駛之行為，在從前交通狀況相對單純、酒駕肇事案例

---

[2] 李震山，行政法導論，2019 年 11 版，頁 367 以下。

不多之年代，或許並不具有社會倫理負面價值內涵，係屬法定犯。時至今日，交通狀況遠較以往繁忙、複雜，加上媒體大幅報導酒駕肇事導致被害人家破人亡之新聞，社會各界無不對之深惡痛絕，其已成為具有高度社會倫理負面價值內涵之自然犯。

　　為解決上述爭議，司法實務上，發展出以比例原則作為行政刑罰合憲性之審查標準。司法院釋字第517號解釋有謂：「按違反行政法上義務之制裁究採行政罰抑刑事罰，本屬立法機關衡酌事件之特性、侵害法益之輕重程度以及所欲達到之管制效果，所為立法裁量之權限，苟未逾越比例原則，要不能遽指其為違憲。」（理由書段碼2參照）其中，「事件之特性」與質有關，「侵害法益之輕重程度」與量有關，兼採質的區別與量的區別二種標準，以比例原則為立法裁量之界限[3]。行政刑罰必須是達成行政目的之必要方法時，立法者始能捨行政秩序罰，以行政刑罰為制裁之手段。

三、狹義之行政罰

　　排除上述懲戒罰、執行罰與行政刑罰等概念，在行政法規中，具有行政制裁性質之行政罰，尚包括人身自由罰及狹義行政罰（行政罰法上之行政罰）二者，分述如下：

㈠人身自由罰

　　社會秩序維護法中，對於違反社會秩序之行為，設有「拘留」之制裁手段[4]。該法之前身為違警罰法（現已廢止），昔日經司法院釋字第

---

[3] 李震山，行政法導論，2019年11版，頁368。

[4] 社會秩序維護法第19條第1項第1款規定：「處罰之種類如左：一、拘留：一日以上，三日以下；遇有依法加重時，合計不得逾五日。……」可資參照。

166 號及第 251 號解釋兩度宣告違憲，立法者於民國 80 年制定社會秩序維護法，將拘留之裁處權移交地方法院簡易庭[5]，平息違憲之爭議。惟時至今日，對於違反行政法上義務之行為不宜以拘束人身自由之方式加以制裁，逐漸成為人權保障之普世價值觀，社會秩序維護法中之拘留制度成為行政法規中唯一的例外，未來修法時，有改正之必要。

㈡狹義行政罰（行政罰法上之處罰）

所謂狹義行政罰，即行政罰法上所規定之處罰方式。行政罰之性質為行政處分，尚包括以下各類型（行政罰法第 1 條及第 2 條參照）：

1. 金錢罰

即罰鍰。此為最常見之行政制裁方式。

2. 處置物品之處罰

即沒入。例如：依海關緝私條例之規定，報運貨物進口而有虛報所運貨物之名稱、數量或重量情事者，除裁處罰鍰外，得併沒入其貨物（海關緝私條例第 37 條第 1 項第 1 款參照）。

3. 其他種類行政罰

⑴限制或禁止行為之處分：限制或停止營業、吊扣證照、命令停工或停止使用、禁止行駛、禁止出入港口、機場或特定場所、禁止製造、販賣、輸出入、禁止申請或其他限制或禁止為一定行為之處分。

限制或禁止行為之處分，有一定期間之限制。例如：依道路交通管理處罰條例之規定，汽機車駕駛人駕駛汽機車酒精濃度超過規定標準者，除裁處罰鍰外，並吊扣其駕駛執照一年至二年（道路交通管理處罰條例第 35 條第 1 項第 1 款參照）。

⑵剝奪或消滅資格、權利之處分：命令歇業、命令解散、撤銷或廢

---

[5] 社會秩序維護法第 45 條參照。

止許可或登記、吊銷證照、強制拆除或其他剝奪或消滅一定資格或權利
之處分。

剝奪或消滅資格、權利之處分，並無期間限制，受處分人之資格、
權利將因此終局消滅，故其對於受處分人權益之影響較為重大。例如：
汽機車駕駛人駕駛汽機車酒精濃度超過規定標準，如致人重傷或死亡
者，依道路交通管理處罰條例之規定應吊銷其駕駛執照，並不得再考領
（道路交通管理處罰條例第 35 條第 1 項第 1 款參照）。

(3)影響名譽之處分：公布姓名或名稱、公布照片或其他相類似之處
分。例如：衛生局查獲某知名連鎖便利超商販售菸品予未滿十八歲之青
少年，除裁處罰鍰外，得併公告被處分人及其違法情形（菸害防制法第
13 條第 1 項、第 29 條及第 32 條參照）。

(4)警告性處分：警告、告誡、記點、記次、講習、輔導教育或其他
相類似之處分。例如：道路交通管理處罰條例所規定之道路交通安全講
習（道路交通管理處罰條例第 24 條第 1 項參照）。此類處分，多無立即
之實質法效果，因而被定義為輕微處分。惟受處分人如未履行該警告性
處分之內容，往往有後續之加重處分。例如：經命接受道路交通安全講
習，無正當理由不依規定參加者，處新臺幣一千八百元罰鍰。經再通知
依限參加講習，逾期六個月以上仍不參加者，吊扣其駕駛執照六個月
（道路交通管理處罰條例第 24 條第 3 項參照）。

四、行政罰法與其他行政罰規定之關係

行政罰法第 1 條規定：「違反行政法上義務而受罰鍰、沒入或其他
種類行政罰之處罰時，適用本法。但其他法律有特別規定者，從其規
定。」行政罰法為行政處罰之普通法，如其他法律有特別規定者，應依

特別法之規定。例如：行政罰法第 7 條第 1 項規定：「違反行政法上義務之行為非出於故意或過失者，不予處罰。」且人民違反行政法上義務而受行政處罰時，應由行政機關負證明行為人有故意或過失之舉證責任（詳見本章第三節之一）。惟道路交通管理處罰條例第 85 條第 4 項規定，依本條例規定逕行舉發（當場不能或不宜攔截製單舉發者）之案件，推定受逕行舉發人有過失。再依行政罰法第 9 條第 1 項之規定，未滿十四歲人之行為，不予處罰。惟道路交通管理處罰條例第 85 條之 4 規定：「未滿十四歲之人違反本條例之規定，處罰其法定代理人或監護人。」上述情形，道路交通管理處罰條例之規定均為行政罰法之特別法，應優先適用之。

五、處罰法定主義

行政罰法第 4 條規定：「違反行政法上義務之處罰，以行為時之法律或自治條例有明文規定者為限。」是為所謂「處罰法定主義」。依此，行為時法律未有明文之處罰規定者，不得予以處罰。

處罰法定主義之所謂「法」，除形式意義之法律，即立法院通過總統公布之法律外，亦包括有法律明確授權之法規命令[6]，以及由地方自治團體所制定之自治條例在內。

---

[6] 行政罰法第 4 條立法理由說明三有謂：「依司法院釋字第 313 號、第 394 號及第 402 號等解釋意旨，對於違反行政法上義務之行為，法律得就其處罰之構成要件或法律效果授權以法規命令訂之。故本條所指之『法律』，解釋上包含經法律就處罰之構成要件或法律效果為具體明確授權訂定之法規命令在內。」可資參照；吳庚、盛子龍，行政法之理論與實用，2020 年增訂 16 版，頁 463。

六、行政罰之時、地效力

行政罰法第 5 條規定：「行為後法律或自治條例有變更者，適用行政機關最初裁處時之法律或自治條例。但裁處前之法律或自治條例有利於受處罰者，適用最有利於受處罰者之規定。」是為行政罰時的效力。

行為人為違反行政法上義務之行為，至行政機關就其違法行為裁處行政罰，必然有一定之時間差。在此期間，如法規有變更時，究應適用行為時之法規，抑或裁處時之法規？按法規有修正時，後法有優先之效力，故應適用裁處時之法規。舉例而言，行為人為違反行政法上義務之行為時，法規原本規定處新臺幣三萬元以上罰鍰。至裁處時法規修正為裁處新臺幣一萬元以上罰鍰。此時，應適用裁處時法規即新法之規定，處新臺幣一萬元以上罰鍰，學理上稱之為「從新主義」。惟若裁處時之法規所規定處罰較行為時為重，例如：行為時規定處新臺幣一萬元以上罰鍰，裁處時修正為處新臺幣三萬元以上罰鍰，此時，若依裁處時法規處新臺幣三萬元以上罰鍰，似對行為人有所不公。因此，裁處前之法律有利於受處罰者，適用較有利於受處罰者之規定，即裁處新臺幣一萬元以上罰鍰，此即學理上所稱之「從輕主義」。依據行政罰法第 5 條之規定，行政罰之時的效力，原則上採「從新主義」，例外當舊法較有利於行為人者，採「從輕主義」，合稱「從新從輕主義」。

有關行政罰時的效力，有以下二種情形略顯複雜，應詳加說明。首先，如行為後法規變更不止一次，例如：行為時法規規定裁處新臺幣五萬元以上罰鍰，其後修正為裁處新臺幣一萬元以上罰鍰，至裁處時又修正為裁處新臺幣三萬元以上罰鍰，則應適用何者？按行政罰法第 5 條後段規定：「但裁處前之法律或自治條例有利於受處罰者，適用『最有利』

於受處罰者之規定」，因此應裁處新臺幣一萬元以上罰鍰。其次，如行為後裁處時法規有變更，裁處後經訴願會或行政法院撤銷原處分，原處分機關另為處分時，法規又有變更，應適用何者？例如：行為時法規規定裁處新臺幣五萬元以上罰鍰，裁處時修正為處新臺幣三萬元以上罰鍰，行政機關裁處後，受處分人不服提起訴願，經受理訴願機關撤銷原處分命原處分機關另為適法處分，原處分機關再次裁處時，法規又修正為處新臺幣一萬元以上罰鍰，則應適用何者？

按行政罰法第 5 條本文原規定：「行為後法律或自治條例有變更者，適用行政機關裁處時之法律或自治條例」，即仍適用「最初裁處時」之法規，處新臺幣三萬元以上罰鍰。惟本條規定業於 2022 年 6 月 15 日修正，將本文中「行政機關最初」之文字刪除，修正為「適用裁處時之法律或自治條例」。其立法理由略謂：依現行條文規定，行為後法律或自治條例有變更，行政機關於第一次裁罰之後，因受處分人不服，提起行政救濟，經行政救濟機關撤銷原處分，則由原處分機關重為處分時，仍應以第一次處罰處分時之法律狀態為準。現行條文規定，應適用者是「行政機關『最初』裁處時」，而非「裁處時」之法律或自治條例，其理由雖在於避免受處罰者因為期待法規未來會做有利之變更，任意提起救濟，等到之後法規做出有利之變更時，可以適用較有利之新規定而改為較輕之處罰。……然查，從新從輕原則之法理在於當國家價值秩序有改變時，原則上自應依據新的價值作為衡量標準，且查提起行政救濟係受處罰者之權利，自不宜避免受處罰者因為期待法規未來會做有利之變更，任意提起救濟為理由，而以「行政機關『最初』裁處時」之法律或自治條例作為適用，爰修正行為後法律或自治條例有變更者，原則上適用「裁處時」之法律或自治條例，但是如舊的價值秩序係有利於人民

者，不應讓人民受到不可預見之損害，以維護法的安定性，故若行為後至裁處前之法律或自治條例有利於受處罰者，例外適用最有利受處罰者之規定。……又所謂「裁處時」，除行政機關第一次裁罰時，包括訴願先行程序之決定、訴願決定、行政訴訟裁判，乃至於經上述決定或裁判發回原處分機關另為適當之處分等時點，併此敘明。依據修正後行政罰法第 5 條本文之規定，應處新臺幣一萬元以上罰鍰。

　　行政罰法第 6 條第 1 項規定：「在中華民國領域內違反行政法上義務應受處罰者，適用本法」，即採所謂「屬地主義」。外國人在我國領域內違反行政法上義務時，除享有治外法權之外國使節等之外，亦應依法加以處罰。我國籍之船艦、航空器及駐外使領館、代表處等處所，在國際法上視為我國領土之延伸。故同條第 2 項規定：「在中華民國領域外之中華民國船艦、航空器或依法得由中華民國行使管轄權之區域內違反行政法上義務者，以在中華民國領域內違反論。」例如外國籍旅客在我國籍航空公司飛往舊金山班機抵達美國後，下機前在機艙吸菸，仍得依我國菸害防制法之規定加以處罰。

　　為防制利用網際網路或其他通訊設備所從事之跨國違法行為，同條第 3 項規定：違反行政法上義務之行為或結果，有一在中華民國領域內者，為在中華民國領域內違反行政法上義務。例如：美國人在網路上販賣醫療器材（醫療用口罩）予德國人，本不屬於我國行政罰法管轄。惟若其交貨地點在中華民國，仍應依我國之法律處以行政罰。

第二節 處罰主體與處罰對象

一、處罰主體

行政罰法之處罰主體者,意指依法執行公權力,對於違反行政法上義務之行為人裁處行政罰之機關,即所謂廣義之行政機關,主要係指行政院及所屬各機關(行政院、所屬各部會及各部會所屬署、局、分署、分局),以及各級地方自治團體所屬行政機關(直轄市政府及所屬機關、縣市政府及所屬機關、鄉鎮市公所等)而言。此外,監察院依公職人員財產申報法之規定,對於違反財產申報義務者得處罰鍰,亦屬行政罰之處罰主體。

二、處罰對象

行政罰法第 3 條規定:「本法所稱行為人,係指實施違反行政法上義務行為之自然人、法人、設有代表人或管理人之非法人團體、中央或地方機關或其他組織。」依此,行政罰法上之處罰對象,可分為以下類型:

㈠自然人

人之權利能力,始於出生,終於死亡(民法第 6 條參照)。擁有權利能力之自然人,均得為行政罰法上之行為人而受行政罰。

㈡法人

私法上之社團及財團法人,得為行政罰法上之行為人而受行政罰,固無疑問。依據行政罰法第 17 條之規定,中央或地方機關或其他公法

組織違反行政法上義務者，依各該法律或自治條例規定處罰之。故地方自治團體、行政法人亦得為行政罰法上之行為人而受行政罰。

闫非法人團體

非法人團體者，不具有法人格，但在實務上承認其得享有權利能力，因而得為行政罰法上之行為人而受行政罰者。例如：分公司、寺廟、同鄉會等。

四中央或地方機關

依據行政罰法第 3 條及第 17 條之規定，中央或地方機關亦得為行政罰法上之行為人而受行政罰。實務上，有中央機關處罰地方機關者，亦有地方機關處罰中央機關者，更不乏隸屬同一公法人之各機關相互處罰，進而提起行政救濟，引發是否違反自體訴訟 (In-sich Prozess) 禁止原則之爭議者[7]，有檢討之必要。

第三節　行政罰之責任要件

一、故意與過失

故意者，行為人對於違反行政法上義務之事實，明知並有意使其發生，或預見其發生並不違背其本意者。過失者，行為人雖非故意，但按其情節應注意，並能注意，而不注意，或雖預見其能發生而確信其不發生者[8]。行為人違反行政法上義務而應受處罰者，是否應具有主觀歸責事由，即所謂故意、過失？關於此一問題，實務上曾有不同見解。

---

[7] 詳見：劉建宏，訴願法之理論與實務，2017 年，頁 36 以下。
[8] 有關故意、過失之定義，參見我國刑法第 13 條及第 14 條。

　　早期實務見解認為：行政罰與刑罰性質不同，其倫理性質薄弱，故不以行為人有故意或過失為要件，一旦有違反行政法上義務之行為，即得加以處罰[9]。

　　其後，司法院釋字第 275 號解釋有謂：「人民違反法律上之義務而應受行政罰之行為，法律無特別規定時，雖不以出於故意為必要，仍須以過失為其責任條件。」行為人違反行政法上義務而受處罰，應以故意過失為其責任要件。但為避免行政機關過度承擔舉證責任，採「推定（人民）過失責任」，認為：「但應受行政罰之行為，僅須違反禁止規定或作為義務，而不以發生損害或危險為其要件者，推定為有過失，於行為人不能舉證證明自己無過失時，即應受處罰。」

　　行政罰法公布施行後，該法第 7 條規定：「違反行政法上義務之行為非出於故意或過失者，不予處罰。」確立以故意、過失作為行政罰責任要件之原則。且在立法理由中明確表示：「現代民主法治國家對於人民違反行政法上義務欲加以處罰時，應由國家負證明行為人有故意或過失之舉證責任，方為保障人權之進步立法。」[10]行政機關應舉證證明違法行為人有故意、過失，始得加以處罰。

二、禁止錯誤

　　國家法令依法定程序公布後，人民即有知法之義務，不得主張「對於禁止規範認知錯誤」而免罰，故行政罰法第 8 條本文規定：「不得因不知法規而免除行政處罰責任。」惟如行為人對於禁止規範認知錯誤屬情有可原，例如：外國人首次來臺搭乘大眾捷運，不知有禁止飲食規定

---

[9] 行政法院 62 年判字第 30 號判例（已廢止）、司法院釋字第 49 號解釋參照。
[10] 行政罰法第 7 條立法理由說明三參照。

而在捷運系統中飲食者，雖不能主張不罰，「但按其情節，得減輕或免除其處罰」（行政罰法第 8 條但書參照）。

行政罰得予減輕者，於一定金額（罰鍰）或期間等得以量化之規定方有其適用。故於無法量化之裁罰類型（如：沒入、影響名譽之處分，以及剝奪或消滅資格、權利之處分等），行政罰之減輕即無適用餘地；至於得免除處罰部分，於無法量化之裁罰類型，則仍有適用之餘地[11]。

三、責任能力

行為人違反行政法上義務應受處罰者，應具有責任能力。年紀幼小之兒童，欠缺辨別是非之能力，不應加以處罰。故行政罰法第 9 條第 1 項規定：「未滿十四歲人之行為，不予處罰。」年滿十四歲以上，未滿十八歲之人，辨別是非之能力尚淺，故行政罰法第 9 條第 2 項規定：「十四歲以上未滿十八歲人之行為，得減輕處罰。」

行為人縱使已年滿十八歲，但「行為時因精神障礙或其他心智缺陷，致不能辨識其行為違法或欠缺依其辨識而行為之能力者，不予處罰」（行政罰法第 9 條第 3 項參照）。例如：因精神障礙而受監護宣告（舊稱「心神喪失」）之成年人在指定清除地區[12]內隨地便溺，得不予處罰。「行為時因前項之原因，致其辨識行為違法或依其辨識而行為之能力，顯著減低者，得減輕處罰」（行政罰法第 9 條第 4 項參照）。例如：因精神障礙而受輔助宣告（舊稱「精神耗弱」）之成年人在指定清除地區內拋棄紙屑，得減輕處罰。但「前二項規定，於因故意或過失自行招

---

[11] 行政罰法第 8 條立法理由說明二參照。

[12] 廢棄物清理法第 3 條規定：「本法所稱指定清除地區，謂執行機關基於環境衛生需要，所公告指定之清除地區。」

致者，不適用之」（行政罰法第 9 條第 5 項參照）。例如：飲酒或吸食毒品、迷幻藥、麻醉藥品後駕駛汽機車，行為人不能主張本條規定請求減輕或免除處罰。蓋行為人行為當下雖為無意識或意識不清之狀態，但在飲酒或吸食毒品、迷幻藥、麻醉藥品時對於其後之精神狀態能預見，猶因故意或過失自行招致，此即學理上所稱「原因自由行為」，不得主張減免其責任。

四、不作為之責任

所謂違反行政法上義務之「行為」，包括積極行為及消極之不作為。行政罰法第 10 條規定：「對於違反行政法上義務事實之發生，依法有防止之義務，能防止而不防止者，與因積極行為發生事實者同。因自己行為致有發生違反行政法上義務事實之危險者，負防止其發生之義務。」例如：依動物保護法第 5 條規定，飼主對於所管領之動物，應提供適當之食物、飲水及充足之活動空間（即防止動物致死之義務）；同法第 12 條第 1 項規定，對於動物不得任意宰殺。因此如有飼主以消極不提供食物、飲水予管理之動物（即能防止動物致死而不防止），而達到積極宰殺之目的，自應依該條款處罰[13]。

五、依法令或上級公務員職務命令之行為

行政罰法第 11 條第 1 項規定：「依法令之行為，不予處罰。」所謂依法令之行為，係指法令對於特定人之合乎處罰要件之特定行為特予准許，排除其違法性而不予處罰者。例如：汽車駕駛人違規停放車輛時，應受行政處罰。惟消防車、警備車、救護車、工程救險車、外交部禮賓

---

[13] 行政罰法第 10 條立法理由說明一參照。

車、公用事業機構之工程車、垃圾車及傳遞郵件電報等車輛，於執行任務時，其臨時停車及停車地點得不受限制（道路交通安全規則第 113 條本文參照）。汽車駕駛人於行駛道路時，不得以手持方式使用行動電話，違者應受處罰。但警備車、消防車及救護車之駕駛人，依法執行任務所必要或其他法令許可者，得不受限制（道路交通管理處罰條例第 31 條之 1 第 4 項參照）。

公務員有服從義務，對其所屬上級公務員職務命令，應予以服從，故該行為之責任亦不應由行為人承受。是以行政罰法第 11 條第 2 項本文規定：「依所屬上級公務員職務命令之行為，不予處罰。」惟公務員對於長官之命令，並非應一律盲目服從。依所屬上級公務員職務命令之行為不予處罰之規定，有二種例外情況。其一為命令違反刑事法令者。公務人員保障法第 17 條第 1 項但書規定：「其命令有違反刑事法律者，公務人員無服從之義務。」例如：長官命公務員篡改會議紀錄，因涉犯刑法偽造、變造公文書罪，公務員無服從之義務。如其竟然為之，應負擔刑事責任。其二為公務員明知職務命令違法而未依法定程序向該上級公務員陳述意見者。公務人員保障法第 17 條第 1 項本文規定：「公務人員對於長官監督範圍內所發之命令有服從義務，如認為該命令違法，應負報告之義務；該管長官如認其命令並未違法，而以書面下達時，公務人員即應服從；其因此所生之責任，由該長官負之。」公務員如明知職務命令違法，卻未盡報告之義務而為該行為時，不得主張免除行政罰之責任。

六、正當防衛與緊急避難

行政罰法第 12 條規定：「對於現在不法之侵害，而出於防衛自己或

他人權利之行為，不予處罰。但防衛行為過當者，得減輕或免除其處罰。」即所謂「正當防衛」。

行政罰法第 13 條規定：「因避免自己或他人生命、身體、自由、名譽或財產之緊急危難而出於不得已之行為，不予處罰。但避難行為過當者，得減輕或免除其處罰。」例如：駕駛人載送其心臟病突發之父前往醫院急診途中闖紅燈遭舉發，得主張緊急避難免罰。

第四節　共同違法及併同處罰

行政罰法第 14 條第 1 項規定：「故意共同實施違反行政法上義務之行為者，依其行為情節之輕重，分別處罰之。」例如：數共有人共同在其共有之土地上堆置廢棄物，主管機關得分別加以處罰。應注意者，行政罰法上所謂共同違法，與刑法上之共犯有所不同，不包括教唆犯及幫助犯在內。教唆或幫助他人實施違反行政法上義務之行為者，並不受行政處罰。

私法人得為受行政處罰之對象。惟私法人為一組織體，本身並不會真正實施違反行政法上義務之行為。如係私法人之董事或其他有代表權之人，因執行其職務或為私法人之利益為行為，致使私法人違反行政法上義務應受處罰者，該行為人如有故意或重大過失時，應並受同一規定罰鍰之處罰（行政罰法第 15 條第 1 項參照）。例如：專業爆竹煙火製造業者（公司）違反爆竹煙火管理條例第 16 條第 3 項之申報備查義務，逕將爆竹煙火運出儲存地點，除該私法人應受處罰外，私法人之代表人如有故意或重大過失，應並受同一規定罰鍰之處罰[14]。

---

[14] 最高行政法院 102 年度判字第 345 號判決參照。

　　如係私法人之職員、受僱人或從業人員，因執行其職務或為私法人之利益為行為，致使私法人違反行政法上義務應受處罰者，私法人之董事或其他有代表權之人，如對該行政法上義務之違反，因故意或重大過失，未盡其防止義務時，應並受同一規定罰鍰之處罰（行政罰法第 15 條第 2 項參照）。

　　此外，為避免私法人之代表人因上述併罰規定承擔過重之責任，「依前二項並受同一規定處罰之罰鍰，不得逾新臺幣一百萬元。但其所得之利益逾新臺幣一百萬元者，得於其所得利益之範圍內裁處之。」（行政罰法第 15 條第 3 項參照）

第五節　裁處之審酌加減及擴張

　　行政機關裁處罰鍰時，應如何決定裁處額度之輕重？是否絕對不得逾越法定罰鍰之最高額或低於法定罰鍰之最低額？如行為人違法情節輕微，得否免予處罰？又行政機關裁處沒入時，是否限於行為人所有之物？對於第三人所有之物是否絕對不得裁處沒入？如應沒入之物已經處分而無法裁處沒入或無法執行時，應如何處理？以下分述之。

一、罰鍰

　　行為人違反行政法上義務之行為合乎構成要件，行政機關欲裁處罰鍰時，應在法律所授予之裁量空間中決定適當之金額。行政機關裁處罰鍰時應考慮之因素為何？依行政罰法第 18 條第 1 項之規定，應審酌：

　　－違反行政法上義務行為應受責難程度，即行為人係出於故意或過失。出於故意者，應處較重之罰鍰。出於過失者，得處較輕之罰鍰。

－所生影響，即對於法益之破壞程度。行為人違規棄置使用完畢之便當盒一個，與菜市場攤商將宰殺家禽剩餘大量內臟、羽毛棄置路邊，對於法益之破壞程度明顯不同，後者自應裁處較重之罰鍰。

－因違反行政法上義務所得之利益。如行為人違反行政法上義務所得之利益較高，得處較重之罰鍰，以收嚇阻之效。

除上述各項因素外，法條規定「並得考量受處罰者之資力」。按受處罰者之資力，通常並非裁處罰鍰時應考量之因素。不能以受處罰者之資力較為豐厚，即當然處以較重之罰鍰。惟如行為人濫用其豐厚資力一再實施違法行為，例如：富二代購置超跑炫富，一再將跑車開上高速公路超速行駛，經多次舉發處罰仍一再違規時，得處以較重之罰鍰，以增加嚇阻效果。

行政機關對於違反行政法上義務之行為裁處罰鍰時，原則上應遵守立法者所授予權限之範圍，不得逾越其最高限制。惟若行為人違法所得之利益超過法定罰鍰最高額，縱使行政機關裁處最高額度之罰鍰，對於行為人而言，仍無嚇阻效果。實務上在夜市違法設攤之攤販，多將警察所開罰單視為營業成本，根本喪失行政罰之本意。因此，行政罰法第18條第2項規定：「前項所得之利益超過法定罰鍰最高額者，得於所得利益之範圍內酌量加重，不受法定罰鍰最高額之限制。」行政機關如能證明行為人違法所得之利益超過法定罰鍰最高額時，得裁處更重之罰鍰，俾消滅行為人繼續進行違法行為之動機。

行政機關對於違反行政法上義務之行為裁處罰鍰時，原則上亦不得低於法定罰鍰之最低額。若依行政罰法規定得減輕處罰時，例外得不受最低額之限制。惟並非行政機關得恣意減輕，其裁量仍受到限制。行政罰法第18條第3項本文前段規定：「依本法規定減輕處罰時，裁處之罰

鍰不得逾法定罰鍰最高額之二分之一，亦不得低於法定罰鍰最低額之二分之一。」例如：在大眾捷運系統禁止飲食區內飲食，依法得處新臺幣一千五百元以上七千五百元以下罰鍰 （大眾捷運法第 50 條第 1 項第 9 款參照）。若行為人十四歲以上未滿十八歲，依法得減輕處罰 （行政罰法第 9 條第 2 項參照）。此時，行政機關得裁處新臺幣七百五十元以上三千七百五十元以下罰鍰。行政罰法第 18 條第 3 項本文後段規定：「同時有免除處罰之規定，不得逾法定罰鍰最高額之三分之一，亦不得低於法定罰鍰最低額之三分之一。」若行為人不知法規，按其情節得減輕或免除其處罰者 （行政罰法第 8 條參照），行政機關如減輕其責任時，得裁處新臺幣五百元以上兩千五百元以下罰鍰。

上述有關裁處罰鍰減輕之規定，在其他種類行政罰，其處罰定有期間者，亦得準用 （行政罰法第 18 條第 4 項）。例如：汽車駕駛人酒精濃度超過規定標準仍駕駛汽車，如附載未滿十二歲兒童或因而肇事致人受傷者，除裁處罰鍰外，並吊扣其駕駛執照兩年至四年。如行為人有減輕或免除之事由者 ， 亦得準用行政罰法第 18 條第 3 項有關罰鍰減輕之規定處理。

違反行政法上義務之行為如屬輕微，行政機關仍依行政罰法之規定加以處罰，有時不免情輕法重。且行政機關發動裁罰程序，尚需進行調查、聽取當事人陳述意見、作成裁罰處分書、送達，後續當事人更可能提起行政救濟，如所欲追求之公益甚微，亦有違反比例原則之疑慮。因此，行政罰法第 19 條第 1 項規定：「違反行政法上義務應受法定最高額新臺幣三千元以下罰鍰之處罰，其情節輕微，認以不處罰為適當者，得免予處罰。」對於法定最高額應裁處新臺幣三千元以下罰鍰之違反行政法上義務之行為，基於實務上之便利性並考慮事件之適宜性，得免於處

罰，學理上稱之為「便宜原則」(Opportunitätsprinzip)[15]。實務上，此類罰則甚輕之規定為數不多，舉例而言，依據道路交通管理處罰條例第41條規定：「汽車駕駛人，按鳴喇叭不依規定，或按鳴喇叭超過規定音量者，處新臺幣三百元以上六百元以下罰鍰。」應注意者，縱使符合上述要件，行政機關仍有是否裁罰之裁量空間，並非人民一概得主張免罰。縱使免罰，行政機關仍得「對違反行政法上義務者施以糾正或勸導，並作成紀錄，命其簽名」（行政罰法第19條第2項參照），以求慎重。

　　除行為人之外，如尚有其他因違法行為而受有財產上利益之人時，應追繳其所受利益。行政罰法第20條第1項規定：「為他人利益而實施行為，致使他人違反行政法上義務應受處罰者，該行為人因其行為受有財產上利益而未受處罰時，得於其所受財產上利益價值範圍內，酌予追繳。」實務上曾有如下案例[16]：經濟部工業局將其所屬之A工業區服務中心污水處理廠委託B公司代為操作管理。B公司長期違規繞流偷排廢水，遭主管機關查獲，乃對A工業區服務中心裁處罰鍰。B公司為他人（A工業區服務中心）利益而實施行為（偷排廢水），致使他人違反行政法上義務而受處罰，並因其行為受有財產上利益且未受處罰，主管機關得於其所受財產上利益價值範圍內，酌予追繳。

　　行政罰法第20條第2項規定：「行為人違反行政法上義務應受處罰，他人因該行為受有財產上利益而未受處罰時，得於其所受財產上利益價值範圍內，酌予追繳。」上述實務案例中，經濟部工業局與B公司之委託經營契約中，約定B公司應將該污水下水道經營工作之稅前盈餘按一定比例回饋予工業局。主管機關據此認定經濟部工業局（他人）因

---

[15] 陳敏，行政法總論，2019年10版，頁773。

[16] 最高行政法院101年度判字第659號判決參照。

該行為受有財產上利益（回饋金）而未受處罰，乃依本條項規定追繳其不法利益[17]。

二、沒入

沒入為處置物品之處罰，原則上應以受處罰者所有之物為限，否則不免殃及池魚。故行政罰法第 21 條規定：「沒入之物，除本法或其他法律另有規定者外，以屬於受處罰者所有為限。」

惟若「因所有人之故意或重大過失，致使該物成為違反行政法上義務行為之工具者，仍得裁處沒入」（行政罰法第 22 條第 1 項參照）。實務上，主管機關首度查獲行為人以他人之物為違法工具時，多將裁處書以副本副知物之所有人。如物之所有人仍放任其物作為他人違法工具之狀態持續，行為人再犯而受罰時，主管機關即得認定係「因所有人之故意或重大過失，致使該物成為違反行政法上義務行為之工具」而沒入之。此外，「物之所有人明知該物得沒入，為規避沒入之裁處而取得所有權者，主管機關亦得沒入之」（行政罰法第 22 條第 2 項參照）。例如：行為人實施違法行為後，為規避沒入處分，將實施違法行為之工具讓與他人，如該他人明知該物得沒入仍受讓該物，縱使該物已非行為人所有，仍得沒入之。

為避免行為人規避沒入而處分應沒入之物，行政罰法第 23 條第 1 項前段規定：「得沒入之物，受處罰者或前條物之所有人於受裁處沒入前，予以處分、使用或以他法致不能裁處沒入者，得裁處沒入其物之價額。」例如：行為人違反海關緝私條例規定私運貨物，在海關尚未裁處沒入前即將貨物出售並交付不明之買受人，致無從裁處沒入，海關得裁

---

[17] 最高行政法院 100 年度判字第 2175 號判決參照。

處沒入其物之價額。「其致物之價值減損者，得裁處沒入其物及減損之差額」（行政罰法第 23 條第 1 項後段參照）。例如：應沒入之貨物已出售半數，海關得裁處沒入剩餘之貨物及減損之差額。

行政罰法第 23 條第 2 項前段規定：「得沒入之物，受處罰者或前條物之所有人於受裁處沒入後，予以處分、使用或以他法致不能執行沒入者，得追徵其物之價額。」例如：前例中，行為人在海關裁處沒入後，仍將貨物出售並交付不明之買受人，致不能執行沒入處分者，得追徵其物之價額。「其致物之價值減損者，得另追徵其減損之差額」（行政罰法第 23 條第 2 項後段參照）。例如：行為人在海關裁處沒入後，仍將貨物之半數出售並交付不明之買受人，致不能執行全部之沒入處分者，海關得追徵其減損之差額。

第六節　行政秩序罰之競合

法律之競合，係指同一社會生活事實同時符合數個法律規定構成要件之情形。行政秩序罰競合可分為：刑罰與行政秩序罰之競合、行政秩序罰間之競合等不同情況，以下分述之。

一、刑罰與行政秩序罰之競合

行政罰法第 26 條第 1 項規定：「一行為同時觸犯刑事法律及違反行政法上義務規定者，依刑事法律處罰之。但其行為應處以其他種類行政罰或得沒入之物而未經法院宣告沒收者，亦得裁處之。」依此，刑罰與行政秩序罰競合時，其處理方式如下：

㈠罰鍰之裁處

本條項之本文規定，一行為同時觸犯刑事法律及違反行政法上義務規定者，依刑事法律處罰之，係採刑事處罰吸收行政處罰之立法例。例如：汽車駕駛人酒精濃度超過規定標準[18]仍駕駛汽車，觸犯道路交通管理處罰條例第35條第1項第1款之規定，原應裁處汽車駕駛人新臺幣三萬元以上十二萬元以下罰鍰。惟如其酒精濃度達到刑法「不能安全駕駛罪」之標準[19]時，刑事處罰即「暫時」吸收行政處罰，應依刑事法律處三年以下有期徒刑，得併科三十萬元以下罰金（刑法第185條之3第1項第1款參照）。此時，行政機關即應暫時停止裁處罰鍰之程序，靜候司法機關之處理結果。

司法機關依刑事法律規定之程序處理後，如經不起訴處分確定或為無罪、免訴、不受理、不付審理、不付保護處分、免刑之裁判確定者，由於行為人並未受刑事法律之處罰，主管機關得依違反行政法上義務規定裁處之（行政罰法第26條第2項參照）。此時，主管機關應續行行政罰之裁處程序，對行為人裁處罰鍰。

司法機關依刑事法律規定之程序處理後，如經緩起訴處分或緩刑之裁判確定者，主管機關仍得依違反行政法上義務規定裁處之（行政罰法第26條第2項參照）。惟通常情形，檢察官或法院作成緩起訴處分或緩刑裁判時，多同時命行為人支付一定金額之金錢或服勞務。是以同條第3項規定：「第一項行為經緩起訴處分或緩刑宣告確定且經命向公庫或指

---

[18] 依據道路交通安全規則第114條第2款之規定，現行標準為「飲用酒類或其他類似物後其吐氣所含酒精濃度達每公升零點一五毫克或血液中酒精濃度達百分之零點零三以上」。

[19] 依據刑法第185之3條第1項第1款之規定，現行標準為「吐氣所含酒精濃度達每公升零點二五毫克或血液中酒精濃度達百分之零點零五以上」。

定之公益團體、地方自治團體、政府機關、政府機構、行政法人、社區或其他符合公益目的之機構或團體，支付一定之金額或提供義務勞務者，其所支付之金額或提供之勞務，應於依前項規定裁處之罰鍰內扣抵之。」避免對行為人造成過度負擔。行為人如係提供勞務者，應如何計算扣抵罰鍰之數額？為求統一標準並避免爭議，同條第4項規定：「前項勞務扣抵罰鍰之金額，按最初裁處時之每小時基本工資乘以義務勞務時數核算。」

(二)沒入及其他種類行政罰之裁處

上述刑事處罰吸收行政處罰之原則，僅適用於裁處罰鍰之情形。行政機關如依法得裁處行為人沒入或其他種類行政罰，由於處罰之目的與罰鍰有所不同，故不受影響。是以行政罰法第26條第1項但書規定：「但其行為應處以其他種類行政罰或得沒入之物而未經法院宣告沒收者，亦得裁處之。」舉例而言，在前例中，汽車駕駛人酒精濃度如已達刑法「不能安全駕駛罪」之標準，罰鍰之部分，固應暫停裁處程序。惟行政機關仍得依法吊扣或吊銷其駕駛執照。

二、行政秩序罰間之競合

行為人之行為如違反數個行政法上義務規定時，構成行政秩序罰之競合關係。此時，行政機關應如何處理？以下分述之：

(一)罰鍰之裁處

行為人之行為如違反數個行政法上義務規定，應裁處罰鍰時，應如何適用法律，我國立法係以其「行為數」為準據，加以區別。如為一行為，應從一重處罰，不得重複裁處，此即所謂「一行為不二罰原則」。如係數行為，則應分別處罰。

　　所謂「一行為不二罰原則」，又稱「禁止雙重處罰原則」，禁止國家對於人民同一行為，予以多次處罰，致其承受過度不利之後果[20]。

　　行政罰法第 24 條第 1 項規定：「一行為違反數個行政法上義務規定而應處罰鍰者，依法定罰鍰額最高之規定裁處。但裁處之額度，不得低於各該規定之罰鍰最低額。」例如：在防制區內之道路兩旁附近燃燒物品，產生明顯濃煙，足以妨礙行車視線者，除違反空氣污染防制法第 32 條第 1 項第 1 款「燃燒致產生明顯之粒狀污染物散布於空氣」之規定，應依同法第 67 條第 1 項處新臺幣一千兩百元以上十萬元以下罰鍰外，同時亦符合道路交通管理處罰條例第 82 條第 1 項第 2 款「在道路兩旁附近燃燒物品，發生濃煙，足以妨礙行車視線」之規定，應處新臺幣一千兩百元以上兩千四百元以下罰鍰。因行為單一，且違反數個規定之效果均為罰鍰，處罰種類相同，從其一重處罰已足達成行政目的，故僅得裁處一個罰鍰，應依法定罰鍰額最高之規定即空氣污染防制法第 67 條第 1 項之規定裁處，但裁處之額度，不得低於各該規定之罰鍰最低額即新臺幣一千兩百元（行政罰法第 24 條立法理由說明一參照）。

　　行政罰法第 25 條規定：「數行為違反同一或不同行政法上義務之規定者，分別處罰之。」例如：納稅義務人填具一張申報單，於不同欄位申報進口稅、貨物稅及營業稅等三種稅捐，由於三個漏稅行為構成要件迥異，且各有稅法專門規範及處罰目的，分屬不同領域，保護法益亦不同，其為三個申報行為，應分別處罰之[21]。

　　至一行為或數行為應如何區分，為行政罰法施行以來爭議最大之問

---

[20] 有關一行為不二罰原則之定義，參閱：劉建宏，基本人權保障與行政救濟途徑（二），2013 年，頁 98。

[21] 司法院釋字第 754 號解釋理由書段碼 3 參照。

題。所謂「一行為」，包括：「自然一行為」與「法律上一行為」。前者係指行為人之一個身體之動作，或基於單一決議之數個時間與空間上直接連結的動作，依一般人之觀察可認為其整個過程係單一之整合行為者。例如：汽車駕駛人為躲避警察臨檢持續一段時間之超速行為。後者係指結合多數自然意義之動作而成之單一行為，雖不符合自然一行為之要件，然而就法律層面而言，此種行為僅構成單一之違法狀態，故僅能核予一次處罰。例如：在短時間內多次刊播同一廣告[22]。

　　有關行為數之認定，我國實務上尚有以下重要案例可供參考：

　　－有以立法之方式就距離、時間加以切割，定義行為數者。例如：道路交通管理處罰條例第85條之1第2項第1款規定：逐行舉發汽車行車速度超過規定之最高速限或低於規定之最低速度，其違規地點相距六公里以上、違規時間相隔六分鐘以上或行駛經過一個路口以上者，得連續舉發。即以「違規地點相距六公里以上」、「違規時間相隔六分鐘以上」或「行駛經過一個路口以上」作為判斷一行為或數行為之標準，決定得否連續舉發。其合憲性並經司法院釋字第604號解釋肯定。

　　－有以裁罰處分具有切斷行為人於接獲裁罰處分書前違規行為單一性之效力者，認為：交通部既已對於行為人受前一次裁罰處分後至接獲本次裁罰處分前所為遞送信函、繳費通知單之營業行為予以處罰，自不得再就行為人於此期間之任何時段所為違規行為，予以處罰，否則即有違一行為不二罰原則[23]。

　　－有以行為人是否出於單一犯意、時間是否密接為判斷標準，認為：非藥商多次重複地利用傳播方法，宣傳醫療效能，以達招徠銷售為目的

[22] 劉建宏，基本人權保障與行政救濟途徑㈡，2013年，頁99以下。
[23] 最高行政法院98年11月份第2次庭長法官聯席會議決議參照。

之行為，如係出於違反藥事法第 65 條「非藥商不得為藥物廣告」之不作為義務之單一意思，則該多次違規在法律上應評價為一行為，於主管機關裁處後，始切斷違規行為之單一性。行為人出於同一招徠銷售「遠紅外線治療儀」之目的，在民國 103 年 2 月 11 日至 3 月 23 日共 41 日期間，擅自刊播該藥物廣告達 76 次，核其時間密集、行為緊接，如無其他相反事證，應可認為是出於違反藥事法第 65 條行政法上義務之單一意思，該當於一個違反藥事法第 65 條行政法上義務之行為，為一行為而非數行為[24]。

－法律如規定得「按日連續處罰」者，得以「日」為行為數之計算標準。於改善期限屆滿後，處分相對人未檢齊證明文件報請處分機關查驗，處分機關毋庸經查驗其是否確實未完成改善，即得連續處罰。又行為人限期改善之單一行政法上義務，在其完成改善前，此違反行政法上義務狀態持續中，於處分機關處罰並將處分書送達後始切斷其單一性，之後如仍未完成改善者，方構成另一違反行政法上義務行為。為督促處分相對人依期改善，處分機關以處分相對人未完成改善而處罰之，如果不即時送達處分書，使其知悉連續處罰之壓力而儘速改善，反而便宜行事，僅按日裁罰合併送達，即無法達到督促處分相對人完成改善之目的，與按日連續處罰之立法目的有違。因此，處分機關必須於處分書送達後始得再為處罰[25]。

㈡沒入及其他種類行政罰之裁處

上述一行為不二罰原則，僅適用於裁處罰鍰之情形。如係應裁處沒入或其他種類行政罰，由於處罰之目的與罰鍰有所不同，故不受影響。

---

[24] 最高行政法院 105 年 10 月份第 1 次庭長法官聯席會議決議參照。
[25] 最高行政法院 108 年 4 月份第 2 次庭長法官聯席會議決議參照。

是以行政罰法第 24 條第 2 項前段規定：「前項違反行政法上義務行為，除應處罰鍰外，另有沒入或其他種類行政罰之處罰者，得依該規定併為裁處。」例外情形，當「其處罰種類相同，如從一重處罰已足以達成行政目的者，不得重複裁處」（行政罰法第 24 條第 2 項但書）。

第七節　時效

行政罰之裁處權，因三年期間之經過而消滅（行政罰法第 27 條第 1 項參照）。前項期間，原則上自違反行政法上義務之行為終了時起算（行政罰法第 27 條第 2 項本文參照）。例如：行為人自行將違反道路交通管理處罰條例之行為傳上社群網站，如影片上所顯示之拍攝日期至今已逾三年，主管機關不得再加以裁罰。但行為之結果發生在後者，自該結果發生時起算（行政罰法第 27 條第 2 項但書）。例如：行為人在網路上販賣醫療用品，其交易之日期雖已逾三年，然如其交貨日期（結果發生時）尚未逾三年者，仍得加以裁罰。

如前所述，一行為同時觸犯刑事法律及違反行政法上義務規定者，應依刑事法律處罰之。惟如其後該行為經不起訴處分或無罪判決確定，行政機關依違反行政法上義務規定裁處時，裁處權之消滅時效期間如仍自行為終了時起算，不甚合理。因此，行政罰法第 27 條第 3 項規定：「期間自不起訴處分、緩起訴處分確定或無罪、免訴、不受理、不付審理、不付保護處分、免刑、緩刑之裁判『確定日』起算。」行政罰之裁處因訴願、行政訴訟或其他救濟程序經撤銷而須另為裁處者，如自行為終了時起算裁處權時效，亦不合理。故同條第 4 項明文規定：期間自原裁處被撤銷確定之日起算。

課後練習

1. 下列何者非屬行政罰法第 2 條規定之裁罰性不利處分？（108 普考）
   (A)講習
   (B)公布照片
   (C)吊銷證照
   (D)怠金

2. 行政罰法第 19 條第 1 項規定「違反行政法上義務應受法定最高額新
   臺幣 3 千元以下罰鍰之處罰，其情節輕微，認以不處罰為適當者，得
   免予處罰」，係基於下列何種立法原則？（108 身四）
   (A)有利原則
   (B)便宜主義
   (C)合法主義
   (D)從輕原則

3. 關於行政罰之敘述，下列何者錯誤？（109 鐵路員級）
   (A)行為人不得因不知法規而免除行政處罰責任。但按其情節，雖得減
      輕，然不得免除其處罰
   (B)行為人對於違反行政法上義務事實之發生，依法有防止之義務，能
      防止而不防止者，與因積極行為發生事實者同
   (C)行為人因自己行為致有發生違反行政法上義務事實之危險者，負防
      止其發生之義務
   (D)行為人對於現在不法之侵害，而出於防衛自己或他人權利之行為，
      不予處罰。但防衛行為過當者，得減輕或免除其處罰

4.關於行政罰法規定之沒入，下列敘述何者正確？（108 普考）

　(A)得沒入之物，受處罰者於受裁處沒入前，以他法致不能裁處沒入時，得追徵其物之價額

　(B)得沒入之物，受處罰者於受裁處沒入後，以他法致不能執行沒入時，得裁處沒入其物之價額

　(C)物之所有人因過失致使該物成為違反行政法上義務行為之工具者，仍得裁處沒入

　(D)物之所有人因不知該物得沒入而取得所有權者，不得裁處沒入

5.關於行政罰之敘述，下列何者錯誤？（107 高三）

　(A)違反行政法上義務應受法定最高額新臺幣 3 千元以下罰鍰之處罰，其情節輕微，認以不處罰為適當者，得免予處罰

　(B)未滿 14 歲人之行為，不予處罰

　(C)一行為違反數個行政法上義務規定而應處罰鍰者，依法定罰鍰額加總裁處

　(D)違反行政法上義務之行為非出於故意或過失者，不予處罰

6.甲向主管機關申領身心障礙給付後，檢察官以詐欺取財罪對甲作成緩起訴處分。主管機關乃依法就其詐領給付之行為，處以給付額兩倍之罰鍰。其裁處權時效應如何起算？（110 普考）

　(A)自主管機關知悉甲違法時起算

　(B)自甲持不實資料向主管機關提出申請時起算

　(C)自甲受領身心障礙給付時起算

　(D)自檢察官緩起訴處分確定時起算

7.私法人之董事因執行其職務，致使私法人違反行政法上義務應受處罰者，該行為人如有故意時，應並受同一規定罰鍰之處罰。若其所得之利益未逾新臺幣 100 萬元者，罰鍰不得逾多少元？（109 鐵路員級）

　(A) 30 萬

　(B) 50 萬

　(C) 100 萬

　(D) 150 萬

8.依據行政罰法與學理之見解，關於行政罰之敘述，下列何者正確？（110 普考）

　(A)為避免行政機關執法困擾，行政罰法得類推適用刑法共犯制度之規定

　(B)個別法規有推定過失特別規定時，應優先於行政罰法責任條件之規定

　(C)對同一違反義務行為，禁止同時科處行政罰並作成單純不利益行政處分

　(D)對違反行政法上義務之行為，地方行政機關僅得依地方議會制定自治條例處罰

一、何謂行政罰法上之「一行為不二罰原則」？並請說明所謂「一行為」之意義內涵。又主管機關查獲業者於民國 104 年 3 月 15 日至 5 月 20 日間，就同一產品在多個有線電視頻道上違法刊播藥物廣告共 82 次，其行為究屬一行為或數行為，應如何裁處？請說明之。（106 警三法制）

二、甲於其住處頂樓飼養鴿子，影響附近環境衛生，經民眾一再向 A 市環境保護局陳情，A 市環保局所屬環保稽查員乃於 109 年 2 月 4 日

上午 10 時 40 分許會同警方前往稽查，認定甲於前揭地點飼養鴿子，確實有未妥善清掃管理，造成羽毛、糞便四溢之情形，顯已影響環境衛生，即依違反廢棄物清理法第 27 條第 9 款規定告發，並依同法第 50 條規定裁處甲新臺幣 1,200 元罰鍰，並限期至 109 年 2 月 20 日完成改善，屆時未改善則按日連續處罰。甲屆期未報請 A 市環保局查驗，試問環保局是否應查驗，未改善者，始得逐日處罰？又得否一次按日數裁罰合併送達？（109 高三）

【參考法條】

廢棄物清理法第 27 條：

在指定清除地區內嚴禁有下列行為：（其餘各款略）

九、飼養禽、畜有礙附近環境衛生。

廢棄物清理法第 50 條：

有下列情形之一者，處新臺幣 1 千 2 百元以上 6 千元以下罰鍰。經限期改善，屆期仍未完成改善者，按日連續處罰：

一、不依第 11 條第 1 款至第 7 款規定清除一般廢棄物。

二、違反第 12 條之規定。

三、為第 27 條各款行為之一。

廢棄物清理法第 61 條：

本法所稱按日連續處罰，其起算日、暫停日、停止日、改善完成認定查驗及其他應遵行事項，由中央主管機關定之。

違反廢棄物清理法按日連續處罰執行準則第 3 條第 2 項：

本法所稱改善完成，指完成前項改善行為，並檢齊證明文件報請處分機關查驗，經處分機關查驗符合規定者。

課後練習解答

1.(D)。　2.(B)。　3.(A)。　4.(D)。　5.(C)。　6.(D)。　7.(C)。　8.(B)。

一、

㈠一行為不二罰原則

　　一行為不二罰原則又稱 「禁止雙重處罰原則」，禁止國家對於人民同一行為，予以多次處罰，致其承受過度不利之後果。

㈡一行為之意義內涵

　　所謂一行為，包括自然一行為與法律上一行為。前者係指行為人之一個身體之動作 ， 或基於單一決議之數個時間與空間上直接連結的動作，依一般人之觀察可認為其整個過程係單一之整合行為者。後者係指結合多數自然意義之動作而成之單一行為，雖不符合自然一行為之要件，然而就法律層面而言，此種行為僅構成單一之違法狀態，故僅能核予一次處罰。

㈢非藥商多次重複地利用傳播方法，宣傳醫療效能，以達招徠銷售為目的之行為，如係出於單一意思，且其時間密集、行為緊接，如無其他相反事證，應可認為是單一行為而非數行為（最高行政法院 105 年 10月份第 1 次庭長法官聯席會議決議參照）。

二、

㈠法律如規定得 「按日連續處罰」 者，得以 「日」 為行為數之計算標準。於改善期限屆滿後，處分相對人未檢齊證明文件報請處分機關查驗，處分機關毋庸經查驗其是否確實未完成改善，即得連續處罰。

㈡為督促處分相對人依期改善，處分機關以處分相對人未完成改善而處罰之 ， 如果不即時送達處分書 ， 使其知悉連續處罰之壓力而儘速改

善，反而便宜行事，僅按日裁罰合併送達，即無法達到督促處分相對人完成改善之目的，與按日連續處罰之立法目的有違。因此，處分機關必須於處分書送達後始得再為處罰（最高行政法院 108 年 4 月份第 2 次庭長法官聯席會議決議參照）。

第 **12** 章　行政執行

人民對於其所承擔之行政法上義務，如納稅、服兵役等，通常會自動予以履行。惟如人民不自動履行時，國家應如何予以督促，甚至強制其履行？此為本章所欲探討之問題。

第一節　緒論

所謂行政執行，係指負擔行政義務者不履行行政法上之義務時，行政主體得以強制手段促使其履行，或使其實現與履行義務同一狀態之行政權作用。由於過程中經常使用強制手段，故又稱為「行政強制執行」。

一、行政執行之性質

行政執行程序中，行政機關係以行政法關係當事人（權利人）之身分，自行採取強制措施。與民事強制執行係由當事人以外之法院作為執行主體，有所不同。

行政執行，由原處分機關或該管行政機關為之（行政執行法第 4 條第 1 項本文參照）。例如：傳染病防治法上之檢疫、隔離等防疫措施，由衛生主管機關執行。但公法上金錢給付義務逾期不履行者，移送法務部行政執行署所屬行政執行分署執行之（行政執行法第 4 條第 1 項但書參照）[1]。例如：納稅義務人逾期未繳納稅款，由稅捐稽徵機關移送轄

---

[1] 行政執行法第 4 條第 1 項但書之原文為「移送法務部行政執行署所屬『行政執行處』執行之」。惟因應行政院組織改造，100 年 12 月 16 日行政院院臺規字第

區行政執行分署強制執行。

　　行政執行經常以行政處分為執行名義，惟並非所有行政處分均得作為行政執行之執行名義。授益處分（如：核准發放老人年金之處分）自無強制執行之問題。縱係侵益處分，亦僅下命處分（如：命納稅義務人繳納稅款）得作為行政執行之執行名義。其他確認處分或形成處分，亦無強制執行之問題。例如：行政機關撤銷已發給之建照執照，已溯及發生消滅原處分之效力，無需強制執行。

　　為避免人民藉由行政爭訟拖延行政執行，我國向採「行政爭訟不停止行政處分執行」主義（訴願法第 93 條第 1 項、行政訴訟法第 116 條第 1 項參照）。「行政執行，除法律另有規定外，不因聲明異議而停止執行。但執行機關因必要情形，得依職權或申請停止之。」（行政執行法第 9 條第 3 項參照）

二、行政執行法之定位

　　行政執行法為行政執行之專法。行政執行法第 1 條規定：「行政執行，依本法之規定」；惟如「本法未規定者，適用其他法律之規定」。例如：行政執行法對於程序中有關公文書之送達，並無特別規定，故仍適用行政程序法中有關送達之規定。此外，行政執行法中有許多準用其他法律之規定。例如：行政執行法第 17 條第 12 項規定：「拘提、管收，除本法另有規定外，準用強制執行法、管收條例及刑事訴訟法有關訊問、拘提、羈押之規定」；行政執行法第 26 條規定：「關於本章（公法上金錢給付義務之執行）之執行，除本法另有規定外，準用強制執行法

1000109431 號公告，已將所列屬行政執行處之權責事項，自 101 年 1 月 1 日起改由「行政執行分署」管轄。

之規定。」

三、行政執行應遵守之原則與限制

「行政執行，應依公平合理之原則，兼顧公共利益與人民權益之維護」（行政執行法第 3 條前段參照）。此外，行政執行，應遵守比例原則，「以適當之方法為之，不得逾達成執行目的之必要限度」（行政執行法第 3 條後段參照）。行政機關如超額拍賣義務人之財產，或僅為執行少量金錢義務而對義務人採取限制出境措施，均屬違法之行政執行。

行政執行亦有時間之限制，不得於夜間、星期日或其他休息日為之（行政執行法第 5 條第 1 項本文參照）。但執行機關認為情況急迫或徵得義務人同意者，不在此限。此外，日間已開始執行者，得繼續至夜間（行政執行法第 5 條第 1 項但書及第 2 項參照）。

四、行政執行之時效與終止

為督促行政機關迅速執行，以免義務長期陷於不確定之狀態，行政執行法設有執行時效之規定。「行政執行，自處分、裁定確定之日或其他依法令負有義務經通知限期履行之文書所定期間屆滿之日起，五年內未經執行者，不再執行」（行政執行法第 7 條第 1 項本文前段參照）；但五年期間屆滿前已開始執行，即已移送執行機關（行政執行分署），並已通知義務人到場或自動清繳應納金額、報告其財產狀況或為其他必要之陳述，或已開始調查程序者（行政執行法第 7 條第 3 項參照），雖已逾五年，仍得繼續執行。「但自五年期間屆滿之日起已逾五年尚未執行終結者，不得再執行」（行政執行法第 7 條第 1 項本文後段及但書參照）。

　　行政執行法第 8 條規定：「行政執行有下列情形之一者，執行機關應依職權或因義務人、利害關係人之申請終止執行：一、義務已全部履行或執行完畢者。二、行政處分或裁定經撤銷或變更確定者。三、義務之履行經證明為不可能者。」例如：行政機關對於人民作成罰鍰處分，受處分人不服依法提起行政訴訟。訴訟程序進行中，原處分機關已移送執行機關強制執行。惟嗣後原處分業經行政法院撤銷確定，執行機關即應依職權終止執行。

第二節　公法上金錢給付義務之強制執行

　　公法上金錢給付義務之強制執行，昔日由行政機關移送民事法院執行處執行。行政執行法公布施行後，法律有公法上金錢給付義務移送法院強制執行之規定者，自該法修正條文施行之日起，不適用之（行政執行法第 42 條第 1 項參照），改由法務部行政執行署所屬各行政執行分署執行。

一、要件

　　公法上金錢給付義務之強制執行，須具備以下要件：

㈠有公法上金錢給付義務

　　所謂「公法上金錢給付義務」，係由國家所課予，以金錢給付為內容之公負擔。公法上金錢給付義務，可分為：1.租稅、滯納金及其利息等。2.規費，包括行政規費、使用規費及特許規費等。3.罰鍰、怠金。4.其他公法上應給付金錢之義務，例如：工程受益費、空氣污染防制費等[2]。

得受行政執行之義務人，包括：自然人、法人，及非法人團體。此外，義務人死亡遺有財產者，行政執行機關得逕對其遺產強制執行（行政執行法第 15 條參照）。擔保人於擔保書狀載明義務人逃亡或不履行義務由其負清償責任者，行政執行機關於義務人逾限不履行時，得逕就擔保人之財產執行之（行政執行法第 18 條參照），是以遺產之繼承人及擔保人亦得為義務人而為行政執行之對象。

㈡義務人逾期不履行

公法上金錢給付義務之強制執行，須義務人陷於「逾期」不履行之遲誤狀態。至於履行期間之長短，因以下情形而有不同。處分文書或法院之裁定書本身已定有履行期間者，依其所定期間。處分文書或裁定書未定履行期間，經以書面限期催告履行者，依該書面之限期所定期間。依法令負有義務，經以書面通知限期履行者，依該書面通知之限期所定期間（行政執行法第 11 條第 1 項參照）。

㈢主管機關移送至執行機關

義務人有公法上金錢給付義務，縱使逾期不履行，亦需原處分機關將事件移送管轄之行政執行分署，始能發動行政執行程序。且公法上金錢給付義務事件移送行政執行分署執行前，宜由原處分機關或該管行政機關儘量催繳（行政執行法施行細則第 19 條參照）。

原處分機關將事件移送執行機關時，應檢附移送書、處分文書、義務人之財產目錄等相關文件（行政執行法第 13 條第 1 項參照），俾執行機關審查其是否合於發動行政執行之要件。

---

2 李震山，行政法導論，2019 年，修訂 11 版，頁 428 以下。

二、執行之程序及方法

執行機關受理後,應先依職權審查執行權發動之合法性,即是否有不應受理之情形。例如:原處分有明顯且重大瑕疵應為無效,或者請求權已罹於時效等。如移送之資料不完備,應請移送機關補正資料。

執行機關為辦理執行事件, 得通知義務人到場或自動清繳應納金額、報告其財產狀況或為其他必要之陳述(行政執行法第 14 條參照)。

義務人依其經濟狀況或因天災、事變致遭受重大財產損失,無法一次完納公法上金錢給付義務者,執行機關於徵得移送機關同意後,得酌情核准其分期繳納。經核准分期繳納,而未依限繳納者,執行機關得廢止之(行政執行法施行細則第 27 條參照)。行政執行事件核准分期繳納之期數,得分 2 至 72 期。行政執行事件,經核准分 72 期繳納,仍無法完納者,得經核准繼續延長期數(行政執行事件核准分期繳納執行金額實施要點第 4 點參照)。

公法上金錢給付義務強制執行之方式,優先就金錢直接取償。如不能直接取償,則就其他財產變價取償。亦不能就其他財產變價取償時,再以其他方式(限制住居、拘提管收等)執行。以下詳述之。

㈠對第三人金錢債權之執行

義務人對於第三人有金錢債權時,執行機關應發扣押命令禁止義務人收取或為其他處分,並禁止第三人向義務人清償(行政執行法第 26 條準用強制執行法第 115 條第 1 項參照)。執行機關發扣押命令後,得再發收取命令,許移送機關收取款項,或發支付轉給命令,命第三人向執行機關支付轉給移送機關 (行政執行法第 26 條準用強制執行法第 115 條第 2 項參照)。例如:義務人在金融機構開立帳戶並有存款,對於金

融機構即有消費寄託之寄託物返還請求權（金錢債權）。執行機關得發扣押命令禁止債務人提領，並發收取命令令金融機構向移送機關支付。

㈡對動產之執行

對動產之執行，以查封、拍賣或變賣之方法行之（行政執行法第 26 條準用強制執行法第 45 條參照）。

1.查封

查封動產，由執行官命書記官督同執行員為之。於必要時得請有關機關、自治團體、商業團體、工業團體或其他團體，或對於查封物有專門知識經驗之人協助（行政執行法第 26 條準用強制執行法第 46 條參照）。

查封動產，由執行人員實施占有。其將查封物交付保管者，並應依標封、烙印或火漆印，或其他足以公示查封之適當方法行之；於必要時得併用之（行政執行法第 26 條準用強制執行法第 47 條參照）。

查封之目的，係為將義務人之財產變價取償。故查封動產，以其價格足清償強制執行之債權額及義務人應負擔之費用者為限（行政執行法第 26 條準用強制執行法第 50 條參照），禁止無益之執行。應查封動產之賣得價金，清償強制執行費用後，無賸餘之可能者，執行機關不得查封。查封物賣得價金，於清償優先債權及執行費用後，無賸餘之可能者，執行機關應撤銷查封，將查封物返還義務人（行政執行法第 26 條準用強制執行法第 50 條之 1 參照）。

查封有一定之限制。首先，查封時，應酌留義務人及其共同生活之親屬二個月間生活所必需之食物、燃料及金錢（行政執行法第 26 條準用強制執行法第 52 條第 1 項參照）。其次，部分動產不得查封，包括：義務人及其共同生活之親屬所必需之衣服、寢具，職業上或教育上所必

需之器具、物品，遺像、牌位、墓碑及其他祭祀、禮拜所用之物等（行政執行法第 26 條準用強制執行法第 53 條參照）。

　　查封之動產，應移置於該管執行機關所指定之貯藏所或委託妥適之保管人保管之。查封物除貴重物品及有價證券外，經移送機關同意或認為適當時，得使債務人保管之，並應告知刑法所定損壞、除去或污穢查封標示或為違背其效力之行為之處罰。查封物以義務人為保管人時，得許其於無損查封物之價值範圍內，使用之（行政執行法第 26 條準用強制執行法第 59 條參照）。

2.拍賣、變賣

　　拍賣動產，由執行官命書記官督同執行員於執行機關或動產所在地行之（行政執行法第 26 條準用強制執行法第 61 條第 1 項參照）。

　　拍賣，應於公告日後行之。但因物之性質須迅速拍賣者，不在此限（行政執行法第 26 條準用強制執行法第 66 條參照）。物有易於腐壞之性質、保管困難或需費過鉅者，得不經拍賣程序，而以相當價格變賣（行政執行法第 26 條準用強制執行法第 60 條參照）。

　　拍定，應就應買人所出之最高價，高呼三次後為之。應買人所出之最高價，如低於底價，或雖未定底價而移送機關或義務人對於應買人所出之最高價，認為不足而為反對之表示時，執行拍賣人應不為拍定，由執行機關定期再行拍賣。拍賣物再行拍賣時，應拍歸出價最高之應買人。但其最高價不足底價百分之五十；或雖未定底價，而其最高價顯不相當者，執行機關應作價交移送機關承受；移送機關不承受時，執行機關應撤銷查封，將拍賣物返還義務人（行政執行法第 26 條準用強制執行法第 70 條參照）。

　　拍賣物賣得價金，扣除強制執行之費用後，應將餘額交付移送機

關，其餘額超過移送機關取得執行名義之費用及其應受償之數額時，應將超過額交付義務人（行政執行法第 26 條準用強制執行法第 71 條參照）。

㈢對不動產之執行

對不動產之強制執行，以查封、拍賣、強制管理之方法行之（行政執行法第 26 條準用強制執行法第 75 條第 1 項參照）。

1.查封

查封不動產，由執行官命書記官督同執行員依揭示、封閉或追繳契據等方法行之。已登記之不動產，執行機關並應先通知登記機關為查封登記（行政執行法第 26 條準用強制執行法第 76 條參照）。

已查封之不動產，以義務人為保管人者，義務人仍得為從來之管理或使用。由義務人以外之人保管者，執行機關得許義務人於必要範圍內管理或使用之（行政執行法第 26 條準用強制執行法第 78 條參照）。

2.拍賣

拍賣不動產，應由執行機關先期公告（行政執行法第 26 條準用強制執行法第 81 條第 1 項參照）。拍賣期日距公告之日，不得少於十四日（行政執行法第 26 條準用強制執行法第 82 條參照）。

拍賣不動產，多以投標之方法行之。開標應由執行官當眾開示朗讀之，並以願出之價額最高者為得標人。拍賣之不動產無人應買或應買人所出之最高價未達拍賣最低價額，由執行機關定期再行拍賣。再行拍賣時，執行機關應酌減拍賣最低價額；酌減數額不得逾百分之二十（行政執行法第 26 條準用強制執行法第 91 條參照）。

義務人應交出之不動產，現為義務人占有或於查封後為第三人占有者，執行機關應解除其占有，點交於買受人；如有拒絕交出或其他情事

時，得請警察協助（行政執行法第 26 條準用強制執行法第 99 條第 1 項參照）。

3. 強制管理

執行機關對於已查封之不動產，得因移送機關之聲請或依職權，選任管理人實施管理（行政執行法第 26 條準用強制執行法第 103 條參照），以其所得收益（例如出租不動產所得之租金）清償金錢給付義務。命付強制管理時，執行機關應禁止義務人干涉管理人事務及處分該不動產之收益，如收益應由第三人（如不動產之承租人）給付者，應命該第三人向管理人給付（行政執行法第 26 條準用強制執行法第 104 條第 1 項參照）。

管理人於不動產之收益，扣除管理費用及其他必需之支出後，應將餘額速交移送機關；如有多數債權人參與分配，執行法院認為適當時，得指示其作成分配表分配之（行政執行法第 26 條準用強制執行法第 110 條第 1 項參照）。

強制執行之債權額及義務人應負擔之費用，就不動產之收益已受清償時，執行機關應即終結強制管理（行政執行法第 26 條準用強制執行法第 112 條第 1 項參照）。

㈣命供擔保、限制住居

義務人有下列情形之一者，執行機關得命其提供相當擔保，限期履行，並得限制其住居：1.顯有履行義務之可能，故不履行。2.顯有逃匿之虞。3.就應供強制執行之財產有隱匿或處分之情事。4.於調查執行標的物時，對於執行人員拒絕陳述。5.經命其報告財產狀況，不為報告或為虛偽之報告。6.經合法通知，無正當理由而不到場（行政執行法第 17 條第 1 項參照）。

限制住居，多以限制出境之方式行之。實務上曾有多起人民因欠繳多筆交通罰鍰、營業稅及健保費，遭行政執行分署以「顯有履行義務之可能，故不履行」為由限制出境之案例。

惟限制住居之處分對於義務人之遷徙自由有重大限制，故法令上亦設有特殊情形不得限制住居之規定，包括：一、滯欠金額合計未達新臺幣十萬元。但義務人已出境達二次者，不在此限。二、已按其法定應繼分繳納遺產稅款、罰鍰及加徵之滯納金、利息。但其繼承所得遺產超過法定應繼分，而未按所得遺產比例繳納者，不在此限（行政執行法第 17 條第 2 項參照）。

㈤核發禁奢令

依據行政執行法第 17 條之 1 及其相關規定，義務人為自然人，其滯欠合計達一定金額（目前之規定為新臺幣一千萬元），已發現之財產不足清償其所負義務，且生活逾越一般人通常程度者，執行機關得依職權或利害關係人之申請對其核發下列各款之禁止命令，並通知應予配合之第三人：一、禁止購買、租賃或使用一定金額（目前之規定為新臺幣兩千元）以上之商品或服務。二、禁止搭乘特定之交通工具，如計程車、高鐵、航空器等。三、禁止為特定之投資，如期貨、股票、投資型保單、基金、公司債、黃金、外匯等。四、禁止進入特定之高消費場所消費，如酒店、夜店、舞廳、各式俱樂部、休閒會館、KTV、四星級以上飯店、汽車旅館等。五、禁止贈與或借貸他人一定金額以上之財物；目前之規定係指單筆價值兩千元之贈與或借貸。六、禁止每月生活費用超過一定金額。其具體金額依地區而有不同，依目前之規定，臺北市、新北市為每月兩萬四千元，臺南市、高雄市為每月一萬八千元。七、其他必要之禁止命令。如禁止參與六合彩等賭博、經營特種營業場所

等[3]。實務上並定有獎勵檢舉作業要點，獎勵民眾檢舉並提供相關證據資料。

　　義務人無正當理由違反上述之禁止命令者，執行機關得限期命其清償適當之金額，或命其報告一定期間之財產狀況、收入及資金運用情形；義務人不為清償、不為報告或為虛偽之報告者，視為其顯有履行義務之可能而故不履行，執行機關得聲請法院裁定管收之（行政執行法第17條之1第6項參照）。

㈥拘提、管收

　　義務人經執行機關命其提供相當擔保，限期履行，屆期不履行亦未提供相當擔保，有下列情形之一，而有強制其到場之必要者，執行機關得聲請法院裁定拘提之：1.顯有逃匿之虞。2.經合法通知，無正當理由而不到場（行政執行法第17條第3項參照）。

　　義務人經拘提到場，行政執行官應即訊問其人有無錯誤，並應命義務人據實報告其財產狀況或為其他必要調查。行政執行官訊問義務人後，認有下列各款情形之一，而有管收必要者，行政執行處應自拘提時起二十四小時內，聲請法院裁定管收之：一、顯有履行義務之可能，故不履行。二、顯有逃匿之虞。三、就應供強制執行之財產有隱匿或處分之情事。四、已發見之義務人財產不足清償其所負義務，於審酌義務人整體收入、財產狀況及工作能力，認有履行義務之可能，別無其他執行方法，而拒絕報告其財產狀況或為虛偽之報告（行政執行法第17條第5項、第6項參照）。

　　管收期限，自管收之日起算，不得逾三個月。有管收新原因發生或停止管收原因消滅時，行政執行處仍得聲請該管法院裁定再行管收。但

---

[3] 法務部101年2月1日法律字第10103100150號函參照。

以一次為限。義務人所負公法上金錢給付義務，不因管收而免除（行政執行法第 19 條第 4 項、第 5 項參照）。

　　義務人或其他依法得管收之人有下列情形之一者，不得管收；其情形發生管收後者，行政執行處應以書面通知管收所停止管收：一、因管收而其一家生計有難以維持之虞者。二、懷胎五月以上或生產後二月未滿者。三、現罹疾病，恐因管收而不能治療者（行政執行法第 21 條參照）。

第三節　行為或不行為義務之執行

　　依法令或本於法令之行政處分，負有行為或不行為義務，經於處分書或另以書面限定相當期間履行，逾期仍不履行者，由執行機關依間接強制或直接強制方法執行之（行政執行法第 27 條第 1 項參照）。

一、間接強制

　　間接強制包括代履行及怠金二種方式 （行政執行法第 28 條第 1 項參照），以下分述之。

㈠怠金

　　怠金又稱強制金，係行政機關以強制義務人履行其義務為目的，所課予之金錢給付。課予怠金之目的並非為處罰義務人，而是一種促使義務人履行義務之手段，是以怠金與罰鍰有所不同。

　　怠金之適用範圍，有以下二種（行政執行法第 30 條參照）：

　　1.有行為義務不履行，且該行為義務不適於由他人代履行者

　　所謂「負有行為義務不能由他人代為履行」者，例如：稅法上之各

種申報義務、參加道路交通安全講習等。

　　2.負有不行為義務而為行為者

　　不行為義務無法由他人代為履行，行政機關為促使行為人停止該行為，得課予怠金。例如：行為人受停業處分，即負有不繼續營業之不行為義務。如其仍違規營業，行政機關得課予怠金。

　　義務人有上述情事時，行政機關得依其情節輕重處新臺幣五千元以上三十萬元以下怠金（行政執行法第 30 條參照）。經處以怠金，仍不履行其義務者，執行機關得連續處以怠金；惟連續處以怠金前，仍應以書面限期履行（行政執行法第 31 條參照）。

㈡代履行

　　行為人負有行為義務而不作為，其行為能由他人代為履行者，執行機關得委託第三人或指定人員代履行之。前項代履行之費用，由執行機關估計其數額，命義務人繳納（行政執行法第 29 條參照）。例如：建築物所有人負有清掃騎樓之義務，如其拒不履行，主管機關得代履行之，並命其支付代履行之費用。

二、直接強制

　　行政執行，須遵守比例原則，即應先採取對於義務人干涉較小之方式行之；如未達目的，再採取干涉較強之方式。相對於間接強制，直接強制通常對於義務人的自由、權利構成較為嚴重的干涉。因此，行政機關必須經間接強制不能達成執行目的，或因情況急迫，如不及時執行，顯難達成執行目的時，始得依直接強制方法執行之（行政執行法第 32 條參照）。

　　直接強制之方法，包括：一、扣留、收取交付、解除占有、處置、

使用或限制使用動產、不動產。二、進入、封閉、拆除住宅、建築物或其他處所。三、收繳、註銷證照。四、斷絕營業所必須之自來水、電力或其他能源。五、其他以實力直接實現與履行義務同一內容狀態之方法（行政執行法第 28 條第 2 項參照）。例如：客運業者受停業處分後仍繼續營業，經主管機關課處怠金後仍未停止營業，主管機關予以斷水、斷電。自國外入境在海關經檢驗為新冠肺炎確診者之旅客，由主管機關請警察職務協助強制其前往指定醫療院所隔離治療。

第四節　即時強制

行政機關為阻止犯罪、危害之發生或避免急迫危險，而有即時處置之必要時，得為即時強制（行政執行法第 36 條第 1 項參照）。

即時強制方法如下：

一、對人之管束

對於人之管束，以合於下列情形之一者為限：一、瘋狂或酗酒泥醉，非管束不能救護其生命、身體之危險，及預防他人生命、身體之危險者。二、意圖自殺，非管束不能救護其生命者。三、暴行或鬥毆，非管束不能預防其傷害者。四、其他認為必須救護或有害公共安全之虞，非管束不能救護或不能預防危害者（行政執行法第 37 條第 1 項參照）。管束之時間，不得逾二十四小時（行政執行法第 37 條第 2 項參照）。

對人之管束亦為對人身自由之限制，須遵循正當法律程序。執行對於人之管束時，執行人員應即將管束原因及概略經過報告主管長官；執行機關並應儘速將管束原因，告知本人及其配偶、法定代理人、指定之

親友或其他適當之機關（構）。但不能告知者，不在此限（行政執行法施行細則第 35 條參照）。對於人之管束，應注意其身體及名譽。執行人員以強制力實施者，不得逾必要之程度（行政執行法施行細則第 36 條參照）。

二、對物之扣留

軍器、凶器及其他危險物，為預防危害之必要，得扣留之，其扣留期間不得逾三十日。但扣留之原因未消失時，得延長之，延長期間不得逾兩個月。扣留之物無繼續扣留必要者，應即發還；於一年內無人領取或無法發還者，其所有權歸屬國庫（行政執行法第 38 條參照）。

三、對物之使用、處置或限制

遇有天災、事變或交通上、衛生上或公共安全上有危害情形，非使用或處置其土地、住宅、建築物、物品或限制其使用，不能達防護之目的時，得使用、處置或限制其使用（行政執行法第 39 條參照）。例如：消防人員為救火而損壞防火巷內所停放之車輛。

四、對於家宅或其他處所之侵入

對於住宅、建築物或其他處所之進入，以人民之生命、身體、財產有迫切之危害，非進入不能救護者為限（行政執行法第 40 條參照）。例如：員警巡邏時，聽見住宅中有人高呼救命，得進入其住宅救護之。

五、其他依法定職權所為之必要處置

消費者保護法第 37 條規定：「直轄市或縣（市）政府於企業經營者

提供之商品或服務，對消費者已發生重大損害或有發生重大損害之虞，而情況危急時，除為前條之處置外，應即在大眾傳播媒體公告企業經營者之名稱、地址、商品、服務、或為其他必要之處置。」例如：超商之飲料遭歹徒以針筒注入毒液勒索，主管機關緊急命其下架所有飲料，其性質即屬即時強制之一種。

第五節　行政執行之救濟

人民因行政執行之措施權益受有損害時，有以下方式請求救濟：

一、聲明異議

義務人或利害關係人對執行命令、執行方法、應遵守之程序或其他侵害利益之情事，得於執行程序終結前，向執行機關聲明異議（行政執行法第 9 條第 1 項參照）。

聲明異議之對象，包括：1.執行命令。例如：令義務人報告財產狀況、提供擔保等。 2.執行方法。例如：各該執行方法是否違反比例原則。 3.應遵守之程序。例如：拍賣程序是否經先期公告。 4.其他侵害利益之情事。

執行機關認其有理由者，應即停止執行，並撤銷或更正已為之執行行為。認其無理由者，應於十日內加具意見，送直接上級主管機關於三十日內決定之（行政執行法第 9 條第 2 項參照）。

直接上級主管機關駁回聲明異議時，義務人或利害關係人得否提起行政救濟？關於此一問題，實務上早期採取否定見解，認為：行政執行貴在迅速有效， 故立法者基於行政執行程序爭訟非涉實體法判斷之特

性，為達訴訟經濟之立法目的，適用「效率」法律原則，而採簡明之聲明異議制度設計，為其特別救濟程序。故異議人對執行機關就聲明異議所為決定不得聲明不服[4]。

最高行政法院97年12月份第3次庭長法官聯席會議(三)變更上述見解，認為：「行政執行法第9條並無禁止義務人或利害關係人於聲明異議而未獲救濟後向法院聲明不服之明文規定，自不得以該條規定作為限制義務人或利害關係人訴訟權之法律依據，是在法律明定行政執行行為之特別司法救濟程序之前，義務人或利害關係人如不服該直接上級主管機關所為異議決定者，仍得依法提起行政訴訟。」

如行政執行之措施具有行政處分之性質者，例如：對義務人之限制住居（限制出境）處分，義務人不服執行機關就聲明異議所為決定提起撤銷訴訟時，是否應踐行訴願程序？關於此一問題，最高行政法院107年4月份第1次庭長法官聯席會議採取否定見解，認為：「……行政執行依其性質貴在迅速，如果對具行政處分性質之執行命令提起撤銷訴訟，必須依行政執行法第9條之聲明異議及訴願程序後始得為之，則其救濟程序，反較對該執行命令所由之執行名義行政處分之救濟程序更加繁複，顯不合理。又行政執行法第9條規定之聲明異議，並非向行政執行機關而是向其上級機關為之，此已有由處分機關之上級機關進行行政內部自我省察之功能。是以立法者應無將行政執行法第9條所規定之聲明異議作為訴願前置程序之意。……因此，對具行政處分性質之執行命令不服，經依行政執行法第9條之聲明異議程序，應認相當於已經訴願程序，聲明異議人可直接提起撤銷訴訟。」

---

[4] 行政執行法第9條立法理由參照。

二、損失補償與損害賠償

行政執行，有國家賠償法所定國家應負賠償責任之情形者，受損害人得依該法請求損害賠償（行政執行法第 10 條參照）。

人民因執行機關依法實施即時強制，致其生命、身體或財產遭受特別損失時，得請求補償（行政執行法第 41 條第 1 項參照），例如：執行機關為救災而使用他人住所或破壞其財物。前項損失補償，應以金錢為之，並以補償實際所受之特別損失為限（行政執行法第 41 條第 2 項參照）。對於執行機關所為損失補償之決定不服者，得依法提起訴願及行政訴訟（行政執行法第 41 條第 3 項參照）。損失補償，應於知有損失後，二年內向執行機關請求之。但自損失發生後，經過五年者，不得為之（行政執行法第 41 條第 4 項參照）。

課後練習

1. 依行政執行法規定，負有行為義務而不為，其行為能由他人代為履行者，得以下列何種方法執行之？（108 普考）
   (A)代履行
   (B)怠金
   (C)管收
   (D)罰金

2. 依行政執行法規定，斷絕營業所必須之自來水、電力，係屬下列何種行政執行措施？（109 普考）
   (A)代履行
   (B)間接強制
   (C)直接強制
   (D)即時強制

3. 甲因積欠交通違規罰單新臺幣 18,000 元，主管機關經催討後仍未繳納，移送行政執行。依行政執行法規定，執行機關之下列執行行為何者違法？（110 普考）
   (A)於星期一上午 8 時對於甲之動產進行查封
   (B)於履行期間屆滿後 3 年通知甲報告其財產狀況，之後逾 3 年始進行查封
   (C)命甲報告財產狀況而甲不為報告，認應強制其到場而聲請法院裁定拘提
   (D)於查明甲之經濟狀況後，認為其無法一次完納，經主管機關同意准其分期繳納

4.對於酗酒泥醉駕車之人，警察機關除依法裁罰外，尚得加以管束。關
　於管束之敘述，下列何者正確？（109 普考）
　⑷執行管束前應向上級機關申請同意
　⑻執行管束之時間不得逾 24 小時
　⑼執行管束時應將管束原因報告檢察官
　⑽執行管束完畢後應將管束情形報告檢察官

5.依行政執行法規定，義務人顯有逃匿之虞者，除得命其提供擔保，限
　期履行外，原則上並得如何處理？（109 普考）
　⑷逕行逮捕
　⑻聲請法院羈押
　⑼限制住居
　⑽行政管束

6.關於行政執行法上之管收，下列敘述何者正確？（110 普考）
　⑷義務人不繳納怠金及代履行費用，並無適用管收相關規定之可能
　⑻涉及義務人人身自由之限制，行政執行官應自拘提時起 24 小時內
　　作成管收處分
　⑼義務人如不服管收之決定，得準用民事訴訟法相關規定提出救濟，
　　但管收之執行並不停止
　⑽管收期限最長為 3 個月，義務人經管收期滿後，所負之公法上金錢
　　給付義務視為已履行而消滅

7. 公法上金錢給付義務之執行案件，下列何者得對義務人核發禁止為特定投資之禁止命令？（109 普考）

(A)原處分機關

(B)地方法院

(C)檢察機關

(D)行政執行分署

8. 行政機關依法實施即時強制，造成人民損害之補償，下列何者錯誤？（110 高三）

(A)該損失補償，以回復原狀為原則，金錢補償為例外

(B)對於執行機關所為損失補償之決定不服，可依法提起訴願及行政訴訟

(C)損失補償，應於知有損失後，2 年內向執行機關請求

(D)人民因執行機關依法實施即時強制，致其財產遭受特別損失，原則得請求補償

一、甲公司因滯納營利事業所得稅等案件，經財政部國稅局移送行政執行。行政執行分署先後 2 次通知甲公司負責人 A 到場說明，A 均未到場陳述，乃依行政執行法第 17 條第 1 項第 2 款、第 5 款及第 6 款規定，對 A 為限制住居之處分。A 不服此項處分，於執行程序終結前，應為如何之救濟？請依行政執行法及實務見解說明之。（108 地三）

二、甲公司違規營業，經主管機關依法作成勒令歇業之書面行政處分，命甲公司於文到後 3 日內終止一切營業活動，並載明屆期未履行將

予強制執行之意旨。屆期後，甲公司仍於該公司登記地點持續營業。請依行政執行法規定，附具理由，回答下列問題：（108 身三）

㈠主管機關得採取那些強制方法？

㈡主管機關所得採取之強制方法中，應如何決定先後順序？

課後練習解答

1.(A)。　2.(C)。　3.(C)。　4.(B)。　5.(C)。　6.(C)。　7.(D)。　8.(A)。

一、

㈠聲明異議

行政執行法第 9 條第 1 項規定：「義務人或利害關係人對執行命令、執行方法、應遵守之程序或其他侵害利益之情事，得於執行程序終結前，向執行機關聲明異議。」A 不服限制住居之處分，於執行程序終結前，得向執行機關聲明異議。

㈡提起行政訴訟

最高行政法院 97 年 12 月份第 3 次庭長法官聯席會議決議㈢：「行政執行法第 9 條並無禁止義務人或利害關係人於聲明異議而未獲救濟後向法院聲明不服之明文規定，自不得以該條規定作為限制義務人或利害關係人訴訟權之法律依據，是在法律明定行政執行行為之特別司法救濟程序之前，義務人或利害關係人如不服該直接上級主管機關所為異議決定者，仍得依法提起行政訴訟。」

㈢無需踐行訴願程序

最高行政法院 107 年 4 月份第 1 次庭長法官聯席會議決議：「……行政執行依其性質貴在迅速，如果對具行政處分性質之執行命令提起撤銷訴訟，必須依行政執行法第 9 條之聲明異議及訴願程序後始得為之，則其救濟程序，反較對該執行命令所由之執行名義行政處分之救濟程序更加繁複，顯不合理。又行政執行法第 9 條規定之聲明異議，並非向行政執行機關而是向其上級機關為之，此已有由處分機關之上級機關進行行政內部自我省察之功能。是以立法者應無將行政執行法第 9 條所規定之聲

明異議作為訴願前置程序之意。……因此，對具行政處分性質之執行命令不服，經依行政執行法第 9 條之聲明異議程序，應認相當於已經訴願程序，聲明異議人可直接提起撤銷訴訟。」

二、

㈠強制方法

義務人有行為或不行為之義務而不履行，由執行機關依間接強制或直接強制方法執行之。

間接強制包括代履行及怠金二種方式。直接強制之方法，包括：1.扣留、收取交付、解除占有、處置、使用或限制使用動產、不動產。2.進入、封閉、拆除住宅、建築物或其他處所。3.收繳、註銷證照。4.斷絕營業所必須之自來水、電力或其他能源。5.其他以實力直接實現與履行義務同一內容狀態之方法。

㈡先後順序

行政機關必須經間接強制不能達成執行目的，或因情況急迫，如不及時執行，顯難達成執行目的時，始得依直接強制方法執行之。

本題義務人有終止營業活動之不作為義務，經於處分書中限定相當期間履行，逾期仍不履行，行政機關得依其情節輕重處新臺幣五千元以上三十萬元以下怠金。經處以怠金，仍不履行其義務者，執行機關得連續處以怠金；惟連續處以怠金前，仍應以書面限期履行。

行政機關經連續處以怠金仍不能達成執行目的時，得依斷絕營業所必須之自來水、電力或其他能源等直接強制方法執行之。

第 **13** 章　行政程序

　　行政程序，係指行政機關作成行政處分、締結行政契約、訂定法規命令與行政規則、確定行政計畫、實施行政指導及處理陳情等行為之程序（行政程序法第 2 條第 1 項參照）。

第一節　行政程序法之立法目的與適用範圍

一、行政程序法之立法目的

　　行政程序法第 1 條開宗明義規定：「為使行政行為遵循公正、公開與民主之程序，確保依法行政之原則，以保障人民權益，提高行政效能，增進人民對行政之信賴，特制定本法。」依此，行政程序法之目的可分為程序目的與實體目的二者。程序目的者，為遵循公正、公開與民主程序。實體目的者，為確保依法行政原則、保障人民權益、提高行政效能及增進人民對行政之信賴。

二、行政程序法之適用範圍

　　行政程序法之適用範圍，可分為適用之機關與適用之事項二者。以下分述之。

㈠適用之機關

　　行政程序法第 2 條第 2 項規定：「本法所稱行政機關，係指代表國家、地方自治團體或其他行政主體表示意思，從事公共事務，具有單獨

法定地位之組織。」適用行政程序法之機關，泛指中央、地方各級機關；亦包括具有行使公權力功能之公營造物，如：公立學校。受託行使公權力之個人或團體，於委託範圍內，視為行政機關（行政程序法第2條第3項參照）。故如私立大學、受交通部公路總局各區監理所辦理汽車定期檢驗之民間汽車修理業者等亦屬之。

行政程序法對於適用之機關，設有排除條款。行政程序法第3條第2項規定：「下列機關之行政行為，不適用本法之程序規定：一、各級民意機關。二、司法機關。三、監察機關。」立法院、各級地方自治團體之議會、代表會，各級法院、監察院等，均屬本條排除適用之範圍。

應注意者，本條之規定稱上述機關之行政行為不適用行政程序法之「程序規定」，並非不適用行政程序法。此因上述機關之特殊行為如立法、審判及彈劾、糾舉等，均另有其他法律（如：立法院職權行使法、各種訴訟法規，以及監察法等）規範其程序，且其程序內容較行政程序法更為嚴謹，是以本條規定其不適用行政程序法之程序規定[1]。至於上述機關之一般行政行為，如立法機關之人事行政行為（公務員之任免、陞遷等）、法院駁回律師登錄申請之處分，以及監察機關對於違反公職人員財產申報法規定之公務員裁處罰鍰，仍有行政程序法之適用。

㈡適用之事項

行政程序法第2條第1項規定：「本法所稱行政程序，係指行政機關作成行政處分、締結行政契約、訂定法規命令與行政規則、確定行政計畫、實施行政指導及處理陳情等行為之程序。」其內容幾乎涵蓋一切行政行為。惟如係國家所從事之私法行為（如：採購行為），則不適用

---

[1] 相同見解，參見：吳庚、盛子龍，行政法之理論與實用，2020年增訂16版，頁557。

行政程序法[2]。

　　行政程序法對於適用之事項，亦設有排除條款。行政程序法第 3 條第 3 項規定：「下列事項，不適用本法之程序規定：一、有關外交行為、軍事行為或國家安全保障事項之行為。二、外國人出、入境、難民認定及國籍變更之行為。三、刑事案件犯罪偵查程序。四、犯罪矯正機關或其他收容處所為達成收容目的所為之行為。五、有關私權爭執之行政裁決程序。六、學校或其他教育機構為達成教育目的之內部程序。七、對公務員所為之人事行政行為。八、考試院有關考選命題及評分之行為。」

　　應注意者，本條之規定稱上述事項不適用行政程序法之「程序規定」，並非不適用行政程序法。是以行政程序法之實體規定，如行政行為不得違反法律保留原則、比例原則及差別待遇禁止原則等，仍有適用，乃屬當然[3]。此外，縱使是行政程序法上之程序規定，於上述事項亦非全面排除其適用，僅視其性質部分排除。例如第 8 款「考試院有關考選命題以及評分之行為」係排除部分「行政公開」程序，命題、閱卷委員名單不對外公開[4]，並未排除「行政公正」程序，故命題、閱卷委員仍需遵守迴避義務[5]。

---

[2] 行政院公共工程委員會89工程法字第89023741號函參照。

[3] 最高行政法院 92 年判字第 1021 號判決、法務部 91 年 4 月 1 日法律字第910010998 號函釋參照；吳庚、盛子龍，行政法之理論與實用，2020 年增訂 16版，頁 560。

[4] 典試法第 27 條第 1 項規定：「應考人不得為下列之申請：一、任何複製行為。二、提供申論式試題參考答案。三、告知典試委員、命題委員、閱卷委員、審查委員、口試委員、心理測驗委員、體能測驗委員或實地測驗委員姓名及有關資料。」可資參照。

[5] 典試法第 29 條第 1 項規定：「典試委員長、典試委員、命題委員、閱卷委員、審查委員、口試委員、心理測驗委員、體能測驗委員、實地測驗委員，於其本

　　本條之規定，是行政程序法立法過程中妥協之產物。時至今日，國人對於行政機關依法行政之期待已遠甚以往，對於本條各款自應從嚴解釋。

　　第1款「有關外交行為、軍事行為或國家安全保障事項之行為」，係指經援友邦、兵力佈署、蒐集他國情報等具有機密性質等行為，不包括徵用民間物資、徵兵、劃定管制區等事項。

　　第2款「外國人出、入境之行為」係指與國家安全有關且具有機密性質之外國人入出境行為，例如：與我國不具邦交關係之他國眾議院議長前來訪問、外國國會議員代表該國政府來訪並致贈疫苗等。不包括一般外國人（如外籍配偶、外籍勞工等）入出境事務。

　　第6款「學校或其他教育機構為達成教育目的之內部程序」，先因司法院釋字第684號解釋宣示「大學為實現研究學術及培育人才之教育目的或維持學校秩序，對學生所為行政處分或其他公權力措施，如侵害學生受教育權或其他基本權利，即使非屬退學或類此之處分，本於憲法第十六條有權利即有救濟之意旨，仍應許權利受侵害之學生提起行政爭訟，無特別限制之必要」，再因釋字第784號解釋宣示「各級學校學生認其權利因學校之教育或管理等公權力措施而遭受侵害時，即使非屬退學或類此之處分，亦得按相關措施之性質，依法提起相應之行政爭訟程序以為救濟」，致其適用範圍大幅縮減。學校有關教學方法或教學內容之決定，或可排除行政民主程序（給予學生陳述意見機會）；教師之子女、近親入學，得排除部分行政公正程序（迴避義務）。至如涉及學生之獎懲、甚至退學或類此之處分，學生既得不服提起行政救濟，自應有

　人、配偶、三親等內之血親、姻親應考時，對其所應考試類科有關命題、閱卷、審查、口試、心理測驗、體能測驗、實地測驗等事項，應行迴避。」可資參照。

行政程序法程序規定之適用[6]。

第 7 款「對公務員所為之人事行政行為」之合憲性，更是自始即受到質疑。司法院釋字第 491 號解釋理由書有謂：「……對於公務人員之免職處分既係限制憲法保障人民服公職之權利，自應踐行正當法律程序，諸如作成處分應經機關內部組成立場公正之委員會決議，委員會之組成由機關首長指定者及由票選產生之人數比例應求相當，處分前應給予受處分人陳述及申辯之機會，處分書應附記理由，並表明救濟方法、期間及受理機關等，設立相關制度為妥善之保障。……」本號解釋作成於民國 88 年 10 月 15 日，係在行政程序法於民國 88 年 2 月 3 日公布之後，民國 90 年 1 月 1 日施行之前，傳達給立法者、司法者應檢討該項排除事項合憲性之強烈訊息。

三、行政程序法之立法定位

行政程序法第 3 條第 1 項規定：「行政機關為行政行為時，除法律另有規定外，應依本法規定為之。」行政程序法為「普通法」。其他「特別法」另有規定時，從其規定。

惟行政程序法為規範行政程序之「最低限度程序保障」，具有行政程序「基本法」之性質，其他特別法對於行政程序有不同之規定時，必須較行政程序法之規定更為嚴格[7]。例如：行政罰法第 43 條規定，行政機關為「限制或禁止行為之處分」及「剝奪或消滅資格、權利之處分」

---

[6] 吳庚、盛子龍，行政法之理論與實用，2020 年增訂 16 版，頁 559。

[7] 葉俊榮，面對行政程序法，2002 年，頁 265 以下；湯德宗，行政程序法論，2003 年 10 月 2 版，頁 159；參見：李震山，行政法導論，2019 年修訂 11 版，頁 242。

前，應依受處罰者之申請，舉行聽證，較之於行政程序法僅規定應給予受處分人陳述意見之機會，更為嚴格。

第二節　行政公正程序

行政機關進行行政程序時，應保持公正、客觀立場，不偏不倚。為使行政機關公正進行行政程序，行政程序法定有告知、迴避及禁止程序外接觸等規定。以下分述之。

一、告知

告知者，以通知或公告之方式，將程序之開始及過程讓程序當事人知悉，使其知所因應，可分為：

㈠事前告知

例如：行政機關舉行聽證會前通知當事人之義務（行政程序法第 55 條第 1 項參照）、不利行政處分之預告（行政程序法第 104 條第 1 項第 2 款參照）、訂定法規命令之預告（行政程序法第 154 條第 1 項參照）、法規命令聽證會之預告（行政程序法第 156 條參照）等。

㈡事後決定告知

行政機關負有告知當事人其行政行為之決定及理由之義務（行政程序法第 43 條參照），如未將行政處分合法告知相對人，對於相對人不生效力（行政程序法第 110 條第 1 項參照）。

㈢救濟途徑之告知

行政處分以書面為之者，應表明其為行政處分之意旨及不服行政處分之救濟方法、期間及其受理機關（行政程序法第 96 條第 1 項第 6 款

參照）。

二、迴避

行政程序法上之迴避，可分為自行迴避、申請迴避及強制迴避三者。

㈠自行迴避

公務員與行政程序之當事人有特定親屬關係、法律關係者，應自行迴避。行政程序法第 32 條規定：「公務員在行政程序中，有下列各款情形之一者，應自行迴避：一、本人或其配偶、前配偶、四親等內之血親或三親等內之姻親或曾有此關係者為事件之當事人時。二、本人或其配偶、前配偶，就該事件與當事人有共同權利人或共同義務人之關係者。三、現為或曾為該事件當事人之代理人、輔佐人者。四、於該事件，曾為證人、鑑定人者。」

㈡申請迴避

行政程序法第 33 條第 1 項規定：「公務員有下列各款情形之一者，當事人得申請迴避：一、有前條所定之情形而不自行迴避者。二、有具體事實，足認其執行職務有偏頗之虞者。」

申請迴避，應舉其原因及事實，向該公務員所屬機關為之，並應為適當之釋明；被申請迴避之公務員，對於該申請得提出意見書。不服行政機關之駁回決定者，得於五日內提請上級機關覆決，受理機關除有正當理由外，應於十日內為適當之處置。被申請迴避之公務員在其所屬機關就該申請事件為准許或駁回之決定前，應停止行政程序。但有急迫情形，仍應為必要處置（行政程序法第 33 條第 2 項至第 4 項參照）。

㈢強制迴避

公務員有應自行迴避原因不自行迴避，而未經當事人申請迴避者，

應由該公務員所屬機關依職權命其迴避　（行政程序法第 33 條第 5 項參
照）。

三、禁止程序外之接觸

公務員在行政程序中，除基於職務上之必要外，不得與當事人或代
表其利益之人為行政程序外之接觸，例如：飲宴、球敘等（行政程序法
第 47 條第 1 項參照）。

公務員與當事人或代表其利益之人基於職務上之必要為行政程序
外之接觸時，應將所有往來之書面文件附卷，並對其他當事人公開。接
觸非以書面為之者，應作成書面紀錄，載明接觸對象、時間、地點及內
容（行政程序法第 47 條第 2 項、第 3 項參照）。

第三節　行政公開程序

政府所掌理之資訊，應向人民公開，一則利於人民監督政府，二則
人民可共享政府資訊，便於安排或規劃其私人生活。惟部分政府資訊涉
及國家機密或他人權益，如隱私權、著作權、專利權等，為調和「人民
知的權利」、「國家機密保護」以及「第三人權益維護」三者間之衝突狀
態，國家法律對此有所規範。政府機關公開其所掌理之資訊，有主動公
開與被動公開二種；且所公開之資訊有誤時，當事人有更正請求權。以
下分述之。

一、主動公開

所謂主動公開，係指行政機關不待他人之請求即公開其掌理之資

訊。行政程序法原本定有行政資訊主動公開之規定，政府資訊公開法公布施行後，行政程序法第 44 條、第 45 條及依其授權訂定之「行政資訊公開辦法」已廢止，由政府資訊公開法取代之。

依政府資訊公開法第 7 條第 1 項規定：「下列政府資訊，除依第十八條規定限制公開或不予提供者外，應主動公開：一、條約、對外關係文書、法律、緊急命令、中央法規標準法所定之命令、法規命令及地方自治法規。二、政府機關為協助下級機關或屬官統一解釋法令、認定事實、及行使裁量權，而訂頒之解釋性規定及裁量基準，如各機關之解釋函令。三、政府機關之組織、職掌、地址、電話、傳真、網址及電子郵件信箱帳號。四、行政指導有關文書。五、施政計畫、業務統計及研究報告。所稱研究報告，指由政府機關編列預算委託專家、學者進行之報告或派赴國外從事考察、進修、研究或實習人員所提出之報告。六、預算及決算書。七、請願之處理結果及訴願之決定。八、書面之公共工程及採購契約。九、支付或接受之補助。十、合議制機關之會議紀錄。」其中，合議制機關是指由依法獨立行使職權之成員組成之決策性機關，如：公平交易委員會、國家通訊傳播委員會，其所審議議案之案由、議程、決議內容及出席會議成員名單。

政府資訊之主動公開，應斟酌公開技術之可行性，選擇其適當之下列方式行之：「一、刊載於政府機關公報或其他出版品。二、利用電信網路傳送或其他方式供公眾線上查詢。三、提供公開閱覽、抄錄、影印、錄音、錄影或攝影。四、舉行記者會、說明會。五、其他足以使公眾得知之方式」（政府資訊公開法第 8 條第 1 項參照）。

二、被動公開

所謂被動公開，係指行政機關依人民之請求而公開其掌理之資訊。行政程序法第 46 條第 1 項規定：「當事人或利害關係人得向行政機關申請閱覽、抄寫、複印或攝影有關資料或卷宗。但以主張或維護其法律上利益有必要者為限。」即所謂「申請閱覽卷宗」。

行政程序法第 46 條第 2 項規定：「行政機關對前項之申請，除有下列情形之一者外，不得拒絕：一、行政決定前之擬稿或其他準備作業文件。二、涉及國防、軍事、外交及一般公務機密，依法規規定有保密之必要者。三、涉及個人隱私、職業秘密、營業秘密，依法規規定有保密之必要者。四、有侵害第三人權利之虞者。五、有嚴重妨礙有關社會治安、公共安全或其他公共利益之職務正常進行之虞者。」

政府資訊公開法對於被動公開亦有所規範。該法第 9 條規定：「具有中華民國國籍並在中華民國設籍之國民及其所設立之本國法人、團體，得依本法規定申請政府機關提供政府資訊。持有中華民國護照僑居國外之國民，亦同。外國人，以其本國法令未限制中華民國國民申請提供其政府資訊者為限，亦得依本法申請之。」即所謂「申請政府提供資訊」。

人民申請政府提供資訊，亦非毫無限制。政府資訊公開法第 18 條第 1 項規定：「政府資訊屬於下列各款情形之一者，應限制公開或不予提供之：一、經依法核定為國家機密或其他法律、法規命令規定應秘密事項或限制、禁止公開者。二、公開或提供有礙犯罪之偵查、追訴、執行或足以妨害刑事被告受公正之裁判或有危害他人生命、身體、自由、財產者。三、政府機關作成意思決定前，內部單位之擬稿或其他準備作

業。但對公益有必要者，得公開或提供之。四、政府機關為實施監督、管理、檢（調）查、取締等業務，而取得或製作監督、管理、檢（調）查、取締對象之相關資料，其公開或提供將對實施目的造成困難或妨害者。五、有關專門知識、技能或資格所為之考試、檢定或鑑定等有關資料，其公開或提供將影響其公正效率之執行者。六、公開或提供有侵害個人隱私、職業上秘密或著作權人之公開發表權者。但對公益有必要或為保護人民生命、身體、健康有必要或經當事人同意者，不在此限。七、個人、法人或團體營業上秘密或經營事業有關之資訊，其公開或提供有侵害該個人、法人或團體之權利、競爭地位或其他正當利益者。但對公益有必要或為保護人民生命、身體、健康有必要或經當事人同意者，不在此限。八、為保存文化資產必須特別管理，而公開或提供有滅失或減損其價值之虞者。九、公營事業機構經營之有關資料，其公開或提供將妨害其經營上之正當利益者。但對公益有必要者，得公開或提供之。」政府資訊含有上述限制公開或不予提供之事項者，應僅就其他部分公開或提供之（政府資訊公開法第 18 條第 2 項參照）。

　　上述「申請閱覽卷宗」與「申請政府提供資訊」，均係請求政府提供資訊之權利，二者有下列不同之處。

　　首先，二者之法律依據不同。申請閱覽卷宗之法律依據為行政程序法第 46 條第 1 項。申請政府提供資訊之法律依據則為政府資訊公開法第 9 條。

　　其次，申請閱覽卷宗，需當事人或利害關係人始得為之（行政程序法第 46 條第 1 項本文參照）。申請政府提供資訊，任何人均得為之（政府資訊公開法第 9 條參照），不以主張或維護其法律上利益有必要者為限。

最後，申請閱覽卷宗為程序上權利，如遭拒絕，不得單獨不服，僅得於對實體決定聲明不服時一併聲明之 （行政程序法第174條本文參照）；申請人對於政府提供資訊為實體上權利，如遭拒絕，該拒絕之意思表示為行政處分，得對之依法行政救濟 （政府資訊公開法第20條參照）。

三、資訊更正請求權

當事人所申請閱覽之資料或卷宗內容中， 關於自身之記載有錯誤者，得檢具事實證明，請求相關機關更正 （行政程序法第46條第4項參照），即所謂「資訊更正請求權」。

就此，政府資訊公開法有更為明確之規定。該法第14條第1項規定：「政府資訊內容關於個人、法人或團體之資料有錯誤或不完整者，該個人、法人或團體得申請政府機關依法更正或補充之。」同法第15條第1項規定 ：「政府機關應於受理申請更正或補充政府資訊之日起三十日內， 為准駁之決定 ； 必要時 ， 得予延長 ， 延長之期間不得逾三十日。」不服決定者，得提起行政救濟。

第四節　行政民主程序

行政法關係中，行政機關擁有高權地位，典型的行政行為以行政機關之單方行為為主 （如行政處分），行政機關單方之意思即具有拘束相對人之效力。所謂行政民主程序，著重於相對人之參與。換言之，在行政機關作成單方行為之程序中，相對人（人民）亦應有參與行政行為之機會， 藉以影響行政機關之決定， 避免人民淪為 「單純之行政行為客

體」，有害其人性尊嚴。

行政程序中，相對人參與行政程序以踐行行政民主程序之機制，有陳述意見及行政聽證二者。以下分述之。

一、陳述意見

行政程序法第 102 條規定：「行政機關作成限制或剝奪人民自由或權利之行政處分前，除已依第三十九條規定，通知處分相對人陳述意見，或決定舉行聽證者外，應給予該處分相對人陳述意見之機會。但法規另有規定者，從其規定。」

行政機關給予相對人陳述意見之機會時，應以書面通知相對人（行政程序法第 104 條第 1 項參照）。行政處分之相對人及利害關係人得提出陳述書，為事實上及法律上陳述。不於期間內提出陳述書者，視為放棄陳述之機會（行政程序法第 105 條第 3 項參照）。

行政處分之相對人或利害關係人得以言詞向行政機關陳述意見代替陳述書之提出。以言詞陳述意見者，行政機關應作成紀錄，經向陳述人朗讀或使閱覽確認其內容無誤後，由陳述人簽名或蓋章；其拒絕簽名或蓋章者，應記明其事由（行政程序法第 106 條參照）。

行政機關作成限制或剝奪人民自由或權利之行政處分前，原則上應給予相對人陳述意見之機會。但有下列各款情形之一者，行政機關得不給予陳述意見之機會（行政程序法第 103 條參照）：

一、大量作成同種類之處分。例如：徵收汽車燃料使用費之處分。

二、情況急迫，如予陳述意見之機會，顯然違背公益者。例如：新冠肺炎大流行期間，命集中檢疫或集中隔離之處分。

三、受法定期間之限制，如予陳述意見之機會，顯然不能遵行者。

四、行政強制執行時所採取之各種處置。例如：命供擔保、查封、拍賣等。強制執行程序貴在迅速，如給予陳述意見之機會，恐對於執行之效率有所延誤。

五、行政處分所根據之事實，客觀上明白足以確認者。實務上，行政法院曾有謂：「……第一百零三條各款所規定之行政機關得不給予陳述意見機會之情形，自應採嚴格限縮之解釋方法，方符合例外解釋從嚴法則，其中第五款規定行政處分所根據之事實，客觀上明白足以確認者，應係指所根據之事實，一望即知，客觀上明白足以確認者而言[8]。」可資參照。

六、限制自由或權利之內容及程度，顯屬輕微，而無事先聽取相對人意見之必要者。所謂「輕微處分」，例如：警告、告誡、記點、記次等。

七、相對人於提起訴願前依法律應向行政機關聲請再審查、異議、復查、重審或其他先行程序者。例如：對於財稅機關之課稅處分不服，應先申請復查，此時即有陳述意見之機會，故無需在原查程序中即給予相對人陳述意見之機會。

八、為避免處分相對人隱匿、移轉財產或潛逃出境，依法律所為保全或限制出境之處分。

行政機關應給與相對人陳述意見之機會而未給予，該行政處分之程序即有瑕疵。此一瑕疵得事後予以補正，如「應給予當事人陳述意見之機會已於事後給予者」（行政程序法第 114 條第 1 項第 3 款參照），該瑕疵即告治癒，即應視為無瑕疵之合法處分。反之，如未補正，訴願審議機關或行政法院得撤銷該處分。實務上曾有如下案例：某國立大學因某

[8] 高雄高等行政法院 92 年訴字第 410 號判決參照。

學生選讀期間曾於課堂上公然辱罵師長，以惡劣言詞攻訐師長，又有考試作弊等不當行為，故終止原告選讀之權利。行政法院謂：「……被告依據學生獎懲辦法對原告為處分之時，便應依據憲法正當法律程序的要求以及行政法上的基本原則加以審查，乃被告僅由上開行政人員組成之成員以專案討論之方式，決議終止原告選讀之權利，而未通知原告出席陳述意見，即剝奪原告選讀之資格，影響原告學習的身分，嚴重違反原告之行政程序聽審權，則其處分即屬違法。」據此撤銷原行政處分[9]。

二、行政聽證

行政聽證為公開且具有言詞辯論形式，藉以發現真實，保障當事人程序參與權，並化解意見衝突之官民間正式交流程序。聽證程序之內容有法律明文規定（行政程序法第 54 條以下），與「公聽會」、「說明會」等係屬非正式之程序不同。

行政程序法第 107 條規定：「行政機關遇有下列各款情形之一者，舉行聽證：一、法規明文規定應舉行聽證者。二、行政機關認為有舉行聽證之必要者。」法規明文規定應舉行聽證者，例如：行政罰法第 43 條規定，行政機關為「限制或禁止行為之處分」及「剝奪或消滅資格、權利之處分」前，應依受處罰者之申請，舉行聽證。此外，行政機關認為有舉行聽證之必要，亦得主動舉行聽證。

行政機關舉行聽證前，應以書面通知當事人及其他已知之利害關係人（行政程序法第 55 條參照）。聽證，由行政機關首長或其指定人員為主持人，必要時得由律師、相關專業人員或其他熟諳法令之人員在場協助之（行政程序法第 57 條參照）。行政機關為使聽證順利進行，認為必

[9] 高雄高等行政法院 91 年訴字第 969 號判決參照。

要時，得於聽證期日前，舉行預備聽證（行政程序法第 58 條參照）。聽證，應公開以言詞為之（行政程序法第 59 條第 1 項參照）。

聽證以主持人說明案由為始（行政程序法第 60 條第 1 項參照）。當事人於聽證時，得陳述意見、提出證據，經主持人同意後並得對機關指定之人員、證人、鑑定人、其他當事人或其代理人發問（行政程序法第 61 條參照）。

主持人應本中立公正之立場，主持聽證。主持人於聽證時，得行使詢問、委託相關機關為必要之調查、通知證人或鑑定人到場、通知或允許利害關係人參加聽證、許可當事人及其他到場人之發問或發言、禁止當事人或其他到場之人發言、命有妨礙聽證程序而情節重大者退場、決定繼續聽證之期日及場所、終結聽證等職權（行政程序法第 62 條參照）。

當事人認為主持人於聽證程序進行中所為之處置違法或不當者，得即時聲明異議。主持人認為異議有理由者，應即撤銷原處置，認為無理由者，應即駁回異議（行政程序法第 63 條參照）。

聽證，應作成聽證紀錄。聽證紀錄當場製作完成者，由陳述或發問人簽名或蓋章；未當場製作完成者，由主持人指定日期、場所供陳述或發問人閱覽，並由其簽名或蓋章（行政程序法第 64 條第 1 項及第 4 項參照）。

行政機關作成經聽證之行政處分時，應斟酌全部聽證之結果。除法律有特別規定外，並不當然受聽證之結論或意見所拘束，但應附具理由（行政程序法第 108 條第 1 項參照）。對於經聽證程序所作成之行政處分提起爭訟時，免除訴願及其先行程序（行政程序法第 109 條參照）。

第五節　行政程序之內容

行政程序之內容，包括：當事人、程序之開始、調查事實及證據、期日與期間、費用及送達等。以下分述之。

一、當事人

行政程序之當事人如下（行政程序法第 20 條參照）：一、申請人及申請之相對人。二、行政機關所為行政處分之相對人，包含形式之相對人即受處分人，以及附第三人效力處分之實質相對人。三、與行政機關締結行政契約之相對人。四、行政機關實施行政指導之相對人。五、對行政機關陳情之人。六、其他依本法規定參加行政程序之人。

行政程序之當事人，須有當事人能力。行政程序法第 21 條規定：「有行政程序之當事人能力者如下：一、自然人。二、法人。三、非法人之團體設有代表人或管理人者。四、行政機關。五、其他依法律規定得為權利義務之主體者。」

行政程序之當事人，須有行為能力。行政程序法第 22 條第 1 項規定：「有行政程序之行為能力者如下：一、依民法規定，有行為能力之自然人。二、法人。三、非法人之團體由其代表人或管理人為行政程序行為者。四、行政機關由首長或其代理人、授權之人為行政程序行為者。五、依其他法律規定者。」無行政程序行為能力者，應由其法定代理人代為行政程序行為（行政程序法第 22 條第 2 項參照）。

因程序之進行將影響第三人之權利或法律上利益者，行政機關得依職權或依申請，通知其參加為當事人（行政程序法第 23 條參照）。例

如：起造人依建築師之設計圖申請建築執照，主管機關審查時，得依職權或申請通知該建築師參加程序。

　　當事人得委任代理人。但依法規或行政程序之性質不得授權者，不得為之。每一當事人委任之代理人，不得逾三人。代理權之授與，及於該行政程序有關之全部程序行為。但申請之撤回，非受特別授權，不得為之。行政程序代理人應於最初為行政程序行為時，提出委任書。代理權授與之撤回，經通知行政機關後，始對行政機關發生效力（行政程序法第 24 條參照）。

　　行政程序法第 25 條規定：「代理人有二人以上者，均得單獨代理當事人（代理人之單獨代理權限）。違反前項規定而為委任者，其代理人仍得單獨代理。代理人經本人同意得委任他人為複代理人。」此外，代理權不因本人死亡或其行政程序行為能力喪失而消滅。法定代理有變更或行政機關經裁併或變更者，亦同（行政程序法第 26 條參照）。

　　多數有共同利益之當事人，未共同委任代理人者，得選定其中一人至五人為全體為行政程序行為。未選定當事人，而行政機關認有礙程序之正常進行者，得定相當期限命其選定；逾期未選定者，得依職權指定之。經選定或指定為當事人者，非有正當理由不得辭退。經選定或指定當事人者，僅得由該當事人為行政程序行為，其他當事人脫離行政程序。但申請之撤回、權利之拋棄或義務之負擔，非經全體有共同利益之人同意，不得為之（行政程序法第 27 條參照）。選定或指定當事人有二人以上時，均得單獨為全體為行政程序行為（行政程序法第 28 條參照）。

　　行政程序法第 29 條規定：「多數有共同利益之當事人於選定或經指定當事人後，仍得更換或增減之。行政機關對於其指定之當事人，為共同利益人之權益，必要時，得更換或增減之。依前二項規定喪失資格

者，其他被選定或指定之人得為全體為行政程序行為。」

　　當事人之選定、更換或增減，非以書面通知行政機關不生效力。行政機關指定、更換或增減當事人者，非以書面通知全體有共同利益之當事人，不生效力。但通知顯有困難者，得以公告代之（行政程序法第30條參照）。

　　行政程序法第31條規定：「當事人或代理人經行政機關之許可，得偕同輔佐人到場。行政機關認為必要時，得命當事人或代理人偕同輔佐人到場。前二項之輔佐人，行政機關認為不適當時，得撤銷其許可或禁止其陳述。輔佐人所為之陳述，當事人或代理人未立即提出異議者，視為其所自為。」

二、程序之開始

　　行政程序之開始，由行政機關依職權定之（行政程序法第34條本文參照）。行政機關對於是否開始行政程序，擁有裁量權。但依本法或其他法規之規定有開始行政程序之義務，或當事人已依法規之規定提出申請者，行政機關應開始行政程序（行政程序法第34條但書參照）。

　　當事人依法向行政機關提出申請者，除法規另有規定外，得以書面或言詞為之。以言詞為申請者，受理之行政機關應作成紀錄，經向申請人朗讀或使閱覽，確認其內容無誤後由其簽名或蓋章（行政程序法第35條參照）。

三、調查事實及證據

　　行政機關為達到特定行政目的，因調查事實及證據之必要，得採取蒐集資料或檢查措施，即所謂「行政調查」。行政機關應依職權調查證

據，不受當事人主張之拘束，對當事人有利及不利事項一律注意（行政程序法第 36 條參照）。

　　當事人於行政程序中，除得自行提出證據外，亦得向行政機關申請調查事實及證據。但行政機關認為無調查之必要者，得不為調查，並向當事人敘明之（行政程序法第 37 條參照）。行政機關調查事實及證據，必要時得據實製作書面紀錄（行政程序法第 38 條參照）。

　　行政調查之方法，包括：通知相關人到場陳述意見、要求相關人提供必要文件、鑑定及實地檢查等。以下分述之：

（一）**通知相關人到場陳述意見**

　　行政機關基於調查事實及證據之必要，得以書面通知相關之人陳述意見。通知書中應記載詢問目的、時間、地點、得否委託他人到場及不到場所生之效果（行政程序法第 39 條參照）。

（二）**要求相關人提供必要文件**

　　行政機關基於調查事實及證據之必要，得要求當事人或第三人提供必要之文書、資料或物品（行政程序法第 40 條參照）。例如：警察機關向商家調閱監視錄影系統影像。

（三）**鑑定**

　　行政機關得選定適當之人為鑑定。以書面為鑑定者，必要時，得通知鑑定人到場說明（行政程序法第 40 條參照）。實務上常見之鑑定，例如：建築結構安全鑑定、文書鑑定、筆跡鑑定等。

（四）**勘驗**

　　行政機關為瞭解事實真相，得實施勘驗。勘驗時應通知當事人到場。但不能通知者，不在此限（行政程序法第 42 條參照）。

　　行政機關為處分或其他行政行為，應斟酌全部陳述與調查事實及證

據之結果，依論理及經驗法則判斷事實之真偽，並將其決定及理由告知當事人（行政程序法第 43 條參照）。

四、期日與期間

有關期日與期間，行政程序法定有詳細規定。

期間以時計算者，即時起算（行政程序法第 48 條第 1 項參照）。例如：警方於夜間九時命非法聚集之民眾一小時內解散，即時起算至夜間十時期間終止。

期間以日、星期、月或年計算者，其始日不計算在內（行政程序法第 48 條第 2 項本文參照）。例如：某人於 3 月 1 日收到行政機關函文，命其於「文到三日內」補件，計算期間時，始日（3 月 1 日）不計算在內，自 3 月 2 日起算，並以期間末日（3 月 4 日）之終止，為期間之終止[10]。但法律規定即日起算者，不在此限（行政程序法第 48 條第 2 項但書參照）。例如：行政程序法第 81 條本文規定：公示送達自公告之日起，經二十日發生效力。計算期間時，其始日（公告之日）自應計算在內。

期間不以星期、月或年之始日起算者，以最後之星期、月或年與起算日相當日之前一日為期間之末日（行政程序法第 48 條第 3 項本文參照）。例如：某人於 3 月 14 日收到行政機關函文，命其於「文到兩個月內」繳款，期間自 3 月 15 日起算二個月，至與起算日相當日前一日即 5 月 14 日（假設該日並非週末或假日）為期間之末日。但以月或年定期間，而於最後之月無相當日者，以其月之末日為期間之末日（行政程序

---

[10] 類推適用民法第 121 條第 1 項「以日、星期、月或年定期間者，以期間末日之終止，為期間之終止」之規定。

法第 48 條第 3 項但書參照）。例如：期間自民國 113 年 1 月 31 日起算一個月，原應至與起算日相當日之前一日即該月（2 月）30 日為期間之末日。惟當月並無相當日，故以其月之末日（民國 113 年 2 月 29 日）為期間之末日。

　　期間之末日為星期日、國定假日或其他休息日者，以該日之次日為期間之末日（行政程序法第 48 條第 4 項前段參照）。例如：期間之末日為星期日，以該日之次日（星期一）為期間之末日。行政程序法第 48 條第 4 項後段規定：「期間之末日為星期六者，以其次星期一上午為期間末日。」自民國 90 年 1 月 1 日公務人員週休二日實施辦法生效後，此一規定已無適用之餘地，亦應以次週一為期間之末日。

　　期間涉及人民之處罰或其他不利行政處分者，其始日不計時刻以一日論；其末日為星期日、國定假日或其他休息日者，照計（行政程序法第 48 條第 5 項本文參照）。例如：行為人於 1 月 17 日下午收受吊扣執照十日之處分，當日不計時刻以一日論，計算十日，期間終止於 1 月 26 日。當日縱為星期日，照計，並無以該日之次日（1 月 27 日）為期間末日之問題。

　　行政程序法第 49 條規定：「基於法規之申請，以掛號郵寄方式向行政機關提出者，以交郵當日之郵戳為準。」有關行政程序之申請人是否遵守期間提出申請之判定，係採「發信主義」，以交郵當日之郵戳為準，即一般社會大眾所謂「郵戳為憑」。換言之，申請人如於期間內發信，縱使到達行政機關時已逾期間，仍屬於期間內提出申請。應注意者，本條規定之適用，以申請人以掛號郵寄方式向行政機關提出為前提。如非已掛號郵寄方式寄出，則以行政機關收受申請書之日起為準。

　　因天災（如因颱風、地震致交通阻絕）或其他不應歸責於申請人之

事由（如發生嚴重車禍昏迷送醫），致基於法規之申請不能於法定期間內提出者，得於其原因消滅（交通阻絕狀況排除或昏迷之申請人已甦醒）後十日內，申請回復原狀。如該法定期間少於十日者，於相等之日數內得申請回復原狀（行政程序法第 50 條第 1 項參照）。申請回復原狀，應同時補行期間內應為之行政程序行為（行政程序法第 50 條第 2 項參照）。例如：欲報考高考者因颱風交通阻絕而遲誤報名期間，交通阻絕狀況排除後申請回復原狀時，應同時補行報名。又遲誤法定期間已逾一年者，不得申請回復原狀（行政程序法第 50 條第 3 項參照），以免過度危及法安定性。

行政機關對於人民依法規之申請，除法規另有規定外，應按各事項類別，訂定處理期間公告之。未訂定處理期間者，其處理期間為二個月。行政機關未能於期間內處理終結者，得於原處理期間之限度內延長之，但以一次為限，並應於原處理期間屆滿前，將延長之事由通知申請人（行政程序法第 51 條參照）。

五、費用

行政程序所生之費用，原則上由行政機關自行負擔，不向當事人收取。但專為當事人或利害關係人利益所支出之費用，不在此限（行政程序法第 52 條第 1 項參照）。例如：人民向政府機關申請提供資訊，應繳納費用（政府資訊公開法第 16 條第 1 項參照）。因可歸責於當事人或利害關係人之事由，致程序有顯著之延滯者，其因延滯所生之費用，由其負擔（行政程序法第 52 條第 2 項參照）。

證人或鑑定人得向行政機關請求法定之日費及旅費，鑑定人並得請求相當之報酬。上述費用及報酬，得請求行政機關預行酌給之（行政程

序法第 53 條第 1 項及第 2 項參照）。

六、送達

送達者，行政機關將文書依法定方式交付當事人或置於其隨時可取得之狀態。行政程序法對於送達之方式有詳細規定。一旦行政機關依法定方式將文書交付當事人或置於其隨時可取得之狀態，無論當事人實際上是否閱讀或領取該文書，均發生送達之效力。

送達，可由行政機關自行送達，或交由郵政機關送達（付郵送達）。行政機關之文書依法規以電報交換、電傳文件、傳真或其他電子文件行之者，視為自行送達。由郵政機關送達者，以一般郵遞方式為之。但文書內容對人民權利義務有重大影響者，例如：行政處分或行政契約等，應為掛號。文書由行政機關自行送達者，以承辦人員或辦理送達事務人員為送達人；其交郵政機關送達者，以郵務人員為送達人（行政程序法第 68 條參照）。

㈠應受送達人

送達之對象，通常即為文書所載之相對人。例如：行政機關裁處某甲罰鍰處分，某甲即為該處分文書之應受送達人。例外情形，送達之對象非文書所載相對人者，包括下列情形：

1.對於無行政程序之行為能力人為送達者，應向其法定代理人為之（行政程序法第 69 條第 1 項參照）。例如：小學生之入學通知單，應向其法定代理人即父母送達。法定代理人有二人以上者，送達得僅向其中之一人為之（行政程序法第 69 條第 3 項參照）。但無行政程序之行為能力人為行政程序之行為，未向行政機關陳明其法定代理人者，由於行政機關不知其法定代理人為何人而無從對之送達，故於補正前，得向該無

行為能力人為送達（行政程序法第 69 條第 4 項參照）。

2.對於機關、法人或非法人之團體為送達者，應向其代表人或管理人為之（行政程序法第 69 條第 2 項參照）。例如：對於某公司之罰鍰處分，應送達其代表人（董事長）。對於在中華民國有事務所或營業所之外國法人或團體為送達者，應向其在中華民國之代表人或管理人為之（行政程序法第 70 條第 1 項參照）。例如：總部設於美國舊金山之某外國公司，在我國設有分公司，對於該公司之處分書，並非向總公司之董事長送達，應送達其臺灣分公司之代表人。代表人或管理人有二人以上者，送達得僅向其中之一人為之（行政程序法第 69 條第 3 項、第 70 條第 2 項參照）。

3.行政程序之代理人受送達之權限未受限制者，送達應向該代理人（如：律師、會計師）為之。但行政機關認為必要時，得送達於當事人本人（行政程序法第 71 條參照）。

4.當事人或代理人經指定送達代收人，向行政機關陳明者，應向該代收人為送達（行政程序法第 83 條第 1 項參照）。

㈡送達之時間與處所

送達，不得於星期日或其他休息日或日出前、日沒後為之。但應受送達人不拒絕收領者，不在此限（行政程序法第 84 條參照）。

送達，於應受送達人為自然人時，通常在其住居所行之。但在行政機關辦公處所或他處會晤應受送達人時，得於會晤處所為之（行政程序法第 72 條參照）。應受送達人有就業處所者，亦得向該處所為送達（行政程序法第 72 條第 3 項參照）。

應注意者，「住居所」與「戶籍地」乃不同概念。按住所並不以登記為要件，又戶籍法為戶籍登記之行政管理規範，戶籍地址乃係依戶籍

法所為登記之事項，戶籍地址並非為認定住所之唯一標準。不得以戶籍登記之處所，一律解為當然之住所[11]。

對於機關、法人、非法人之團體之代表人或管理人為送達者，應向其機關所在地、事務所或營業所行之。但必要時亦得於會晤之處所或其住居所行之（行政程序法第 72 條第 2 項參照）。

㈢補充送達與留置送達

於應送達處所不獲會晤應受送達人時，得將文書付與有辨別事理能力之同居人、受僱人或應送達處所之接收郵件人員（如公寓大廈管理員）（行政程序法第 73 條第 1 項參照），是為補充送達。

所謂有辨別事理能力，係指代收人知道其所收受者係何種文書，與訴訟能力或完全行為能力有別，並不以代收人成年為必要。所謂同居人，係指與應受送達人居在一處共同為生活者而言，不以具有親屬關係或以永久共同生活為必要[12]。已自購住宅居住之子女為應受送達人時，其未同居之母並無合法收受送達權限。實務上曾有如下案例：應受送達人就讀高中二年級之堂甥女代其收受文書，法院認為：高中二年級依一般社會通念，應已有辨別事理能力。應受送達人與代收郵件者為堂舅與堂甥女之關係，兩人有相當親戚關係，又居住同一地址，顯係具有代收文件資格之同居人，可供參考[13]。

應受送達人之同居人、受僱人或應送達處所之接收郵件人員收受文書後，如再退回該文書，或者因疏忽而忘記將文件轉交應受送達人，均不影響已合法送達之效力。

---

[11] 最高行政法院 96 年度裁字第 2234 號裁定參照。
[12] 最高行政法院 97 年度裁字第 2140 號裁定參照。
[13] 臺北高等行政法院 91 年度簡字第 706 號判決參照。

　　應受送達人或其同居人、受僱人、接收郵件人員無正當理由拒絕收領文書時，得將文書留置於應送達處所，以為送達（行政程序法第73條第3項參照），是為留置送達。

㈣寄存送達

　　送達，不能對應受送達人為之，亦無同居人、受僱人等代收郵件時，得將文書寄存送達地之地方自治或警察機關，並作送達通知書兩份，一份黏貼於應受送達人住居所、事務所、營業所或其就業處所門首，另一份交由鄰居轉交或置於該送達處所信箱或其他適當位置，以為送達（行政程序法第74條第1項參照）。由郵政機關為送達者，得將文書寄存於送達地之郵政機關（行政程序法第74條第2項參照）。

　　寄存機關自收受寄存文書之日起，應保存三個月。無論應受送達人實際上是否領取文書，均已完成送達程序而生送達效力[14]。

㈤公示送達

　　應為送達之處所不明者，行政機關得依申請，或依職權命為公示送達。當事人變更其送達之處所而不向行政機關陳明，致應為送達之處所不明者，應為送達之處所不明者，行政機關得依職權命為公示送達（行政程序法第78條參照）。

　　所謂「應為送達之處所不明」，實務上函釋有謂：「⋯⋯係指應受送達人之住居所、營業所、事務所或其他應為送達之處所全部不明，不能以其他方法為送達者而言；送達機關須已用盡相當之方法探查，仍不知其應為送達之處所者，始足當之。如其中一項已明，或當事人之住居所並未遷移，僅因其出國考察現居於何處不明，或因通緝在逃，暫時匿避何處不明，尚不得謂為應為送達處所不明。」[15]

---

[14] 法務部法律字第0920026106號函參照。

「……應受送達人之戶籍所在地，僅係作為應受送達處所之參考，如逕向該戶籍地送達，但仍不知去向或已遷離，應再向戶政機關查明。倘應受送達人之住居所、營業所、事務所或其他應為送達之處所全部不明，不能以其他方法為送達者，始得依據本法第七十八條第一項第一款『應為送達之處所不明者』之規定，為公示送達。」[16]

公示送達應由行政機關保管送達之文書，而於行政機關公告欄黏貼公告，告知應受送達人得隨時領取；並得由行政機關將文書或其節本刊登政府公報或新聞紙（行政程序法第 80 條參照）。公示送達自公告之日起，其刊登政府公報或新聞紙者，自最後刊登之日起，經二十日發生效力（行政程序法第 81 條參照）。

㈥囑託送達

於外國或境外為送達者，應囑託該國管轄機關或駐在該國之中華民國使領館或其他機構、團體為之（行政程序法第 86 條第 1 項參照）。對於駐在外國之中華民國大使、公使、領事或其他駐外人員為送達者，應囑託外交部為之（行政程序法第 87 條參照）。

對於在軍隊或軍艦服役之軍人為送達者，應囑託該管軍事機關或長官為之（行政程序法第 88 條參照）。對於在監所人為送達者，應囑託該監所長官為之（行政程序法第 89 條參照）。

---

[15] 法務部法律字第 11103505050 號函參照。
[16] 法務部法律字第 0910039712 號函參照。

課後練習

1. 下列何者非屬行政程序法所稱之行政程序？（110 普考）

　(A)考試院修正專門職業及技術人員考試總成績計算規則

　(B)公路監理機關與汽車修理廠締結汽車委託檢驗契約

　(C)警察機關於轄區內進行巡邏

　(D)建築主管機關處理人民對拆除違建疏失提出之舉發

2. 下列何者非屬行政程序法所稱之當事人？（107 普考）

　(A)參與程序之參加人

　(B)檢舉污染之陳情人

　(C)訂定法規命令之提議人

　(D)申請建造執照之申請人

3. 行政機關舉行聽證時，因當事人及利害關係人人數眾多，且利害關係複雜，為使聽證程序正常進行，依行政程序法規定，得選定當事人。下列敘述何者錯誤？（108 高三）

　(A)有共同利益之多數當事人，未共同委任代理人者，得選定其中至多五人為當事人

　(B)選定當事人有數人者，均得單獨為全體於聽證程序中陳述意見

　(C)當事人之選定非以書面通知行政機關者，選定不生效力

　(D)經選定當事人者，僅得由該當事人為程序行為，其他當事人一律脫離行政程序

4.政府採購主管公務員在採購程序中，發現下列何種事由不須迴避？
（110普考）

　(A)公務員前配偶與當事人有利害關係

　(B)採購程序間接使公務員本人獲利

　(C)無利害關係當事人曾於行政訴訟作偽證

　(D)公務員本人投資當事人公司

5.行政程序法中有關閱覽卷宗之規定，下列何者正確？（110普考）

　(A)任何人均得請求閱覽、抄錄行政程序有關卷宗資料

　(B)當事人得就未給予閱覽卷宗之處置，直接提起訴願

　(C)閱覽卷宗時如發現其中資料關於他人之記載有錯誤，得請求更正

　(D)適用分離原則，故涉及公務機密之文書資料中，如無保密必要之部
　　分，仍應准許閱覽

6.依行政程序法規定，停止營業20日之行政處分，其20日應如何計
算？（109普考）

　(A)其始日不計算在內，其末日為星期日、國定假日或其他休息日者，
　　以該日之次日為期間之末日

　(B)其始日不計算在內，其末日為星期日、國定假日或其他休息日者，
　　照計

　(C)其始日不計時刻以1日論，其末日為星期日、國定假日或其他休息
　　日者，以該日之次日為期間之末日

　(D)其始日不計時刻以1日論，其末日為星期日、國定假日或其他休息
　　日者，照計

7.關於行政程序法有關費用規定之敘述，下列何者錯誤？（109 普考）

　　(A)可歸責於當事人之事由，致程序有顯著之延滯者，延滯所生費用由當事人負擔

　　(B)專為當事人或利害關係人利益所支出之費用，由其自行負擔

　　(C)證人或鑑定人得向行政機關請求法定之日費與旅費

　　(D)鑑定人得向行政機關請求相當之報酬，但不得預行酌給之

8.依行政程序法規定，關於聽證之敘述，下列何者錯誤？（108 身三）

　　(A)行政機關為使聽證順利進行，認為必要時，得於聽證期日前舉行預備聽證

　　(B)除法律另有規定外，聽證程序之進行應以書面為之

　　(C)聽證一般由行政機關首長或其指定人員為主持人

　　(D)聽證終結後，決定作成前，行政機關認為必要時，得再為聽證

9.關於行政程序法上送達之敘述，下列何者錯誤？（106 一般警三、退三）

　　(A)由行政機關決定自行送達或交由郵政機關送達

　　(B)由郵政機關送達者，其送達文書內容對人民權益有重大影響者，應為掛號

　　(C)應受送達人無正當理由拒絕收領文書時，應為公示送達

　　(D)行政機關對不特定人為送達時，得以公告代替送達

一、行政程序法第 1 條規定：「為使行政行為遵循公正、公開與民主之程序……」，其中「公正程序」，在行政程序法中有何落實的規定？

課後練習解答

1.(C)。 2.(C)。 3.(D)。 4.(C)。 5.(D)。 6.(D)。 7.(D)。 8.(B)。 9.(C)。

一、

(一)告知

告知者，以通知或公告之方式，將程序之開始及過程讓程序之當事人知
悉，使其知所因應；又可分為：

1.事前告知。例如：行政機關舉行聽證會前通知當事人之義務、不利行
　政處分之預告。

2.事後決定告知。例如：行政機關負有告知當事人其行政行為之決定及
　理由之義務。

3.救濟途徑之告知。行政處分以書面為之者，應表明其為行政處分之意
　旨及不服行政處分之救濟方法、期間及其受理機關。

(二)迴避

行政程序法上之迴避，可分為自行迴避、申請迴避及強制迴避三者。

1.自行迴避。公務員與行政程序之當事人有特定親屬關係（例如：配
　偶、前配偶、四親等內之血親或三親等內之姻親）、法律關係（例如：
　共同權利人或共同義務人）者，應自行迴避。

2.申請迴避。公務員有應自行迴避之事由而不自行迴避者，或有具體事
　實，足認其執行職務有偏頗之虞者，當事人得申請迴避。

3.強制迴避。公務員有應自行迴避原因不自行迴避，而未經當事人申請
　迴避者，應由該公務員所屬機關依職權命其迴避。

(三)禁止程序外之接觸

公務員在行政程序中，除基於職務上之必要外，不得與當事人或代表其

利益之人為行政程序外之接觸。公務員與當事人或代表其利益之人基於
職務上之必要為行政程序外之接觸時，應將所有往來之書面文件附卷，
並對其他當事人公開。

第四編
行政救濟

人民之權益遭受行政機關侵害時，得提起行政救濟。

　　廣義的行政救濟，可分為二個階段。第一階段，為行政機關作成侵害權益之行為（如行政處分）後，尚未對於人民權益造成實際損害前，相對人對於該行政行為提起救濟，以防止權益受損之程序，包括由訴願及行政訴訟所構成之行政爭訟程序，即學理上所稱之第一次權利保護。例如：相對人對於行政機關所作成，尚未執行之停業處分，提起撤銷訴願或撤銷訴訟。第二階段，為行政機關之行為對於人民權益實際造成損害後，相對人請求就其所受損害，進行賠償之程序，即所謂第二次權利保護。例如：員警執勤時非法使用警械，被害人依國家賠償法規定請求損害賠償。

第 14 章　訴願法[1]

人民之權益因行政機關之行政處分遭受損害時，得依訴願法之規定救濟。我國之行政爭訟制度，採取「訴願前置主義」。除法律別有規定外，對於行政機關之行政處分，如未依法提起訴願者，後續將不得向行政法院請求救濟。

某些行政法領域，其法律關係複雜，並具有專業性，且通常為行政機關大量集體作成之行政處分，例如：財稅機關之課稅處分、社會保險機關之給付處分等。此等領域之法律多要求人民不服行政處分提起訴願之前，先向原處分機關以特定程序尋求救濟，此即所謂「訴願之先行程序」。例如：稅捐稽徵法第 35 條第 1 項及海關緝私條例第 47 條之「復查」、全民健康保險法第 6 條及勞工保險條例第 5 條之「審議」等。

第一節　訴願之類型與訴願管轄

訴願之類型，可分為撤銷訴願與課予義務訴願二種。以下分述之。

一、撤銷訴願

訴願法第 1 條第 1 項本文規定：「人民對於中央或地方機關之行政處分，認為違法或不當，致損害其權利或利益者，得依本法提起訴願」，是為撤銷訴願。撤銷訴願所爭訟之對象，為行政機關之積極行為，即已作成之行政處分。人民認為該處分違法或不當，致損害其權利或利益，

---

[1] 本章之內容，部分取材自劉建宏，訴願法之理論與實務一書，並經適度修改。

得提起撤銷訴願，請求受理訴願機關撤銷該處分。例如：行政機關對於人民作成裁罰處分，該受罰人民不服，提起訴願，請求受理訴願機關撤銷該裁罰處分。

二、課予義務訴願

訴願法第 2 條第 1 項規定：「人民因中央或地方機關對其依法申請之案件，於法定期間內應作為而不作為，認為損害其權利或利益者，亦得提起訴願」，是為課予義務訴願。課予義務訴願所爭訟之對象，為行政機關消極之不作為，即怠於依法作成行政處分，致損害人民權利或利益，得提起課予義務訴願。例如：人民向行政機關申請核發營業執照，行政機關受理後，已逾法定期間仍未作成處分，申請人得提起課予義務訴願。

三、訴願之一般管轄

人民提起訴願後，事件應由何機關受理，此即訴願管轄之問題。訴願法第 4 條規定訴願事件之一般管轄如下：

㈠上級機關管轄

行政機關作成行政處分，人民不服提起訴願時，應由其上級機關審查該處分是否違法或不當，侵害人民之權益，是為「上級機關管轄」原則。訴願法第 4 條第 2 款規定：「不服縣（市）政府所屬各級機關之行政處分者，向縣（市）政府提起訴願。」例如：不服嘉義縣環境保護局之行政處分者，向嘉義縣政府提起訴願。同法第 4 條第 4 款規定：「不服直轄市政府所屬各級機關之行政處分者，向直轄市政府提起訴願。」例如：不服高雄市政府警察局之行政處分者，向高雄市政府提起訴願。

同法第 4 條第 6 款規定：「不服中央各部、會、行、處、局、署所屬機關之行政處分者，向各部、會、行、處、局、署提起訴願。」例如：不服交通部公路總局之行政處分者，向交通部提起訴願。同法第 4 條第 7 款規定：「不服中央各部、會、行、處、局、署之行政處分者，向主管院提起訴願。」例如：不服勞動部之行政處分者，向行政院提起訴願；不服考選部之行政處分者，向考試院提起訴願。

㈡監督機關管轄

　　行政處分如係由地方自治團體之最高行政機關 （直轄市政府、 縣（市）政府或鄉鎮市公所）所作成，由於其並無形式上之「上級機關」，訴願事件應由何機關管轄，不無疑問。依訴願法之規定，係由地方自治之監督機關為訴願管轄機關，即採「監督機關管轄」原則。

　　訴願法第 4 條第 1 款規定：「不服鄉（鎮、市）公所之行政處分者，向縣（市）政府提起訴願。」例如：不服嘉義縣大林鎮公所之行政處分時，向嘉義縣政府提起訴願。同法第 4 條第 3 款規定：「不服縣（市）政府之行政處分者，向中央主管部、會、行、處、局、署提起訴願。」例如：某縣民甲在縣政府辦公室內吸菸，經縣政府處以罰鍰處分。某甲不服提起訴願時，由於菸害防制法之中央主管機關為衛生福利部，故應向衛生福利部提起訴願。同法第 4 條第 5 款規定：「不服直轄市政府之行政處分者，向中央主管部、會、行、處、局、署提起訴願。」例如：某直轄市市民乙於捷運車站內飲食，經市政府處以罰鍰處分。乙不服提起訴願時，由於大眾捷運法之中央主管機關為交通部，故應向交通部提起訴願。

㈢原處分機關管轄

　　行政處分如係由中央政府最高層級之機關 （例如： 行政院或考試

院）作成，由於其已無上級機關或監督機關，故訴願事件應由其本身管轄，是為「原處分機關管轄」原則。訴願法第 4 條第 8 款規定：「不服中央各院之行政處分者，向原院提起訴願。」例如：臺北市政府決定延期辦理里長選舉，經行政院予以撤銷。臺北市政府如不服該撤銷里長延選之行政處分提起訴願時，仍應向行政院提起訴願[2]。

四、訴願之特別管轄

訴願之管轄，依訴願法第 4 條之規定，固以一般管轄為其決定之主要標準。惟行政機關組織龐雜，機關間之關係錯綜複雜，上述一般管轄之原則，未必能夠或適於處理所有之訴願事件。是以訴願法上另有諸多訴願管轄之補充規定，分述如下：

㈠委託事件之管轄

行政法上所謂「委託關係」，廣義而言，包括「行政機關間相互之委託」與「私人受託行使公權力」兩種，其訴願之管轄訴願法上有不同之規定。

在行政機關間相互之委託，訴願法第 7 條規定：「無隸屬關係之機關辦理受託事件所為之行政處分，視為委託機關之行政處分，其訴願之管轄，比照第四條之規定，向原委託機關或其直接上級機關提起訴願。」例如：訴願人應公務人員特種考試第二次警察人員考試三等考試錄取，經公務人員保障暨培訓委員會委託申請舉辦考試機關內政部辦理錄取人員訓練（實際辦理訓練機關為臺灣警察專科學校），訴願人於至該校報到訓練期間，以內政部未准其申請至中央警察大學受訓四個月以

---

[2] 司法院釋字第 553 號解釋參照。

上等由，向原委託機關之直接上級機關即考試院提起訴願[3]。

㈡私人受託行使公權力

訴願法第 10 條規定：「依法受中央或地方機關委託行使公權力之團體或個人，以其團體或個人名義所為之行政處分，其訴願之管轄，向原委託機關提起訴願。」例如：交通部委託中國驗船中心檢查船舶，受處分人不服檢驗結果時，得向交通部提起訴願。

㈢委任事件之管轄

訴願法第 8 條規定：「有隸屬關係之下級機關依法辦理上級機關委任事件所為之行政處分，為受委任機關之行政處分，其訴願之管轄，比照第四條之規定，向受委任機關或其直接上級機關提起訴願」，是為「委任事件之管轄」。例如：交通部委任公路總局徵收臺灣省汽車燃料使用費，受處分人不服公路總局之處分時，向其直接上級機關即交通部提起訴願。

第二節　訴願程序之主體

訴願程序之主體者，訴願程序中各種程序行為之行為人，包括：訴願人、參加人等。訴願程序之進行，則由訴願審議委員會主導。

一、訴願當事人能力與行為能力

訴願法第 18 條規定：「自然人、法人、非法人之團體或其他受行政處分之相對人及利害關係人得提起訴願。」依此，得提起訴願之人，包括：自然人、法人（社團法人、財團法人及公司法人）、非法人之團體

---

[3] 考試院 98 考台訴決字第 144 號訴願決定參照。

（祭祀公業、宗教團體、寺廟、未經認許之外國公司）等。

　　訴願法第 1 條第 2 項規定：「各級地方自治團體或其他公法人對上級監督機關之行政處分，認為違法或不當，致損害其權利或利益者」，亦得提起訴願。依此，各級地方自治團體（直轄市、縣市及鄉鎮市）或其他公法人（如：國家表演藝術中心、國家運動訓練中心等行政法人）對其監督機關之行政處分，認為違法或不當，致損害其權利或利益者，亦得提起訴願。

　　行政機關並非權利主體，僅為行為主體，原無權利受損害之問題。早期實務見解，認為行政機關不得提起行政爭訟。晚近，行政法規日趨複雜，前述行政機關不得提起行政爭訟之見解，逐漸鬆動。訴願實務上，出現多起行政機關作為訴願人對另一行政機關之行政處分提起訴願之情形。例如：經濟部水利署不服高雄縣政府指定「旗山堤防」為縣定古蹟之行政處分，提起訴願[4]。內政部警政署辦理基層行政警察人員考試時，限制報考人之身高，經主管機關（臺北市政府）認定違反性別工作平等法，警政署不服該處分提起訴願[5]。

　　訴願人提起訴願，須有訴願行為能力。訴願行為能力者，行為人獨立使其行為在訴願程序中發生法律效果之資格。訴願法第 19 條規定：「能獨立以法律行為負義務者，有訴願能力。」是以自然人訴願行為能力之有無，取決於其是否具備民法上之行為能力。無訴願行為能力人為訴願行為時，依訴願法第 20 條第 1 項之規定，應由其法定代理人代為

---

[4] 文化部文規字第 0972100778 號訴願決定參照。

[5] 勞動部勞動法訴字第 0950040565 號訴願決定參照；有關行政機關作為訴願人提起訴願所衍生之問題，參見：劉建宏，訴願法之理論與實務，2017 年，頁 36 以下。

訴願行為。法人、團體並非自然人，其訴願行為能力之有無，依訴願法第20條第2項之規定：「地方自治團體、法人、非法人之團體應由其代表人或管理人為訴願行為。」法人、團體如由其代表人或管理人為訴願行為時，即有訴願行為能力；否則，即欠缺訴願行為能力。

二、共同訴願與訴願參加

訴願程序中之訴願人，可能為單一主體，亦可能由多數訴願人共同提起訴願。依訴願法第21條規定：「二人以上得對於同一原因事實之行政處分，共同提起訴願。前項訴願之提起，以同一機關管轄者為限。」依本條之規定，共同訴願須具備以下實體要件及程序要件：首先，就共同訴願之實體要件而言，須二人以上係對於「同一原因事實之行政處分」，共同提起訴願。例如：財稅機關對於數繼承人就其所繼承之遺產作成一個課稅處分，數繼承人不服，共同提起訴願。衛生主管機關查獲未依法標示警示圖文或尼古丁、焦油含量之菸品，分別處製造或輸入業者以及販賣業者罰鍰處分，製造或輸入業者以及販賣業者不服，共同提起訴願。其次，就共同訴願之程序要件而言，須共同提起之訴願「以同一機關管轄者為限」。訴願事件之管轄，訴願法有詳細規定。且訴願之管轄規定具有強行性，數人提起之訴願如非由同一機關管轄，自無從共同審議決定，故不得共同提起訴願。

訴願參加者，訴願人以外之第三人，為維護其權益，經受理訴願機關之允許，或由受理訴願機關依職權通知，參加訴願程序之謂。訴願程序，除影響訴願當事人之權益外，有時亦將影響第三人之權益，故第三人得參加訴願。

依訴願法之規定，訴願參加可分為普通參加與必要參加二種類型。

㈠普通參加

訴願法第 28 條第 1 項規定：「與訴願人利害關係相同之人，經受理訴願機關允許，得為訴願人之利益參加訴願。受理訴願機關認有必要時，亦得通知其參加訴願。」依本條項之規定而參加訴願者，稱之為普通參加。普通參加之參加人，其參加訴願之利害關係須與訴願人相同。例如：甲出售土地予乙，作為建築用地，乙向主管建築機關申請建築執照被駁回而提起訴願，甲與訴願人乙利害關係相同，得申請參加訴願。

㈡必要參加

訴願法第 28 條第 2 項規定：「訴願決定因撤銷或變更原處分，足以影響第三人權益者，受理訴願機關應於作成訴願決定之前，通知其參加訴願程序，表示意見。」依本條項之規定而參加訴願者，稱之為必要參加。訴願決定因撤銷或變更原處分，足以影響第三人權益者，受理訴願機關應於作成訴願決定前，通知第三人參加訴願，以保障其權益。例如：甲客運業者申請延長營運路線，經主管機關核准。乙客運業者為該路線之原經營者，不服該核准處分而提起訴願，請求撤銷原處分。受理訴願機關應依訴願法第 28 條第 2 項之規定，通知甲客運業者參加訴願。

三、訴願審議委員會

訴願為行政救濟制度之一環，為加強其組織之公正性及獨立性，訴願法設有「訴願審議委員會」專章，規範訴願事件審議機關之組織。

各機關辦理訴願事件，應設訴願審議委員會（訴願法第 52 條第 1 項前段）。訴願審議委員會之組成人員，包括訴願事件之承辦人，以具有法制專長者為原則（訴願法第 52 條第 1 項後段）。為改進訴願制度之功能，建立訴願審議委員會之公正形象，訴願法第 52 條第 2 項規定：「訴

願審議委員會委員，由本機關高級職員及遴聘社會公正人士、學者、專家擔任之；其中社會公正人士、學者、專家人數不得少於二分之一。」實務上，各級機關多遴聘教授、律師等擔任訴願審議委員會委員。

訴願審議委員會行使職權，以多數決之方式為之。訴願法第 53 條規定：「訴願決定應經訴願審議委員會會議之決議，其決議以委員過半數之出席，出席委員過半數之同意行之。」

第三節　訴願期間

人民不服行政機關之行政處分，得提起訴願請求救濟。訴願法第 14 條第 1 項規定：「訴願之提起，應自行政處分達到或公告期滿之次日起三十日內為之」，規定提起訴願之期間為三十日。

一、訴願期間之起算與終了

提起訴願之 30 日期間，依訴願法第 14 條第 1 項之規定，應自「行政處分達到或公告期滿之次日」起算。提起訴願之人如非行政處分之相對人，而係其他利害關係人，行政處分作成時既未對其送達或以其他方法通知之，自無從依訴願法第 14 條第 1 項之規定起算訴願期間。訴願法第 14 條第 2 項本文規定：「利害關係人提起訴願者，前項期間自知悉時起算。」惟如利害關係人遲遲未知悉行政處分，亦不宜使其訴願期間無限延長，以免有害於法安定性。是以同條項但書規定：「但自行政處分達到或公告期滿後，已逾三年者，不得提起。」

訴願法第 14 條第 3 項規定：「訴願之提起，以原行政處分機關或受理訴願機關收受訴願書之日期為準。」訴願書狀須於訴願期間之內「到

達」原行政處分機關或受理訴願機關，其訴願始為合法。此與行政程序法第 49 條係採「發信主義」，或一般社會大眾「郵戳為憑」之觀念有所不同。惟如使訴願書郵寄或遞送所需時間之不利益完全由訴願人負擔，亦非公平。訴願法第 16 條第 1 項本文規定：「訴願人不在受理訴願機關所在地住居者，計算法定期間，應扣除其在途期間。」「但有訴願代理人住居受理訴願機關所在地，得為期間內應為之訴願行為者，不在此限」（訴願法第 16 條第 1 項但書）。

二、提起訴願不合法定程式或誤向其他機關提起訴願與訴願期間之關係

訴願法第 58 條第 1 項規定：「訴願人應繕具訴願書經由原行政處分機關向訴願管轄機關提起訴願。」訴願人如向原行政處分機關或受理訴願機關以外之機關提起訴願，收受之機關將事件移送至原行政處分機關時，其時點通常已超過訴願期間。為保障人民提起訴願之程序上權利，訴願法第 14 條第 4 項規定：「訴願人誤向原行政處分機關或受理訴願機關以外之機關提起訴願者，以該機關收受之日，視為提起訴願之日。」

訴願之提起為要式行為，應依訴願法第 56 條規定繕具訴願書為之。訴願人如未依規定繕具訴願書，僅向原行政處分機關或受理訴願機關作不服原行政處分之表示者，其訴願原非合法。惟為保障人民提起訴願之程序上權利，訴願法第 57 條規定：「訴願人在第十四條第一項所定期間向訴願管轄機關或原行政處分機關作不服原行政處分之表示者，視為已在法定期間內提起訴願。」訴願人「應於三十日內補送訴願書」。

訴願法第 61 條規定：「訴願人誤向訴願管轄機關或原行政處分機關以外之機關作不服原行政處分之表示者，視為自始向訴願管轄機關提起

訴願。前項收受之機關應於十日內將該事件移送於原行政處分機關，並通知訴願人。」

三、法律教示瑕疵對於訴願期間之影響

行政處分以書面為之者，依行政程序法第 96 條第 1 項第 6 款之規定，應表明其為行政處分之意旨並記載不服行政處分之救濟方法、期間及其受理機關，此即所謂「法律教示義務」。

行政機關作成行政處分違反法律教示義務，如係關於「救濟期間」之教示瑕疵，依其瑕疵類型可分述如下：

1.處分機關告知之救濟期間較法定期間為長，致訴願人遲誤訴願期間者

行政程序法第 98 條第 1 項規定：「處分機關告知之救濟期間有錯誤時，應由該機關以通知更正之，並自通知送達之翌日起算法定期間。」惟如處分機關告知之救濟期間較法定期間為長，處分機關雖以通知更正，如相對人或利害關係人信賴原告知之救濟期間，致無法於法定期間內提起救濟，即有失公平。是以行政程序法第 98 條第 2 項規定，如訴願人於原告知之期間內為之者，視為於法定期間內所為。例如：行政機關作成行政處分並送達受處分人，錯誤告知訴願期間為二個月。嗣後發覺有誤，旋於次日另函通知更正為三十日，訴願期間原應自更正函送達之翌日起算三十日屆至。惟如訴願人於收受行政處分後，因信賴原告知之二個月救濟期間，故安排出國行程，返國後始獲悉更正函。此時，雖已逾更正函所定之三十日訴願期間，如訴願人於原告知之二個月期間內提起訴願者，其訴願為合法。

2.處分機關未告知救濟期間或告知錯誤未為更正，致訴願人遲誤訴

願期間者

行政機關作成行政處分時，依行政程序法第 96 條第 1 項第 6 款之規定，有法律教示義務。如其違反該義務，致訴願人遲誤訴願期間時，行政程序法第 98 條第 3 項規定：「處分機關未告知救濟期間或告知錯誤未為更正，致相對人或利害關係人遲誤者，如自處分書送達後一年內聲明不服時，視為於法定期間內所為。」

本條之規定除「處分機關未告知救濟期間」外，尚包括「告知錯誤未為更正」之情形。後者應指處分機關告知之救濟期間較法定期間為長且未為更正，致訴願人遲誤訴願期間者而言。例如：行政機關作成行政處分並送達受處分人，錯誤告知訴願期間為兩個月，且未為更正。訴願人於該期間之末日提起訴願，實際上而言已逾訴願期間。此際，如類推行政程序法第 98 條第 2 項「如訴願人於原告知之期間內（兩個月）為之者，視為於法定期間內所為」之規定，應足以保護訴願人，並無適用行政程序法第 98 條第 3 項「如自處分書送達後一年內聲明不服時，視為於法定期間內所為」規定之必要[6]。未來修法時，應檢討修正。

第四節　訴願程序

訴願人提起訴願後，訴願程序即開始進行。受理訴願機關之承辦人應編製訴願卷宗，將訴願程序中之相關文書，依法送達，並依訴願法所規定之方法調查證據，審議訴願事件。

---

[6] 陳敏，行政法總論，2019 年 10 版，頁 1325。

一、訴願之提起

提起訴願，為要式行為。訴願法第 56 條規定：「訴願應具訴願書，載明左列事項，由訴願人或代理人簽名或蓋章：一、訴願人之姓名、出生年月日、住、居所、身分證明文件字號。如係法人或其他設有管理人或代表人之團體，其名稱、事務所或營業所及管理人或代表人之姓名、出生年月日、住、居所。二、有訴願代理人者，其姓名、出生年月日、住、居所、身分證明文件字號。三、原行政處分機關。四、訴願請求事項。五、訴願之事實及理由。六、收受或知悉行政處分之年、月、日。七、受理訴願之機關。八、證據。其為文書者，應添具繕本或影本。九、年、月、日。」

訴願書不合法定程式，而其情形可補正者，應通知訴願人於二十日內補正（訴願法第 62 條參照）。訴願書不合法定程式不能補正或經通知補正逾期不補正者，受理訴願機關得依訴願法第 77 條第 1 款規定為不受理之訴願決定。

訴願法第 58 條第 1 項規定：「訴願人應繕具訴願書經由原行政處分機關向訴願管轄機關提起訴願。」何不逕向受理訴願機關提起訴願？主要是為使原處分機關踐行重新審查之機制，避免不必要之訴願事件。惟訴願人之訴願書未具訴願理由者，原處分機關不知其不服原處分之理由，無從進行重新審查或進行答辯，依行政院及各級行政機關訴願審議委員會審議規則（以下簡稱審議規則）第 6 條第 1 項前段之規定，應於十日內移由訴願管轄機關審理，由訴願管轄機關通知其補正。

訴願人之訴願書附具訴願理由者，原處分機關應於二十日內踐行重新審查程序（審議規則第 6 條第 1 項後段參照）。「原行政處分機關對於

前項訴願應先行重新審查原處分是否合法妥當，其認訴願為有理由者，得自行撤銷或變更原行政處分，並陳報訴願管轄機關」（訴願法第 58 條第 2 項參照）。「原行政處分機關不依訴願人之請求撤銷或變更原行政處分者，應儘速附具答辯書，並將必要之關係文件，送於訴願管轄機關」（訴願法第 58 條第 3 項參照）。

實務上，訴願人多有逕將訴願書遞交受理訴願機關者。為簡化程序，受理訴願機關無須再將訴願書原本送交原處分機關，應將訴願書影本或副本送交原行政處分機關，並函請原行政處分機關於二十日內辦理重新審查程序（訴願法第 59 條參照）。

二、訴願卷宗

訴願法第 48 條規定：「關於訴願事件之文書，受理訴願機關應保存者，應由承辦人員編為卷宗。」訴願法第 49 條規定：「訴願人、參加人或訴願代理人得向受理訴願機關請求閱覽、抄錄、影印或攝影卷內文書，或預納費用請求付與繕本、影本或節本。」前項請求，應以書面向受理訴願機關為之（審議規則第 4 條第 1 項參照）。請求付與繕本、影本或節本者，應載明文書種類、名稱、文號及其起迄頁數、份數（審議規則第 4 條第 2 項參照）。閱覽卷宗之請求權人並非僅限於訴願人、參加人或其訴願代理人，「第三人經訴願人同意或釋明有法律上之利害關係，經受理訴願機關許可者，亦得為前條之請求」（訴願法第 50 條）。

請求權人請求閱覽卷宗，受理訴願機關未必准許。依訴願法第 51 條規定，下列文書，受理訴願機關應拒絕閱覽之請求：

一、訴願決定擬辦之文稿。

二、訴願決定之準備或審議文件。

　　第 1 款、第 2 款均屬機關內部文件，為避免承辦人或其他個別之人承受不當之壓力，受理訴願機關應拒絕閱覽之請求。

　　三、為第三人正當權益有保密之必要者。例如：第三人因申請專利權所交付行政機關之圖說。

　　四、其他依法律或基於公益，有保密之必要者。例如：依典試法規定應保密之命題委員、閱卷委員名單等。

　　訴願法第 76 條規定：「訴願人或參加人對受理訴願機關於訴願程序進行中所為之程序上處置不服者，應併同訴願決定提起行政訴訟。」受理訴願機關駁回申請人全部或一部閱覽卷宗之請求時 ， 申請人如有不服，不得提起訴願。僅得於將來不服本案訴願決定時，併同提起行政訴訟，請求救濟。

三、調查證據

　　訴願法係採職權調查原則，訴願事件有調查、檢驗、勘驗或送請鑑定之必要時，受理訴願機關應依職權或囑託有關機關、學校、團體或人員實施之，不受訴願人主張之拘束（訴願法第 67 條第 1 項、審議規則第 17 條參照）。例如：納稅義務人對於稅捐稽徵機關之核課處分不服，提起訴願。受理訴願機關審理後，發現該核課處分已逾核課期間。訴願人雖未就此抗辯，受理訴願機關仍得依職權調查而撤銷核課處分。

　　訴願法所規定調查證據之方法，包括：鑑定、書證或證物、勘驗等。

四、陳述意見及言詞辯論

　　訴願法第 63 條第 1 項規定：「訴願就書面審查決定之」，訴願程序原則上係採書面審理主義。為補其不足，又有陳述意見及言詞辯論之制

度，以保障訴願當事人之程序參與權。

訴願法第 63 條第 2 項、第 3 項規定：「受理訴願機關必要時得通知訴願人、參加人或利害關係人到達指定處所陳述意見。訴願人或參加人請求陳述意見而有正當理由者，應予到達指定處所陳述意見之機會。」

訴願法第 65 條規定：「受理訴願機關應依訴願人、參加人之申請或於必要時，得依職權通知訴願人、參加人或其代表人、訴願代理人、輔佐人及原行政處分機關派員於指定期日到達指定處所言詞辯論。」

第五節　訴願合法要件

對於訴願事件，受理訴願機關應先為程序上之審查。如有訴願不合法或無訴願實益之情形者，無需為實體審查。

一、訴願不合法之情形

依訴願法第 77 條之規定，訴願不合法之情形如下：

一、訴願書不合法定程式不能補正或經通知補正逾期不補正者。訴願書不合法定程式，如其情形可補正者，受理訴願機關不得逕為不受理決定，應通知訴願人於二十日內補正（訴願法第 62 條）。如經通知補正逾期不補正，或不能補正者，始得依訴願法第 77 條第 1 款之規定為不受理決定。

二、提起訴願逾法定期間或未於第 57 條但書所定期間內補送訴願書者。訴願之提起，應於三十日之期間內為之（訴願法第 14 條第 1 項參照）。訴願人提起訴願逾上述法定期間者，受理訴願機關應依本款之規定，為不受理之決定。訴願法第 57 條規定，訴願人在法定期間內向

訴願管轄機關或原行政處分機關作不服原行政處分之表示者，視為已在法定期間內提起訴願，但應於三十日內補送訴願書。訴願人如未於三十日內補送訴願書者，其訴願即不合法，受理訴願機關應依本款之規定為不受理之決定。

三、訴願人欠缺訴願當事人能力者。

四、訴願人無訴願能力而未由法定代理人代為訴願行為，經通知補正逾期不補正者。

五、地方自治團體、法人、非法人之團體，未由代表人或管理人為訴願行為，經通知補正逾期不補正者。

六、行政處分已不存在者。所謂「行政處分已不存在者」，係指行政處分成立生效後，經撤銷而溯及消滅之情形。例如：人民不服行政處分提起訴願後，訴願程序進行中，原處分機關察覺行政處分確有違法之處而自行撤銷，受理訴願機關應為不受理之決定。

七、對已決定或已撤回之訴願事件重行提起訴願者。

八、對於非行政處分或其他依法不屬訴願救濟範圍內之事項提起訴願者。訴願實務上，常有人民對於行政機關不具法效性之單純事實敘述或理由說明提起訴願之情形。以汽車燃料使用費之徵收事件為例，實務上之見解認為：車輛燃料使用費之開徵，係以公告方式為之。當事人如有不服，應於公告期限屆滿翌日起三十日內提起訴願，否則處分即告確定。當事人逾期未繳納時監理機關所寄發之再次催繳通知書，並非行政處分[7]。人民如對之提起訴願，受理訴願機關應為不受理之決定。

我國為司法二元主義國家，公法上之爭議，原應循行政爭訟途徑請求救濟。 惟法律多有將公法上爭議事件劃歸普通法院或其他機關審理

---

[7] 最高行政法院 93 年度判字第 743 號判決參照。

者，例如：總統副總統及公職人員選舉罷免訴訟、國家賠償事件由民事法院審理，違反社會秩序維護法事件由地方法院之簡易法庭或普通庭審理[8]。訴願人如對此等行政處分提起訴願，受理訴願機關應為不受理之決定。

二、無訴願實益

人民提起訴願，除須合於訴願之合法要件之外，尚須其所提起之訴願具有「權利保護必要」(Rechtsschutzbedürfnis)。如其所提起之訴願欠缺法律上值得保護之利益，該訴願事件即屬「無爭訟實益」，受理訴願機關應駁回其訴願。

訴願實務上，所謂「無訴願實益」之案例，例如：違章建築事件，系爭標的物業經強制執行拆除完畢而不復存在者[9]；入出境事件，當事人已自行出境者[10]；農會總幹事候聘事件，該農會已依法聘任總幹事，改選作業程序業已告完竣者[11]。

---

[8] 有關公法上爭議事件法律規定由普通法院或其他機關審理之事例，詳見：劉建宏，行政訴訟審判權，台灣本土法學雜誌，第 95 期，2007 年 6 月，頁 145–153。

[9] 參見：內政部 91 年 7 月 8 日台內訴字第 0910004804 號訴願決定，引自最高行政法院 95 年度判字第 165 號判決。

[10] 參見：最高行政法院 90 年度判字第 1347 號判決。

[11] 參見：行政院訴願會 90 年度台 90 訴字第 38069 號訴願決定。引自：張自強、郭介恆，訴願法釋義與實務，2008 年 7 月 2 版，頁 313，註 5。

第六節　訴願決定

　　訴願人提起訴願，經受理訴願機關審理完竣之後，應作成訴願決定。訴願會承辦人員，應按訴願會審議訴願事件所為決議，依訴願法第89條第1項規定，製作決定書原本，層送本機關長官依其權責判行作成正本，於決定後十五日內送達訴願人、參加人及原行政處分機關（審議規則第28條第1項）。

　　為防止受理訴願機關審議訴願事件之期間過長，損及人民權益，訴願法第85條第1項本文規定：「訴願之決定，自收受訴願書之次日起，應於三個月內為之；必要時，得予延長，並通知訴願人及參加人。延長以一次為限，最長不得逾二個月。」

一、訴願決定之類型

　　訴願決定之本質亦為行政處分，惟其具有爭訟裁決之性質，其效力較一般行政處分為強。訴願決定之類型，可區分如下：

㈠不受理之決定

　　訴願事件有訴願法第77條所定情形之一者，其訴願不合法，受理訴願機關應為不受理之決定。

㈡無理由之決定

　　訴願法第79條第1項規定：「訴願無理由者，受理訴願機關應以決定駁回之。」例如：訴願人提起撤銷訴願，惟其所指摘之行政處分認事用法並無不當；訴願人提起課予義務訴願，惟其所請求者並非有請求權之依法申請之案件。

訴願法第 79 條第 2 項規定：「原行政處分所憑理由雖屬不當，但依其他理由認為正當者，應以訴願為無理由。」例如：原處分機關以訴願人違規經營民宿，裁處罰鍰。訴願人不服，提起訴願。受理訴願機關認定之經營房間數與原處分機關雖有不同，惟其裁罰之金額相同，結果並無二致，故仍駁回其訴願[12]。

(三)有理由之決定

訴願人提起撤銷訴願，經受理訴願機關審理後，如認為原處分確屬違法或不當，並損害訴願人之權益者，應認為訴願有理由。

訴願法第 81 條第 1 項本文規定：「訴願有理由者，受理訴願機關應以決定撤銷原行政處分之全部或一部，並得視事件之情節，逕為變更之決定或發回原行政處分機關另為處分。」受理訴願機關以訴願為有理由時，其處理之方式如下：

1.單純撤銷原行政處分

受理訴願機關如認為原處分僅一部違法或不當，應將該部分撤銷。例如：財稅機關對訴願人作成補稅併罰鍰之處分，受理訴願機關以補稅部分並無違誤，僅罰鍰部分不合法，應將罰鍰部分撤銷。惟如原處分雖僅一部違法，但與其他部分無從分割，應將原處分全部撤銷。例如前例中，受理訴願機關認定補稅部分不合法，因罰鍰之數額係以所逃漏稅額為計算之基準，故亦無從予以維持，應全部撤銷。

受理訴願機關撤銷違法或不當之處分，如足以保障訴願人之權益，即無須再為任何處置。例如：受理訴願機關以原處分機關未盡舉證責任證明訴願人確有違法行為，故撤銷原處分[13]。此種訴願決定，實務上稱

---

[12] 交通部 100 年 10 月 21 日交訴字 1000051669 號訴願決定參照。

[13] 參見：交通部訴願會 100 年 12 月 26 日交訴字第 1000060329 號、101 年 11 月

之為「單純撤銷」或「單撤」。原處分機關收受此一訴願決定後，應受其拘束，不得再對訴願人之同一行為裁罰。原處分如已執行，例如：訴願人已繳納罰鍰，原處分機關應返還之。

2.撤銷原行政處分並發回原行政處分機關另為處分

受理訴願機關以訴願有理由，撤銷原行政處分之全部或一部後，如認原處分機關有另為處分之必要，得將事件發回原處分機關另為處分。此種訴願決定，實務上稱之為「撤銷另處」或「撤另處」。例如法人違法，原處分機關誤以其代表人為裁罰對象[14]，應撤銷發回原行政處分機關另為處分。

3.撤銷原行政處分並逕為變更

受理訴願機關以訴願為有理由時，基於尊重原處分機關之職權，並為重新調查事實之必要，通常作成「撤銷另處」之訴願決定。惟如同一事件曾經撤銷發回，原處分機關重為處分時仍維持己見作成與已撤銷之處分內容相同之處分時，為縮短權利救濟之期間，受理訴願機關應逕為變更之決定[15]。

4.命應作為之機關速為一定之處分

訴願人提起課予義務訴願，受理訴願機關認為行政機關對其依法申請之案件，於法定期間內應作為而不作為，損害其權利或利益者，應指定相當期間，命應作為之機關速為一定之處分（訴願法第 82 條第 1 項參照）。

---

23 日交訴字第 1010037335 號訴願決定。

[14] 例見：交通部訴願會 97 年 3 月 11 日交訴字第 0970018550 號、95 年 5 月 9 日交訴字第 0950031103 號訴願決定。

[15] 吳庚、盛子龍，行政法之理論與實用，2020 年增訂 16 版，頁 630。

　　訴願實務上，經常發生如下案例：應為處分之機關對於當事人依法申請之案件，怠為處分。當事人提起課予義務訴願後，應為處分之機關隨即作成行政處分。此際，受理訴願機關應如何處理？訴願法第 82 條第 2 項規定：「受理訴願機關未為前項決定前，應作為之機關已為行政處分者，受理訴願機關應認訴願為無理由，以決定駁回之。」按應為處分機關所作成之行政處分，其內容如係准許訴願人之申請者，訴願人之請求已獲得滿足，受理訴願機關固應以其提起課予義務訴訟為無理由而駁回之。惟如行政處分之內容係全部或部分否准訴願人之申請者，受理訴願機關是否仍應依本條之規定駁回其訴願？最高行政法院 101 年 2 月份庭長法官聯席會議決議認為：「自程序之保障及訴訟經濟之觀點，訴願法第 82 條第 2 項所謂『應作為之機關已為行政處分』，係指有利於訴願人之處分而言， 至全部或部分拒絕當事人申請之處分， 應不包括在內。故於訴願決定作成前，應作為之處分機關已作成之行政處分非全部有利於訴願人時，無須要求訴願人對於該處分重為訴願，訴願機關應續行訴願程序，對嗣後所為之行政處分併為實體審查，如逕依訴願法第 82 條第 2 項規定駁回，並非適法。」

二、訴願決定之效力

　　受理訴願機關之訴願決定，具有以下效力：

㈠確定力

　　訴願決定為行政處分之一種，惟其具有爭訟裁決性，與一般之行政處分有所不同。是以訴願決定確定後之效力，不稱「存續力」，而稱「確定力」。

　　訴願決定之「確定」，可分為二種情形。其一為訴願決定作成後，

當事人未於法定期間內表示不服者。其二為當事人對於訴願決定不服提起行政訴訟，經行政法院駁回確定者，訴願決定亦隨之而確定。

訴願決定確定後，即生確定力。訴願人或其他利害關係人不得再依通常之救濟程序對訴願決定為不服之主張，受理訴願機關亦不得就同一事件再為相異之決定。

㈡拘束力

訴願決定確定後，訴願人、參加人、原處分機關均應受其拘束。訴願法第 95 條前段更規定，「就其事件，有拘束各關係機關之效力」。所謂「關係機關」，係指與原處分機關及受理訴願機關之有隸屬關係的上、下級機關。詳言之，訴願決定確定後，原處分機關及受理訴願機關之上級機關、再上級機關，及其下級機關、再下級機關，均受拘束。例如：某縣（市）所屬環保局以行為人有違法行為，經查處後，以縣（市）政府名義開立罰鍰處分。行為人不服提起訴願，經中央部會之訴願審議委員會撤銷原處分，該縣（市）之環保局亦受訴願決定拘束，不得拒絕返還行為人已繳納之罰鍰。至於其他無隸屬關係之平行機關，則不受訴願決定之拘束。

三、不利益變更禁止原則

訴願法第 81 條第 1 項規定：「訴願有理由者，受理訴願機關應以決定撤銷原行政處分之全部或一部，並得視事件之情節，逕為變更之決定或發回原行政處分機關另為處分。『但於訴願人表示不服之範圍內，不得為更不利益之變更或處分』」，是為所謂「不利益變更禁止原則」。

不利益變更禁止原則為行政救濟程序之共通原則，訴願法及行政訴訟法均著有明文。此外，在具有行政救濟性質之訴願先行程序，如財稅

事件之復查程序中，亦有其適用[16]。

　　不利益變更禁止原則之制度目的，在於避免人民因尋求行政救濟，反受更不利益之處分而憚於主張，不利其行使憲法上所保障之訴願、訴訟權。惟學說上認為如原處分確係違法，貫徹此一原則之結果，撤銷原處分後反而不能為適法之變更或處分，與依法行政之理念似有扞格，是以認為對此原則之適用應有限制[17]。

　　實務上之見解，則傾向貫徹不利益變更禁止原則。最高行政法院105年8月份第1次庭長法官聯席會議針對此一問題，作成決議，認為：「訴願法第81條第1項：『訴願有理由者，受理訴願機關應以決定撤銷原行政處分之全部或一部，並得視事件之情節，逕為變更之決定或發回原行政處分機關另為處分。但於訴願人表示不服之範圍內，不得為更不利益之變更或處分。』此項本文規定係規範受理訴願機關於訴願有理由時，應為如何之決定。其但書明文規定『於訴願人表示不服之範圍內』，顯係限制依本文所作成之訴願決定，不得為更不利益之變更或處分，自是以受理訴願機關為規範對象，不及於原處分機關。」「因此，原行政處分經訴願決定撤銷，原行政處分機關重為更不利處分，並不違反訴願法第81條第1項但書之規定。惟原行政處分非因裁量濫用或逾越裁量權限而為有利於處分相對人之裁量者，原行政處分機關重為處分時，不得為較原行政處分不利於處分相對人之裁量，否則有違行政行為禁止恣

---

[16] 參見：郭介恆，不利益變更禁止原則——以稅務爭訟為例，載：義薄雲天・誠貫金石——論權利保護之理論與實踐——曾華松大法官古稀祝壽論文集，2006年6月，頁653-654。

[17] 相關批評，參見：吳庚、張文郁，行政爭訟法論，2016年9月8版，頁143；陳敏，行政法總論，2019年10版，頁1382；張自強、郭介恆，訴願法釋義與實務，2008年7月2版，頁344-345。

意原則。」[18]

四、訴願逾期但撤銷變更原處分

訴願人逾法定期間提起訴願，其訴願不合法，受理訴願機關應依訴願法第 77 條第 2 款為不受理決定。惟訴願法第 80 條第 1 項規定：「提起訴願因逾法定期間而為不受理決定時，原行政處分顯屬違法或不當者，原行政處分機關或其上級機關得依職權撤銷或變更之。」

本條項係提起訴願，雖不合法，受理訴願機關仍應審查原行政處分適法性之例外規定。提起訴願不合法之情形頗多，之所以僅限於提起訴願逾法定期間者，殆因依據過往實務之經驗，當事人常因不諳法律而遲誤訴願期間，以致無從救濟。為保障訴願人權益，並遂行行政自我審查之功能，故設本條項規定。上述情形，受理訴願機關仍應於決定主文中載明不受理，於理由中指明應由原行政處分機關撤銷或變更之（審議規則第 25 條參照）。

五、情況決定

訴願法第 83 條第 1 項規定：「受理訴願機關發現原行政處分雖屬違法或不當，但其撤銷或變更於公益有重大損害，經斟酌訴願人所受損害、賠償程度、防止方法及其他一切情事，認原行政處分之撤銷或變更顯與公益相違背時，得駁回其訴願。」此種訴願決定，學說上稱之為「情況決定」。

---

[18] 有關訴願法上不利益變更禁止原則之詳細論述，參見：劉建宏，不利益變更禁止原則——最高行政法院 105 年 8 月份第 1 次庭長法官聯席會議決議，月旦法學教室，第 176 期，2017 年 6 月，頁 6–8。

情況決定之制度係承襲自日本法制而來[19]，其為立法者考量現實狀況，因公益而允許違法處分存續的不得已妥協結果。此一制度對於依法行政原則之破壞甚大，應嚴格限制其適用。

受理訴願機關作成情況決定時，固應以訴願為無理由而駁回訴願，惟原處分並不因之而合法。是以訴願法第 83 條第 2 項規定，受理訴願機關作成情況決定時，應於決定主文中載明原行政處分違法或不當。此外，受理訴願機關為情況決定時，得斟酌訴願人因違法或不當處分所受損害，於決定理由中載明由原行政處分機關與訴願人進行協議。此一協議，並與國家賠償法之協議有同一效力（訴願法第 84 條參照）。

六、原處分之停止執行

訴願法第 93 條第 1 項規定：「原行政處分之執行，除法律另有規定外，不因提起訴願而停止。」所謂法律另有規定，例如：稅捐稽徵法第 39 條第 2 項第 1 款規定，納稅義務人對復查決定之應納稅額繳納半數，並依法提起訴願者，暫緩移送強制執行。

此外，訴願法第 93 條第 2 項亦設有例外之規定：「原行政處分之合法性顯有疑義者，或原行政處分之執行將發生難以回復之損害，且有急迫情事，並非為維護重大公共利益所必要者，受理訴願機關或原行政處分機關得依職權或依申請，就原行政處分之全部或一部，停止執行。」此一規定之目的在於緩和「行政爭訟不停止執行原則」之弊端，在特定情況下，受理訴願機關或原行政處分機關得停止原處分之執行，以兼顧人權保障與行政效率。

---

[19] 吳庚、張文郁，行政爭訟法論，2016 年 9 月 8 版，頁 155；張自強、郭介恆，訴願法釋義與實務，2008 年 7 月 2 版，頁 351。

第七節　不服訴願決定之救濟

人民提起訴願如未獲救濟，其後續之救濟途徑，可分為申請訴願再審及提起行政訴訟二者。

一、訴願再審

當事人或利害關係人對於訴願決定不服，通常可提起行政訴訟以資救濟。惟如訴願之程序有重大瑕疵，或訴願決定之基礎有誤，致影響原訴願決定之正確性者，訴願法另設有再審之特殊救濟途徑。

訴願法第 97 條規定：「於有左列各款情形之一者，訴願人、參加人或其他利害關係人得對於確定訴願決定，向原訴願決定機關申請再審。但訴願人、參加人或其他利害關係人已依行政訴訟主張其事由或知其事由而不為主張者，不在此限：

一、適用法規顯有錯誤者。

二、決定理由與主文顯有矛盾者。

三、決定機關之組織不合法者。

四、依法令應迴避之委員參與決定者。

五、參與決定之委員關於該訴願違背職務，犯刑事上之罪者。

六、訴願之代理人，關於該訴願有刑事上應罰之行為，影響於決定者。

七、為決定基礎之證物，係偽造或變造者。

八、證人、鑑定人或通譯就為決定基礎之證言、鑑定為虛偽陳述者。

九、為決定基礎之民事、刑事或行政訴訟判決或行政處分已變更者。

十、發見未經斟酌之證物或得使用該證物者。

前項聲請再審，應於三十日內提起。前項期間，自訴願決定確定時起算。但再審之事由發生在後或知悉在後者，自知悉時起算。」

二、提起行政訴訟

行政訴訟法第 4 條第 1 項規定：「人民因中央或地方機關之違法行政處分，認為損害其權利或法律上之利益，經依訴願法提起訴願而未獲救濟者，得向行政法院提起撤銷訴訟。」同法第 5 條規定：「人民因中央或地方機關對其依法申請之案件，於法令所定期間內應作為而不作為，或予以駁回，認為其權利或法律上利益受損害者，經依訴願程序後，得向行政法院提起請求該機關應為行政處分或應為特定內容之行政處分之訴訟。」人民提起訴願未獲救濟，無論其所提起者係撤銷訴願或課予義務訴願，依上開行政訴訟法之規定，均得向行政法院提起行政訴訟。

課後練習

1. 下列何者非訴願之先行程序？（108 普考）

　(A)稅捐稽徵法之復查

　(B)公務人員保障法之復審

　(C)專利法之再審查

　(D)貿易法之聲明異議

2. 交通部依法委任所屬公路總局辦理汽車燃料使用費之徵收，對此使用
費徵收之處分不服提起訴願，下列何者為訴願管轄機關？（110 普考）

　(A)交通部公路總局

　(B)交通部

　(C)行政院

　(D)財政部所屬國稅局

3. 下列訴願事件，何者不得逕為不受理之決定？（110 普考）

　(A)對已確定之訴願決定不服，重行提起訴願

　(B)對已撤回之訴願，重行提起訴願

　(C)未成年人自行提起訴願

　(D)當事人對行政程序中駁回陳述意見申請之決定，提起訴願

4. 有關行政處分之停止執行，下列敘述何者錯誤？（108 普考）

　(A)原行政處分之執行，一律因提起行政救濟而停止

　(B)得向原處分機關申請

　(C)得向行政法院聲請

　(D)得向受理訴願機關申請

5.關於訴願程序之敘述，下列何者正確？（107 高三）

(A)訴願人經由原行政處分機關提起訴願時，原行政處分機關應重新審查原行政處分是否合法妥當

(B)訴願人提起訴願後，除法律另有規定外，原行政處分之執行即因而停止

(C)受理訴願機關於訴願程序進行中所為之程序上處置，訴願人應立即提出異議，不得於行政訴訟中主張

(D)訴願人向受理訴願機關提起訴願者，受理訴願機關應即進行訴願程序，並作成決定，無須將訴願書副本送交原行政處分機關

6.甲向原處分機關提起訴願，訴願書卻未具訴願理由，原處分機關應為如何之處理？（108 普考）

(A)訴願駁回

(B)訴願不受理

(C)移由訴願管轄機關審理

(D)通知訴願人於二十日內補正

7.甲遭 3 萬元罰鍰之處罰，提起訴願。受理訴願機關變更罰鍰額度為 5 萬元，違反下列何種原則？（107 高三）

(A)不當聯結禁止原則

(B)不利益變更禁止原則

(C)裁量濫用禁止原則

(D)誠實信用原則

8.訴願人提起訴願，請求為特定內容之行政處分，在訴願決定作成前，
　應作為之機關已作成不利於訴願人之行政處分。受理訴願機關應為如
　何之處置？（110高三）
　⒜應以訴願為不合法，為不受理之決定
　⒝應逕認訴願為無理由，以決定駁回之
　⒞應逕認訴願為有理由者，將原處分撤銷
　⒟應續行訴願程序，對嗣後所為之行政處分併為實體審查

一、某乙受行政機關之罰鍰處分，其認為該處分違法，提起訴願。如受
　　理訴願機關認其訴願有理由時，依訴願法第81條之規定，受理訴
　　願機關有那些處理方式？請詳細說明之。（107關三）

二、訴願法第81條第1項規定：「訴願有理由者，受理訴願機關應以決
　　定撤銷原行政處分之全部或一部，並得視事件之情節，逕為變更之
　　決定或發回原行政處分機關另為處分。但於訴願人表示不服之範圍
　　內，不得為更不利益之變更或處分。」何謂訴願法上「不利益變更
　　禁止原則」？晚近實務上有何重要見解？請詳述之。（106警三法制）

課後練習解答

1.(B)。　2.(B)。　3.(C)。　4.(A)。　5.(A)。　6.(C)。　7.(B)。　8.(D)。

一、

訴願有理由時之處理方式：

㈠單純撤銷原處分

㈡撤銷原行政處分並發回原行政處分機關另為處分

㈢撤銷原行政處分並逕為變更

二、

㈠訴願法上「不利益變更禁止原則」者，訴願人提起訴願，不得受到更不利益之處分。

㈡最高行政法院 105 年 8 月份第 1 次庭長法官聯席會議決議：

1.不利益變更禁止原則以受理訴願機關為規範對象， 不及於原處分機關。故原行政處分經訴願決定撤銷，受理訴願機關固不得逕為更不利處分，惟原行政處分機關如重為更不利處分，並不違反不利益變更禁止原則。

2.惟原行政處分非因裁量濫用或逾越裁量權限而為有利於處分相對人之裁量者，原行政處分機關重為處分時，不得為較原行政處分不利於處分相對人之裁量，否則有違行政行為禁止恣意原則。

第15章　行政訴訟法

　　行政訴訟為人民請求行政救濟之核心。人民權益受公權力侵害時，得向獨立於行政機關組織之外的行政法院提起行政訴訟，請求救濟，對於人民權利保護、行政權之監督，甚至人民對於國家之信賴，均有極大之助益[1]。人民之權益因行政機關之行政處分遭受損害時，經提起訴願未獲救濟者，得向行政法院提起撤銷訴訟或課予義務訴訟，請求救濟。人民之權益因行政機關之其他行政行為而遭受損害時，得向行政法院提起一般給付之訴或確認訴訟，請求救濟。

第一節　行政法院之組織、審判權與管轄權

　　我國為司法二元主義之國家，法律區分為私法及公法，法院亦有普通法院與行政法院之別。以下就行政法院之組織、審判權及管轄權分別敘述之。

一、行政法院之組織

　　我國憲法第 77 條規定：「司法院為國家最高司法機關，掌理民事、刑事、行政訴訟之審判及公務員之懲戒。」行政訴訟之審判，由行政法院掌理。

　　我國行政訴訟係採 「三級二審」 制，行政法院可分為地方行政法

---

[1] 有關行政訴訟制度之規範目的，參見：Würtenberger/Heckmann, Verwaltungsprozessrecht, 4. Aufl., 2018, Rn. 2 ff.

院、高等行政法院與最高行政法院三級。地方行政法院，係指設於高等行政法院之地方行政訴訟庭（行政訴訟法第 3 條之 1 參照），原則上以法官一人獨任行之（行政法院組織法第 3 條第 1 項但書參照），為標的之金額或價額在新臺幣一百五十萬元以下之通常訴訟程序、簡易訴訟程序、交通裁決事件程序及收容聲請事件程序之第一審法院（行政法院組織法第 7 條第 2 項及行政訴訟法第 104 條之 1 第 1 項但書參照）。

高等行政法院，係指設於高等行政法院之高等行政訴訟庭（行政訴訟法第 3 條之 1 參照），以法官三人合議行之（行政法院組織法第 3 條第 1 項本文參照），為標的之金額或價額在新臺幣一百五十萬元以下之通常訴訟程序、簡易訴訟程序、交通裁決事件程序及收容聲請事件程序之上訴審法院（行政法院組織法第 7 條第 1 項第 3 款、第 4 款參照），及標的之金額或價額逾新臺幣一百五十萬元之通常訴訟程序及都市計畫審查程序之第一審法院（行政法院組織法第 7 條第 1 項第 1 款、第 2 款及行政訴訟法第 104 條之 1 第 1 項本文參照）。

最高行政法院則係依據行政法院組織法第 11 條而設置[2]，以法官五人合議行之（行政法院組織法第 3 條第 2 項參照），為標的之金額或價額逾新臺幣一百五十萬元之通常訴訟程序及都市計畫審查程序之上訴審法院（行政法院組織法第 12 條第 1 款參照）。

---

[2] 行政法院組織法第 11 條規定：「最高行政法院設於中央政府所在地。」

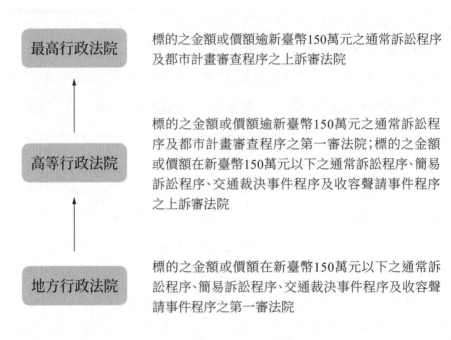

最高行政法院

標的之金額或價額逾新臺幣150萬元之通常訴訟程序及都市計畫審查程序之上訴審法院

高等行政法院

標的之金額或價額逾新臺幣150萬元之通常訴訟程序及都市計畫審查程序之第一審法院；標的之金額或價額在新臺幣150萬元以下之通常訴訟程序、簡易訴訟程序、交通裁決事件程序及收容聲請事件程序之上訴審法院

地方行政法院

標的之金額或價額在新臺幣150萬元以下之通常訴訟程序、簡易訴訟程序、交通裁決事件程序及收容聲請事件程序之第一審法院

行政法院組織執掌圖

　　為統一最高行政法院各庭間之歧異見解，最高行政法院設大法庭。大法庭裁判法律爭議，以法官九人合議行之，並由最高行政法院院長擔任審判長（行政法院組織法第 15 條之 6 第 1 項參照）。

二、行政法院審判權

　　我國行政法院審判權，係採概括條款主義 (Grundsatz der Generalklausel) 之立法例，僅抽象規範審判權之範圍，並非列舉得由行政法院審判之事項。行政訴訟法第 2 條規定：「公法上之爭議，除法律別有規定外，得依本法提起行政訴訟。」依此，凡公法上之爭議，原則上均由行政法院審理。惟本條又設有除外規定，實務上，「法律別有規

定」而將性質上屬公法爭議事件明文規定由普通法院或其他機關審理者不少。列舉如下[3]：

㈠公法上爭議由釋憲機關審理者

憲法上之爭議事件，其性質當然為公法上之爭議。然依憲法訴訟法第1條之規定，關於法規範憲法審查及裁判憲法審查案件，由司法院大法官組成憲法法庭審理，不屬行政法院審判權。

㈡公法上爭議由普通法院審理者

公法上之爭議，法律規定由普通法院審理者，包括：總統副總統及公職人員選舉罷免訴訟、國家賠償事件及違反社會秩序維護法事件三者。

1.總統、副總統及公職人員之選舉、罷免訴訟

總統、副總統及公職人員之選舉、罷免訴訟，關涉總統、副總統及公職人員之身分、職權行使，其性質屬公法上爭議事件。惟我國之總統副總統選舉罷免法、公職人員選舉罷免法均將其審判權劃歸普通法院行使。依總統副總統選舉罷免法第110條規定，選舉、罷免訴訟，專屬中央政府所在地之高等法院管轄。公職人員選舉罷免法第126條第1款規定，第一審選舉、罷免訴訟，由選舉、罷免行為地之該管地方法院或其分院管轄。

2.國家賠償事件

國家賠償事件，其性質為國家對其不法行為或公物管理疏失所構成侵權狀態之損害賠償責任，其本質為公法事件。惟國家賠償法第12條規定：「損害賠償之訴，除依本法規定外，適用民事訴訟法之規定」，往昔司法實務上，一向將國家賠償事件之審判權劃歸普通法院行使。

民國89年新制行政訴訟法施行後，上述情形已有改變。蓋新制行

---

[3] 有關法律明文規定公法上爭議由行政法院以外機關審理之事件，詳見：劉建宏，行政訴訟審判權，台灣本土法學雜誌，第95期，2007年6月，頁145–153。

政訴訟法不僅設有一般給付之訴之訴訟類型（行政訴訟法第 8 條參照），並於同法第 7 條規定：「提起行政訴訟，得於同一程序中，合併請求損害賠償或其他財產上給付。」本條之所謂「請求損害賠償」，亦包括國家賠償事件。

　　有關國家賠償事件審判權歸屬之問題，目前學說上及實務上之見解，傾向採「普通法院審判權與行政法院審判權雙軌說」，即認為：人民請求國家賠償時，除於提起行政訴訟時合併請求之外，亦可循民事訴訟途徑求償[4]。惟為避免普通法院與行政法院審判權之衝突，應視請求權人所主張之原因作如下區分適用[5]：

　　國家賠償事件如依請求權人之主張係因行政處分以外之其他原因（如事實行為）所致者，例如公務車輛於值勤中不慎撞傷路人，被害人請求國家賠償之訴，仍由普通法院管轄。國家賠償事件如依請求權人之主張係因作成或不作成行政處分所致者，應由行政法院管轄。例如：請求權人主張國家賠償係因行政機關之違法行政處分所致者，應先提起撤銷訴訟，並於程序中合併請求國家賠償（行政訴訟法第 8 條第 2 項參照）。實務上有如下案例可供參考：廠商申報自日本進口乾柿餅乙批，經海關查驗認定其原產地應為中國大陸，乃裁處其罰鍰並沒入系爭貨物。原告不服提起行政訴訟，經行政法院認定被告機關所作成之沒入處分違法而判命賠償原告所受損害[6]。

[4] 吳庚、張文郁，行政爭訟法論，2016 年 9 月 8 版，頁 182；陳敏，行政法總論，2019 年 10 版，頁 1201。

[5] 以下見解，詳見：劉建宏，行政訴訟審判權，台灣本土法學雜誌，第 95 期，2007 年 6 月，頁 147 以下。

[6] 臺北高等行政法院 93 年度訴更一字第 185 號判決參照；本件並經最高行政法院 94 年度裁字第 2072 號裁定駁回被告上訴確定。

3.違反社會秩序維護法事件

人民違反社會秩序維護法第三編分則各章之規定時，如係應處罰鍰、申誡或沒入者，依該法第 43 條規定，由警察機關作成裁罰處分。如係應處拘留、勒令歇業或停止營業者，依該法第 45 條規定，應移送簡易法庭裁定。對於警察機關作成之裁罰處分不服者，得向該管簡易庭聲明異議。對於簡易庭關於聲明異議所為之裁定，不得抗告（社會秩序維護法第 55 條、第 57 條第 3 項參照）。對於警察機關移送簡易法庭以裁定作成之裁罰處分不服者，得向同法院普通庭提起抗告。對於普通庭之裁定，不得再行抗告（社會秩序維護法第 58 條參照）。

依上述規定，人民違反社會秩序維護法受裁罰處分所生爭議，非由行政法院，而是由普通法院審理。

(三)公法上爭議由其他法院或機關審理者

公法上之爭議，法律規定由其他法院或非屬法院組織型態之機關審理者，包括：公務員懲戒事件、律師懲戒事件及刑事補償事件，分述如下：

1.公務員懲戒事件

公務員懲戒事件亦屬典型之公法爭議事件，惟依我國目前體制，此等事件既非屬普通法院審判權，亦不屬行政法院審判權，而是另行設置具有類似特別行政法院地位之「懲戒法院」審理。

依據公務員懲戒法第 23 條及第 24 條第 1 項之規定，監察院認為公務員有違法執行職務、怠於執行職務、其他失職行為，或非執行職務之違法行為致嚴重損害政府之信譽，應付懲戒者，應將彈劾案連同證據，移送懲戒法院審理。各院、部、會首長，省、直轄市、縣（市）行政首長或其他相當之主管機關首長，認為所屬公務員有上述違失情事者，應由其機關備文敘明事由，連同證據送請監察院審查。但對於所屬薦任第

九職等或相當於薦任第九職等以下之公務員，得逕送懲戒法院審理。

2. 律師懲戒事件

依律師法之規定，律師有違法行為、違背律師倫理規範情節重大等情事者，由高等檢察署以下各級檢察署及其檢察分署、地方律師公會或全國律師聯合會送請律師懲戒委員會處理（律師法第 76 條參照）。律師懲戒委員會，由高等法院法官三人、高等檢察署檢察官三人、律師七人及學者或社會公正人士二人擔任委員（律師法第 78 條參照）。被付懲戒律師或原移送懲戒機關、團體，對於律師懲戒委員會之決議不服者，得向律師懲戒覆審委員會請求覆審（律師法第 79 條參照）。律師懲戒覆審委員會，由最高法院法官三人、最高檢察署檢察官三人、律師七人及學者或社會公正人士二人擔任委員（律師法第 80 條參照）。

律師懲戒委員會及律師懲戒覆審委員會，性質上相當於設在高等法院及最高法院之初審與終審職業懲戒法庭。律師懲戒覆審委員會之決議即屬法院之終審裁判，並非行政處分或訴願決定，不得再行提起行政爭訟（司法院釋字第 378 號解釋參照）。

3. 刑事補償事件

依刑事補償法第 1 條之規定，因行為不罰或犯罪嫌疑不足而經不起訴處分或撤回起訴、受駁回起訴裁定或無罪之判決確定前，曾受羈押、鑑定留置或收容；或依再審、非常上訴或重新審理程序裁判無罪、撤銷保安處分或駁回保安處分聲請確定前，曾受羈押、鑑定留置、收容、刑罰或拘束人身自由保安處分之執行，受害人得請求國家補償。

刑事補償事件之本質亦為公法事件，惟其與刑事訴訟程序關係密切，故法律另行規定其請求及救濟途徑。依刑事補償法第 9 條之規定，刑事補償，由原處分或撤回起訴機關，或為駁回起訴、無罪、免訴、不

受理、不付審理、不付保護處分、撤銷保安處分或駁回保安處分之聲請、諭知第 1 條第 5 款、第 6 款裁判之機關管轄。補償請求人不服決定者，得聲請司法院刑事補償法庭覆審 （刑事補償法第 18 條第 1 項參照）。司法院刑事補償法庭法官，由司法院院長指派最高法院院長及法官若干人兼任之，並以最高法院院長為審判長（刑事補償法第 19 條第 1 項參照）。其請求及救濟程序均有別於訴願、行政訴訟程序。

三、行政法院之管轄權

行政法院之土地管轄，可分為一般審判籍與特別審判籍。一般審判籍者，行政法院對於案件土地管轄之一般性劃分原則。行政法院土地管轄之一般審判籍，與民事訴訟法相同，亦採「以原就被」原則。行政訴訟法第 13 條第 1 項規定：「對於公法人之訴訟，由其公務所所在地之行政法院管轄。其以公法人之機關為被告時，由該機關所在地之行政法院管轄。」

特別審判籍者，行政法院對於案件土地管轄之特別劃分原則。例如：行政訴訟法第 15 條第 1 項規定：「因不動產徵收、徵用或撥用之訴訟，專屬不動產所在地之行政法院管轄。」此外，如前所述，行政法院土地管轄之一般審判籍，與民事訴訟法相同，亦採「以原就被」原則。惟行政訴訟多為「民告官」之訴訟結構，其被告多為行政機關。採取以原就被原則，不免犧牲人民之利益，便利行政機關，因此飽受學者之批評，認為應改採「以被就原」原則，以保障人民近用法院之權利[7]。立法上，亦有採以被就原之特別審判籍者，例如：行政訴訟法第 15 條之 1 規定：「關於公務員職務關係之訴訟，得由公務員職務所在地之行政法院管轄。」行政訴訟法第 15 條之 2 第 1 項規定：「因公法上之保險事件涉訟者，得

---

[7] 例見：吳庚、張文郁，行政爭訟法論，2016 年 9 月 8 版，頁 191。

由為原告之被保險人、受益人之住居所地或被保險人從事職業活動所在地之行政法院管轄。」第 237 條之 2 規定：「交通裁決事件，得由原告住所地、居所地、所在地或違規行為地之地方法院行政訴訟庭管轄。」

第二節　行政訴訟之當事人

　　行政訴訟法第 23 條規定：「訴訟當事人謂原告、被告及依第四十一條與第四十二條參加訴訟之人。」行政訴訟之當事人，包括原告及被告，固無疑問。至於所謂訴訟參加人亦為當事人，則為民事訴訟法所無。究其原因，行政訴訟中，多有行政機關僅居於「形式上被告」之地位，實際上權利義務相衝突者則為原告與第三人（參加人）之情形者[8]。以典型之「鄰人訴訟」為例，起造人甲向建築主管機關申請建造執照獲准，其鄰人乙以該處分侵害其權益為由提起行政訴訟者，固然以建築主管機關為被告提起行政訴訟。惟實際上權利義務相衝突者，則為原告乙與參加人甲。參加人固然為行政訴訟之廣義當事人，惟其並無處分訴訟標的之權能（例如：捨棄、認諾、撤回、和解等），亦無受判決之地位，與狹義之當事人（指原、被告）仍有所不同。

一、當事人能力與訴訟能力

　　行政訴訟之當事人，需有當事人能力。當事人能力者，得為行政訴訟上當事人之一般資格。行政訴訟法第 22 條規定：「自然人、法人、中央及地方機關、非法人之團體，有當事人能力。」依此，具有行政訴訟當事人能力者，包括：自然人、法人（社團法人、財團法人及公司法

---

[8] 劉建宏，基本人權保障與行政救濟途徑㈠，2019 年 3 月 2 版，頁 126 以下。

人)、中央及地方機關、非法人之團體（祭祀公業、宗教團體、寺廟、未經認許之外國公司）等。

　　行政訴訟之當事人，尚需有訴訟能力，始能獨立使其行為在訴訟程序中發生法律效果。行政訴訟法第 27 條第 1 項規定：「能獨立以法律行為負義務者，有訴訟能力。」自然人訴訟能力之有無，取決於其是否具備民法上之行為能力。無訴訟能力之當事人為訴訟行為時，依行政訴訟法第 28 條準用民事訴訟法第 47 條之規定，應得法定代理人之允許。法人、中央及地方機關及非法人之團體並非自然人，其訴訟能力之有無，依行政訴訟法第 27 條第 2 項之規定：「法人、中央及地方機關、非法人之團體，應由其代表人或管理人為訴訟行為。」法人、中央及地方機關及非法人之團體如由其代表人或管理人為訴訟行為時，即有訴訟能力；否則，即欠缺訴訟能力。

二、當事人適格

　　當事人適格者，在特定案件中，得為原告或被告之資格、地位，即所謂得為正當當事人之資格。行政訴訟之當事人適格，可分為原告當事人適格及被告當事人適格二者。

㈠原告之當事人適格

　　原告是否為適格之當事人，係以其是否擁有訴權 (Klagebefugnis) 為判斷標準。原告如因行政機關作成行政處分、怠為行政處分或否准作成行政處分而造成其權利或法律上利益受損者，得為適格之原告而提起行政訴訟。所謂「法律上利益」，需有法律之依據。如為經濟上、事實上、理念上之利益者，則不屬之。

　　為免法院需逐案審查原告是否有權益受侵害之可能，以節省訴訟資

源，實務上發展出所謂「相對人理論」(Adressatentheorie)[9]。凡原告為侵益處分之相對人者，其權益必然受有損害，無需再審究其何種權益可能受侵害。例如：某甲受行政機關之裁罰處分，不服該處分提起行政訴訟；某乙申請核發建造執照，遭主管機關否准，不服該處分提起行政訴訟等情形。此際，由於原告即為侵益處分（裁罰處分、否准處分）之相對人，必然有權益受到侵害，故得為適格之當事人。

行政訴訟實務上，案件多由侵益處分之相對人所提起，相對人理論可解決大部分案件當事人適格之問題。例外情形，則需個案審查原告是否有權益受侵害之「可能」，學理上稱之為「可能說」(Möglichkeitstheorie)[10]。如依原告之主張，其權益有受侵害之可能（至於是否確實受到侵害則為訴訟是否有理由之問題），即為適格之當事人；反之，如依原告之主張其顯無權益受侵害之可能者，即非適格之當事人。

下列兩種情形，相對人理論無適用之餘地，需個案審查原告是否有權益受侵害之可能而判斷其是否為適格之當事人：

1.原告非侵益行政處分之相對人

原告如非侵益行政處分之相對人，自無相對人理論之適用。通常此等情形行政法院多以其欠缺當事人適格為由駁回其訴。例如：對於法人所受之裁罰處分，代表人以自己名義為原告提起撤銷訴訟；對於妻所受之裁罰處分，夫以自己名義為原告提起撤銷訴訟；對於子女所受之裁罰處分，父母以自己名義為原告提起撤銷訴訟。上述情形，均屬當事人（原告）不適格。蓋法人與代表人間、夫妻、父母子女間之人格各自獨

---

[9] 有關相對人理論之內涵，參見：吳庚、張文郁，行政爭訟法論，2016 年 9 月 8 版，頁 208。

[10] Würtenberger/Heckmann, Verwaltungsprozessrecht, 4. Aufl., 2018, Rn. 326.

立，一方受有侵益處分，他方通常並無法律上利益受損害，不得以自己名義為原告而提起行政訴訟[11]。

例外情形，原告雖非侵益行政處分之相對人，惟如其有固有之權益受侵害時，得為適格之當事人而提起行政訴訟。例如：我國國民之外籍配偶申請探親停留簽證遭駁回，本國配偶認該駁回處分對其「家庭團聚、共同生活權利」形成侵害，自有訴訟權能，得依行政訴訟法第4條第1項規定，提起撤銷訴訟[12]。

2.原處分係授益處分

原處分如係授益處分，相對人自無提起行政訴訟之可能。惟行政處分中有所謂「附第三人效力之行政處分」(Verwaltungsakt mit Drittwirkung) 者，對相對人之負擔處分同時產生對第三人授益之效果，或者對相對人之授益處分同時產生對第三人負擔之效果[13]。在典型之鄰人訴訟 (Nachbarklage) 中，此類案例尤多。例如：起造人甲申請建築執照（對甲而言為授益處分）獲准，其鄰人乙以該執照（對乙而言為侵益

---

[11] 相關案例，參見：吳庚、張文郁，行政爭訟法論，2016年9月8版，頁209。

[12] 臺北高等行政法院108年度訴字第1904號判決參照；亦參：最高行政法院104年度判字第743號判決。應注意者，最高行政法院103年8月份第1次庭長法官聯席會議則採否定見解，認為：我國國民之外籍配偶申請探親停留簽證遭駁回，我國籍之本國配偶因非簽證條例所定得以申請簽證之人，故無提起課予義務之當事人適格。晚近，憲法法庭111年憲判字第20號判決認為：「……最高行政法院103年8月份第1次庭長法官聯席會議決議……僅係就是否符合提起課予義務訴訟之要件所為決議，其固未承認本國（籍）配偶得以自己名義提起課予義務訴訟，惟並未排除本國（籍）配偶以其與外籍配偶共同經營婚姻生活之婚姻自由受限制為由，例外依行政訴訟法第4條規定提起撤銷訴訟之可能。……」亦肯定本國籍配偶提起撤銷訴訟之訴訟權能。

[13] 吳庚、盛子龍，行政法之理論與實用，2020年增訂16版，頁318以下。

處分）違反消防安全或建築法規為由提起撤銷訴訟。

晚近，實務上受到法秩序主觀化 (Subjektivierung der Rechtsordnung) 及主觀公權利擴張 (Ausdehnung der subjektiv-öffentlichen Rechte) 等趨勢之影響[14]，各種新興之權利如：「景觀權」、「日照權」等逐漸獲得承認。例如：鄰人以起造人所申請之高樓建物，侵害其住宅之景觀、日照，得為適格之當事人而提起行政訴訟[15]。

㈡被告之當事人適格

行政訴訟法第 24 條規定：「經訴願程序之行政訴訟，其被告為下列機關：一、駁回訴願時之原處分機關。二、撤銷或變更原處分時，為撤銷或變更之機關。」行政訴訟之被告當事人適格，有以下二種情形：

1.駁回訴願時之原處分機關

人民不服侵益處分（如罰鍰處分）提起訴願，經受理訴願機關駁回其訴願，如提起撤銷訴訟時，應以原處分機關，而非以受理訴願機關為被告。蓋人民所不服者，主要是該裁罰處分。對於訴願決定，僅係附帶請求撤銷，並非主要之爭訟標的。故應以作成侵益處分之原處分機關為被告。

2.撤銷或變更原處分時之撤銷或變更機關

人民不服撤銷或變更原處分之訴願決定提起撤銷訴訟時，應以撤銷或變更原處分之受理訴願機關為被告。例如：起造人某乙申請建造執照，遭主管機關否准。某乙不服提起訴願，受理訴願機關以其訴願有理由，撤銷或變更原否准處分。鄰人某甲不服而提起撤銷訴訟時，由於其

---

[14]所謂「法秩序主觀化」及「主觀公權利擴張」，係指原本僅認為係為維護公益，與個人權益無涉之條文，晚近在實務上逐漸被視為同時具有保障個人權益之功能，人民得據此提起行政訴訟之趨勢；vgl. Würtenberger/Heckmann, Verwaltungsprozessrecht, 4. Aufl., 2018, Rn. 30.

[15]最高行政法院 99 年度判字第 504 號判決參照。

不服者為將原處分撤銷或變更之訴願決定，故應以撤銷或變更原處分之受理訴願機關為被告。

人民與受委託行使公權力之團體或個人，因受託事件涉訟者，應以受託之團體或個人為被告（行政訴訟法第 25 條參照）。例如：內政部、財政部、中央銀行委託臺灣土地銀行統籌辦理青年優惠房屋貸款優惠借款各承辦金融機構利息補貼金額之核算及申請撥付作業，有關取消青年優惠房屋貸款優惠借款資格之事件，應以臺灣土地銀行為被告[16]。內政部營建署授權臺北市建築師公會為建築物室內裝修審查機構，有關核發許可之爭議事件，應以臺北市建築師公會為被告[17]。

第三節　行政訴訟之類型

行政訴訟之訴訟類型 (Klagearten)[18]，主要有：撤銷訴訟、確認訴訟以及給付訴訟三種（行政訴訟法第 3 條參照）。

訴訟類型之功能，除規定人民提起行政訴訟時可選擇之權利保護類型之外，亦寓含規範司法權與行政權關係之功能。凡行政訴訟法中未規定之訴訟類型，人民即無從向行政法院提起訴訟，主張救濟。例如：我國行政訴訟法上未如德國行政法院法有所謂規範審查 (Normenkontrolle) 之訴訟類型，人民即無從向行政法院訴請宣告法規命令無效[19]，僅得依

---

[16] 臺北高等行政法院 95 年度訴字第 1998 號判決參照。

[17] 臺北高等行政法院 102 年度訴字第 508 號判決參照。

[18] 有關行政訴訟法上訴訟類型之內容，參見：劉建宏，行政訴訟法上之訴訟類型，法學講座，第 2 期，2002 年 2 月，頁 51–62。

[19] 唯一例外，為都市計畫審查程序。依據行政訴訟法第 237 條之 18 第 1 項規定，人民、地方自治團體或其他公法人認為行政機關依都市計畫法發布之都市計畫

憲法訴訟法第 59 條第 1 項規定，依法定程序用盡審級救濟後，對於受不利確定終局裁判所適用之法規範聲請憲法法庭為宣告違憲之判決。

一、撤銷訴訟

「撤銷訴訟」(Anfechtungsklage) 為行政訴訟法上最早發展成型之訴訟類型。在民國 87 年 10 月 28 日新制行政訴訟法修正公布之前，撤銷訴訟是行政訴訟法上唯一的訴訟類型。

撤銷訴訟的本質為「形成之訴」(Gestaltungsklage)，行政訴訟法第 4 條第 1 項規定：「人民因中央或地方機關之違法行政處分，認為損害其權利或法律上之利益，經依訴願法提起訴願而不服其決定，或提起訴願逾三個月不為決定，或延長訴願決定期間逾二個月不為決定者，得向行政法院提起撤銷訴訟。」例如：某甲受行政機關之罰鍰處分，經依訴願程序請求救濟而無結果，向行政法院提起撤銷訴訟，請求撤銷被告機關所為之罰鍰處分及訴願決定。

行政訴訟法第 4 條第 3 項規定：「訴願人以外之利害關係人，認為第一項訴願決定，損害其權利或法律上之利益者，得向行政法院提起撤銷訴訟。」例如：某甲依建築法之規定向建築主管機關申請核發建造執照，經主管機關以其建築設計圖不符法令為由，予以駁回。甲依訴願程序請求救濟，經受理訴願機關以其訴願有理由而撤銷原處分機關之駁回處分。甲之鄰人某乙（原告）以其權益受訴願決定之侵害，不經訴願程

違法，而直接損害、因適用而損害或在可預見之時間內將損害其權利或法律上利益者，雖該都市計畫具法規命令之性質，並非行政處分，仍得以核定都市計畫之行政機關為被告，逕向管轄之高等行政法院提起訴訟，請求宣告該都市計畫無效。

序，逕向行政法院提起撤銷訴訟，請求撤銷被告機關（訴願決定機關）之訴願決定。

民國 99 年 1 月修法時，新增已執行行政處分撤銷時回復原狀之規定。按人民如認為行政機關之違法行政處分侵害其權益而提起撤銷訴訟，經行政法院判決撤銷原處分時，其權益通常即能獲得保障。惟我國採取行政爭訟不停止執行原則（行政訴訟法第 116 條第 1 項參照），若系爭行政處分經行政法院撤銷前，已經行政機關執行者，縱使該處分經行政法院撤銷，人民可能已受有損害。是以行政訴訟法第 196 條第 1 項規定：「行政處分已執行者，行政法院為撤銷行政處分判決時，經原告聲請，並認為適當者，得於判決中命行政機關為回復原狀之必要處置。」例如：行政機關對某甲所有之 A 物處以沒入處分，並已執行。某甲提起撤銷訴訟，經行政法院認為有理由而撤銷該違法沒入處分時，經原告聲請，並認為適當者，得於判決中命行政機關將 A 物返還某甲。

應注意者，上述情形，限於該處分之執行具有回復原狀之可能性時，始得為之。如原處分之執行無回復原狀之可能時，應依行政訴訟法第 6 條第 1 項提起違法確認訴訟（詳後述）。

二、課予義務訴訟

「課予義務訴訟」(Verpflichtungsklage) 之性質，為一種特殊類型的給付訴訟，係人民向行政法院請求判命行政機關作成行政處分之訴訟類型。

依行政訴訟法第 5 條第 1 項規定：「人民因中央或地方機關對其依法申請之案件，於法令所定期間內應作為而不作為，認為其權利或法律上利益受損害者，經依訴願程序後，得向行政法院提起請求該機關應為行政處分或應為特定內容之行政處分之訴訟」，此即所謂「怠為處分之

課予義務訴訟」(Untätigkeitsklage)。例如：申請人申請就系爭土地補辦增編原住民保留地，主管機關作成否准處分，經受理訴願機關作成訴願決定予以撤銷，命原處分機關另為適法之處理；原處分機關遲未作成准許之行政處分，申請人再度提起訴願，經受理訴願機關作成訴願決定命原處分機關應於一個月內另為適法處分；原處分機關近兩個月仍未作成准許之行政處分，申請人乃依行政訴訟法第 5 條第 1 項提起行政訴訟[20]。

　　行政訴訟法第 5 條第 2 項規定：「人民因中央或地方機關對其依法申請之案件，予以駁回，認為其權利或法律上利益受違法損害者，經依訴願程序後，得向行政法院提起請求該機關應為行政處分或應為特定內容之行政處分之訴訟」，此即所謂「排除否准之課予義務訴訟」(Versagungsgegenklage)。例如：建築物起造人某甲向主管機關申請核發建照執照，經主管機關以其建築設計圖違反建築法規為理由予以駁回。甲經依訴願程序請求救濟無結果，乃以主管機關為被告，依行政訴訟法第 5 條第 2 項向行政法院提起課予義務訴訟，請求撤銷被告機關所為拒絕原告請求之處分及訴願決定，並請求判命被告機關應核准原告建照執照之申請。

三、一般給付之訴

　　行政訴訟法第 8 條第 1 項規定：「人民與中央或地方機關間，因公法上原因發生財產上之給付或請求作成行政處分以外之其他非財產上之給付，得提起給付訴訟。因公法上契約發生之給付，亦同。」此即所謂「一般給付之訴」(allgemeine Leistungsklage)。一般給付之訴與課予義務訴訟之不同，在於課予義務訴訟係以「行政處分」為請求之對象，一

---

[20] 最高行政法院 109 年度上字第 152 號判決參照。

般給付之訴則以「因公法上原因發生財產上之給付」或「行政處分以外之其他非財產上之給付」為請求之對象。惟如財產上之給付，以行政處分應否撤銷為據者，應於提起撤銷訴訟時，併為請求（行政訴訟法第8條第2項參照）。

前述之撤銷訴訟與課予義務訴訟，其被告地位原則上專屬於公法人或行政機關等公權力主體[21]，人民並無作成行政處分之權限，故不得作為此二種訴訟類型之被告。至於在一般給付之訴中，原、被告均得由人民或公權力主體擔任。換言之，不僅可由人民對公權力主體提出，亦可由公權力主體對人民提出[22]，甚至由公權力主體對另一公權力主體提出[23]。

一般給付之訴，其內容頗為龐雜，依其請求內容之不同，又可區分為下列各種子類型：

㈠公法上財產給付訴訟

人民與中央或地方機關間，因公法上原因發生財產上之給付而提起

---

[21] 例外情形，私人受託行使公權力時，亦可能作為撤銷訴訟或課予義務訴訟之被告。

[22] 例如公權力主體請求人民履行由公法契約所生之義務時，應以人民為被告提起一般給付之訴。

[23] 原告某鎮公所起訴主張其所轄鎮民因住屋火災申請救助，經原告函轉被告即原告所屬縣政府審查辦理，被告審核後，函示原告「同意核撥救助金三萬元，請貴所先行墊發，再檢據及印領清冊送付憑撥憑歸墊」。原告即遵示動支墊發救助金三萬元，並即以公文交換方式，檢具印領清冊及收據送交被告。惟被告迄未撥付系爭墊付款，原告乃依行政訴訟法第8條第1項規定提起行政訴訟，經行政法院以原告與被告間成立行政契約，被告拒不履行，乃以原告之訴有理由，判令被告應給付原告新臺幣參萬元；參見：臺北高等行政法院90年度簡字第7969號判決，本件並經最高行政法院93年度裁字第386號裁定駁回被告上訴確定。

給付訴訟者，例如：原告持有中獎之統一發票，於兌獎時因商家開立發票有異常情形遭拒，向行政法院提起給付訴訟，訴請判命國稅局給付獎金[24]。

㈡非財產給付訴訟

人民與中央或地方機關間，因公法上原因請求作成行政處分以外之其他非財產上之給付，得提起給付訴訟。此種訴訟類型之標的，為非行政處分之其他具有高權性質之「作為」(Tun)、「容忍」(Dulden) 或「不作為」 (Unterlassen)，範圍極為廣泛。 故其具有 「收容訴訟類型」(Auffangklage) 之功能，舉凡行政訴訟法上列舉之各種訴訟類型所不及之新訴訟類型，均得以此為依據，藉以維護人民公法上權利救濟制度之完整性[25]。

非財產之給付訴訟，依其請求內容之不同，又可區分為下列各種類型：

1.請求事實行為

所謂「事實行為」(Realakt)，包括履行行政契約之義務、銷毀檔案或其他物品、支付金錢、物之交付等[26]。以上述事實行為為標的而有所請求者，均得提起一般給付之訴，例如：請求行政機關銷毀已逾保存期限之個人資料檔案、請求人事主管機關塗銷人事檔案中之某項記載、請求健保署塗銷健保卡之某項註記等。

因公法上原因向行政機關請求財產上給付，其性質原本亦屬本項之「請求行政機關為事實行為」。 惟行政訴訟法第 8 條既已將給付之內容

---

[24] 臺中高等行政法院 97 年度簡字第 47 號判決、高雄高等行政法院 97 年度簡字第 177 號判決參照。

[25] Würtenberger/Heckmann, Verwaltungsprozessrecht, 4. Aufl., 2018, Rn. 439.

[26] Würtenberger/Heckmann, Verwaltungsprozessrecht, 4. Aufl., 2018, Rn. 441.

區分為財產上給付及非財產上給付，則因公法上原因向行政機關請求財產上給付，自不屬此之所謂「請求行政機關為事實行為」。

2.請求公法上意思表示或觀念通知

以公法上「意思表示」(Willenserklärung) 為請求標的之一般給付之訴，如人民訴請締結或調整行政契約。例如：因情事變更訴請調整行政契約之內容[27]。

以公法上「觀念通知」(Wissenserklärung) 為請求標的之一般給付訴訟，例如：請求行政機關公開某項資料，如人事檔案、警察機關所列管之檔案等，以及請求行政機關公布其所掌理之一般資訊，如有關環境保護之各項調查數據。

3.請求除去結果

「結果除去請求權」(Folgenbeseitigungsanspruch) 者，人民因其權利受公權力之違法干涉，請求排除該違法干涉之事實結果，以回復原有狀態之權利[28]。以「結果除去請求權」為標的之一般給付之訴，例如：

某甲所有之卡車經行政機關沒入，嗣後甲提起撤銷訴訟獲勝訴，該沒入之行政處分經法院撤銷，惟行政機關仍遲遲不返還卡車予某甲。甲應提起以「結果除去請求權」為標的之一般給付之訴，請求行政法院以判決除去該違法行政行為所造成之結果，即判命行政機關返還該卡車於某甲。

上述情形，人民亦得依行政訴訟法第 196 條第 1 項之規定，於提起撤銷訴訟時，合併請求。如其未於提起撤銷訴訟時合併請求者，得單獨依行政訴訟法第 8 條之規定，提起一般給付之訴。

---

[27] 最高行政法院 110 年度上字第 352 號判決參照。
[28] 陳敏，行政法總論，2019 年 10 版，頁 1278。

4.請求不作為

以「不作為請求權」(Unterlassungsanspruch) 為標的之一般給付之訴，例如：請求判命行政機關不得為某一特定之行政處分、意思表示或觀念通知，即學理上所稱之「預先禁止之訴」(vorbeugende Unterlassungsklage)[29]。例如：人民團體訴請法院判命主管機關內政部不得作成廢棄其法人資格或命其解散之處分[30]、某健身事業有限公司訴請法院判命主管機關不得作成命其限期改善及罰鍰處分[31]、訴請法院判命禁止公立體育館於夜間十時以後舉辦妨礙安寧之活動[32]等。

四、確認訴訟

確認訴訟者，行政訴訟事件中，一方訴請法院確認具爭議狀態之行政處分是否無效，或有疑義之法律關係是否存在，或已執行而無回復原狀可能之行政處分或已消滅之行政處分為違法之訴訟類型。行政訴訟法第 6 條第 1 項規定：「確認行政處分無效及確認公法上法律關係成立或不成立之訴訟，非原告有即受確認判決之法律上利益者，不得提起之。其確認已執行而無回復原狀可能之行政處分或已消滅之行政處分為違法之訴訟，亦同。」依本條之規定，確認訴訟可分為以下子類型：

㈠確認行政處分無效之訴

請求確認行政處分無效之訴訟，例如：訴請確認「內容對任何人均屬不能實現」之行政處分（如命已死亡之人納稅之處分）無效（行政程

---

[29] Würtenberger/Heckmann, Verwaltungsprozessrecht, 4. Aufl., 2018, Rn. 450.

[30] 最高行政法院 107 年度判字第 114 號判決參照。

[31] 臺北高等行政法院 101 年度訴字第 1241 號判決參照。

[32] 案例引自：陳敏，行政法總論，2019 年 10 版，頁 1444。

序法第 111 條第 3 款參照）。

　　確認行政處分無效之訴訟，須已向原處分機關請求確認其無效未被允許，或經請求後原處分機關未於三十日內確答者，始得提起之（行政訴訟法第 6 條第 2 項參照）。

㈡確認公法上法律關係成立或不成立之訴

　　本類型之訴訟，其標的限於「公法上法律關係」。所謂法律關係，係指特定生活事實之存在，因法規之規範效果，在兩個以上權利主體間所產生之權利義務關係，或產生人對權利客體（物）間之利用關係。至於法規、行政行為及行政機關所為之事實行為等，均不得作為本訴訟類型之標的[33]。

　　以請求確認公法上法律關係成立或不成立為標的之確認訴訟，例如：請求確認原告甲（土地所有權人）與道路主管機關間之公用地役權關係不存在[34]。

　　確認法律關係成立或不成立之訴訟，其標的既僅限於「公法上法律關係」。凡構成法律關係之要素，如公法上行為能力、行政罰之責任能力等，均不得作為確認法律關係成立或不成立訴訟之標的，僅能由法院於確認整體法律關係是否成立時，一併審查。此外，單純人之地位或物之性質，原則上亦不得作為確認法律關係成立或不成立訴訟之標的。但人之地位或物之性質已直接成為法律關係之核心時，則例外地可訴請確認，例如：請求確認是否具有地方民意機關成員之資格，請求確認某物是否為公物等[35]。

---

[33] 吳庚、張文郁，行政爭訟法論，2016 年 9 月 8 版，頁 327。

[34] 最高行政法院 98 年度判字第 1138 號判決參照。

[35] 吳庚、張文郁，行政爭訟法論，2016 年 9 月 8 版，頁 328。

㈢違法確認訴訟

「違法確認訴訟」者，對於「已執行而無回復原狀可能之行政處分或已消滅之行政處分」為違法性確認之訴訟類型。人民提起違法確認訴訟，又可分為以下二種情形：

1.行政處分已執行而無回復原狀可能

行政處分已執行而無回復原狀可能者，人民對於原處分提起撤銷訴訟，縱使經法院認為有理由而撤銷原處分，由於原處分已執行而無回復原狀之可能，故無爭訟之實益。此際，得依行政訴訟法第 6 條第 1 項規定，提起違法確認訴訟，以資救濟。例如：

共有土地之所有權應有部分，遭其他共有人依土地法第 34 條之 1 規定移轉予他人，嗣再移轉予善意第三人。主張第一次移轉登記處分違法並侵害其權益之土地共有人，得依行政訴訟法第 6 條第 1 項規定，提起違法確認訴訟。按為保護善意第三人，土地法第 43 條及民法第 759 條之 1 設有登記效力之規定，是在善意第三人信賴登記取得土地權利後，不因其前手登記物權之不實而被追奪，同理，亦不因其前手物權之登記處分有行政法上無效或得撤銷之事由而被追奪，上開登記處分所形成之權利狀態已無改變回復之可能，是原權利人縱提起撤銷訴訟，已無可回復之利益，亦即系爭行政處分之內容已完全實現而無回復原狀可能，應許其依行政訴訟法第 6 條第 1 項後段所稱之「已執行而無回復原狀可能之行政處分」，提起確認該登記處分為違法之訴訟以保障其權利[36]。

2.行政處分已消滅

行政處分已消滅者，包括：處分因期間經過、條件成就或經原處分

---

[36] 最高行政法院 99 年 10 月份第 1 次庭長法官聯席會議決議參照。

機關自行撤銷、廢止等情形[37]。行政處分如已消滅，當事人縱使對之提起撤銷訴訟，由於原處分不復存在，自無撤銷之餘地，其訴將因不合法遭行政法院裁定駁回。此際，如有可回復之法律上利益（如請求損害賠償）時，得依行政訴訟法第 6 條第 1 項規定，提起違法確認訴訟，以資救濟。例如：食品衛生主管機關誤將食用油「複查名單」當成「下架名單」，命業者將產品下架；嗣後發現，乃自行撤銷原處分。惟業者商譽受損，並因消費者退貨受有財產損害，得依行政訴訟法第 6 條第 1 項規定，提起違法確認訴訟，以資救濟。

㈣續行確認訴訟

民國 99 年 1 月修法，新增「續行確認訴訟」(Fortsetzungsfeststellungsklage) 之訴訟類型。行政訴訟法第 196 條第 2 項規定：「撤銷訴訟進行中，原處分已執行而無回復原狀可能或已消滅者，於原告有即受確認判決之法律上利益時，行政法院得依聲請，確認該行政處分為違法。」

按對於違法之行政處分，如人民於提起行政訴訟前，該處分已執行而無回復原狀可能或已消滅者，原應依行政訴訟法第 6 條第 1 項之規定，提起違法確認訴訟。惟如人民於提起行政訴訟後，撤銷訴訟進行中，原處分已執行而無回復原狀可能或已消滅者，此一情形即與行政訴訟法第 6 條之要件有所不同，應依行政訴訟法第 196 條第 2 項規定變更為續行確認訴訟。例如：被告機關命原告拆除違法建置之廣告物，原告不服提起撤銷訴訟。訴訟進行中，被告已執行拆除處分完畢，原告變更原訴為確認行政處分違法[38]。

---

[37] 翁岳生主編，行政法（下），2020 年增訂 4 版，頁 458。
[38] 臺北高等行政法院 96 年度訴字第 421 號判決參照。

五、各種訴訟類型間之關係

在行政訴訟中，前述各種訴訟類型間要件與效果重疊交錯之情形頗為常見，學說上稱之為訴訟類型之「交錯關係」[39]。此等訴訟類型於適用具體案例發生競合之問題時，應如何解決？可分述如下：

㈠撤銷訴訟與課予義務訴訟間之關係——孤立撤銷訴訟之合法性

人民向主管機關請求作成授益處分遭否准時，應提起排除否准之課予義務訴訟。原告得否提起撤銷訴訟，訴請撤銷否准處分？此時，課予義務訴訟與撤銷訴訟間發生適用上競合，即所謂「孤立撤銷訴訟」(isolierte Anfechtungsklage) 合法性之問題。

為促進訴訟經濟，原則上不應准許原告提起此種限縮訴訟上請求之訴訟類型。否則即使日後法院撤銷行政機關之否准處分，行政機關仍可能拒絕作成原告所請求之行政處分。造成原告即使勝訴，仍不能達成其請求作成行政處分之目的，須另行提起課予義務訴訟，徒然浪費訴訟資源[40]。舉例而言，某甲向主管機關申請建造執照，經主管機關以其申請不合法予以駁回，甲應提起排除否准之課予義務訴訟，逕行請求法院判命被告機關應核發建造執照，不得僅提起撤銷訴訟，請求法院撤銷被告機關所為拒絕核發建造執照之處分。

例外情形，如行政法院出於維護行政機關裁量權之考量，或者原告有特殊權利保護必要，亦有承認孤立撤銷訴訟合法性之案例。前者之情

---

[39] 蔡志方，論行政訴訟法上各類訴訟之關係（上），月旦法學雜誌，第 54 期，1999 年 11 月，頁 119。

[40] Würtenberger/Heckmann, Verwaltungsprozessrecht, 4. Aufl., 2018, Rn. 391 f.；彭鳳至，行政訴訟種類理論與適用問題之研究，行政法院 87 年度研究發展項目研究報告，1998 年 6 月，頁 10。

形，實務上曾有如下案例：某建設公司向主管機關申請核發建造執照，經主管機關核准，惟附有「基地內現有巷應維持原狀，不得擅自廢止改道及妨礙他人對該巷道公用地役權之行使」之負擔。行政法院有謂：「……所謂負擔，係指附加於授益處分之特定作為、不作為或忍受義務內容而言。對於負擔此種附款，得否於主要行政處分之外，單獨以負擔違法而為撤銷訴訟之提起，素有爭議。苟主要行政處分係裁量處分時，容認原告得單獨訴請撤銷負擔，於原告獲得勝訴判決結果時，可能造成削弱行政機關裁量權，且強使行政機關必須接受原來如無該附款即不須作成，或不欲作成行政處分之結果，就此而言，實已構成對行政裁量權之侵害，因此，對於裁量處分，原告如認負擔違法，非得提起撤銷訴訟，而應提起課予義務之訴，請求法院判決行政機關作成無負擔處分之決定，方為適法，否則即屬孤立之撤銷訴訟，因訴訟種類選擇錯誤而欠缺權利保護必要。但如主要行政處分為羈束處分，行政機關作成於否並無裁量權，負擔本質上又係獨立之處分，原告既主張負擔之附加係額外增加其依法所無之不利益，實務上即承認此類訴訟之提起。……建造執照核發既為羈束處分，揆諸前述實務上對於羈束處分之負擔得否單獨對之提起撤銷訴訟之見解，原告起訴如訴之聲明（孤立撤銷訴訟），應認合於起訴要件。」[41]後者之情形，在「本國人不服其外籍配偶申請探親停留簽證遭駁回案」中，憲法法庭有謂：「……最高行政法院……固未承認本國（籍）配偶得以自己名義提起課予義務訴訟，惟並未排除本國（籍）配偶以其與外籍配偶共同經營婚姻生活之婚姻自由受限制為由，『例外』依行政訴訟法第 4 條規定提起撤銷訴訟之可能。」[42]本國籍配

---

[41]臺北高等行政法院 100 年度訴更一字第 12 號判決參照。

[42]憲法法庭 111 年憲判字第 20 號判決參照。

偶既不能提起課予義務訴訟，訴請行政法院判命被告機關核發探親停留簽證予其外國籍配偶，則其提起之孤立撤銷訴訟，訴請行政法院撤銷否准核發探親停留簽證之處分，自為合法。

(二)一般給付之訴與撤銷訴訟及課予義務訴訟間之關係

　　人民向行政機關請求財產上給付，或請求作成行政處分以外之其他非財產上給付，此項給付以行政處分應否撤銷或應否作成為據者，此時，一般給付之訴與撤銷訴訟及課予義務訴訟間將發生適用上競合問題。亦即：原告應提起撤銷訴訟或課予義務訴訟，或得逕行提起一般給付之訴？

　　行政訴訟法第 8 條第 2 項規定：「前項給付訴訟之裁判，以行政處分應否撤銷為據者，應於依第 4 條第 1 項或第 3 項提起撤銷訴訟時，併為請求。原告未為請求者，審判長應告以得為請求。」依此，一般給付之訴之適用範圍即受限制，應優先適用撤銷訴訟。一般給付之訴與課予義務訴訟間之關係，法律雖未明文規定，亦應類推適用行政訴訟法第 8 條第 2 項之規定。此因撤銷訴訟和課予義務訴訟係專以行政處分為爭訟標的之訴訟類型，原告之給付請求既以行政處分應否撤銷或應否作成為據，自應優先適用撤銷訴訟或課予義務訴訟。且撤銷訴訟及課予義務訴訟均設有訴願前置程序及起訴期間之限制，一般給付之訴則無。為免當事人規避法律就撤銷訴訟及課予義務訴訟所設之特別程序規定，亦應限制一般給付之訴之適用。例如：人民申請核發老人年金，經主管機關否准。此際，人民應提起課予義務訴訟，訴請判命行政機關應為核發年金之處分，並依行政訴訟法第 7 條規定併為請求。不得逕行提起一般給付之訴，直接請求主管機關核發老人年金。

㈢確認訴訟與其他訴訟類型間之關係——確認公法上法律關係成立或不成立訴訟之補充性

行政訴訟法第 6 條第 3 項規定：「確認訴訟，於原告得提起或可得提起撤銷訴訟、課予義務訴訟或一般給付訴訟者，不得提起之」，學說上稱之為「確認訴訟之補充性」(Subsidiarität der Feststellungsklage)。蓋行政法院就撤銷訴訟或給付訴訟所為之形成判決或給付判決，對於公法上權利關係具有消滅或創設之動態效力，與就確認訴訟所為之確認判決，僅具有確認公法上法律關係之「理念上既判力」(ideelle Rechtskraftwirkung) 相比，對於人民權利能提供較為有效之保護。因此，如原告就確認公法上法律關係成立或不成立之訴訟，得提起或可得提起撤銷訴訟、課予義務訴訟或一般給付訴訟者，為求訴訟經濟，自應優先提起前開訴訟，不得提起確認訴訟。例如：

公務員某甲受免職之處分，應對此處分提起撤銷訴訟，如甲提起確認公務員關係存在之訴，其為不合法。

應注意者，確認訴訟之補充性僅適用於確認公法上法律關係成立或不成立之訴訟類型，不及於確認行政處分無效訴訟。蓋確認行政處分無效訴訟與撤銷訴訟，就原告之主張而言，前者係主張行政處分自始、絕對無效，後者係請求撤銷有效但違法之行政處分，並無競合關係，自無強制其先行提起撤銷訴訟之理。是以德國行政法院法第 43 條第 2 項第 2 句明定：「確認訴訟之補充性，於請求確認行政處分無效時，不適用之。」我國行政訴訟法於 99 年 1 月修正時，已增列第 6 條第 3 項但書，規定：「確認訴訟，於原告得提起或可得提起撤銷訴訟、課予義務訴訟或一般給付訴訟者，不得提起之。『但確認行政處分無效之訴訟，不在此限』。」

第四節 第一審通常訴訟程序

我國行政訴訟,採處分權主義,當事人對於是否開始、是否終了行政訴訟,以及具體請求之範圍,均有決定權[43]。此外,行政法院應依職權調查事實關係,不受當事人事實主張及證據聲明之拘束(行政訴訟法第 125 條第 1 項參照),此即所謂職權調查主義。

第一審行政訴訟,又可區分為通常訴訟程序及特別訴訟程序二者。第一審通常訴訟程序有以下程序規定:

一、起訴

行政訴訟法第 105 條第 1 項規定:「起訴,應以訴狀表明下列各款事項,提出於行政法院為之:一、當事人。二、起訴之聲明。三、訴訟標的及其原因事實。」提起行政訴訟,以採書面主義為原則,須備具起訴書並載明應記載事項。例外情形,於簡易程序中得以言詞為之,惟需由書記官記明筆錄並送達他造(行政訴訟法第 231 條參照)。

提起行政訴訟,須遵守法定除斥期間。依行政訴訟法第 106 條規定,提起撤銷訴訟或課予義務訴訟,應於訴願決定書送達後兩個月之不變期間內為之。但訴願人以外之利害關係人知悉在後者,自知悉時起算。惟自訴願決定書送達後,已逾三年者,不得提起,以免有害於法安定性。

行政法院收受起訴書狀後,應進行合法性審查。行政訴訟法第 107 條第 1 項規定:「原告之訴,有下列各款情形之一者,行政法院應以裁

[43]陳敏,行政法總論,2019 年 10 版,頁 1511。

定駁回之。但其情形可以補正者，審判長應先定期間命補正：

一、訴訟事件不屬行政訴訟審判權，不能依法移送。

二、訴訟事件不屬受訴行政法院管轄而不能請求指定管轄，亦不能為移送訴訟之裁定。

三、原告或被告無當事人能力。

四、原告或被告未由合法之法定代理人、代表人或管理人為訴訟行為。

五、由訴訟代理人起訴，而其代理權有欠缺。

六、起訴逾越法定期限。

七、當事人就已向行政法院或其他審判權之法院起訴之事件，於訴訟繫屬中就同一事件更行起訴。

八、本案經終局判決後撤回其訴，復提起同一之訴。

九、訴訟標的為確定判決、和解或調解之效力所及。

十、起訴不合程式或不備其他要件。

十一、起訴基於惡意、不當或其他濫用訴訟程序之目的或有重大過失，且事實上或法律上之主張欠缺合理依據。」

　　撤銷訴訟及課予義務訴訟，原告於訴狀誤列被告機關者，行政法院應準用前項之規定，以裁定駁回之（行政訴訟法第 107 條第 2 項參照）。

　　行政訴訟法第 107 條第 3 項規定：「原告之訴，有下列各款情形之一者，行政法院得不經言詞辯論，逕以判決駁回之。但其情形可以補正者，審判長應先定期間命補正：

一、原告之當事人不適格或欠缺權利保護必要。

二、依其所訴之事實，在法律上顯無理由。」

二、停止執行

我國係採「提起行政爭訟不停止執行」之立法例，原處分或決定之執行，除法律另有規定外，不因提起行政訴訟而停止（行政訴訟法第116條第1項參照）。例如：人民不服行政機關之罰鍰處分，提起行政訴訟。在訴訟程序進行期間，行政機關仍得執行該處分。所謂「法律另有規定」，例如：行政程序法第127條第4項規定，行政機關命返還公法上不當得利時，「前項行政處分未確定前，不得移送行政執行」。

例外情形，行政法院得於個案中停止原處分之執行。行政訴訟法第116條第2項規定：「行政訴訟繫屬中，行政法院認為原處分或決定之執行，將發生難於回復之損害，且有急迫情事者，得依職權或依聲請裁定停止執行。但於公益有重大影響，或原告之訴在法律上顯無理由者，不得為之。」實務上，行政法院曾於中部科學園區第3期環境影響評估案中，以「原處分之執行將發生難於回復之損害，且有急迫情事」為由，裁定停止原處分之執行[44]。

行政法院以裁定停止原處分之執行，除於行政訴訟繫屬中得為止外，亦得於起訴前為止。行政訴訟法第116條第3項本文規定：「於行政訴訟起訴前，如原處分或決定之執行將發生難於回復之損害，且有急迫情事者，行政法院亦得依受處分人或訴願人之聲請，裁定停止執行。」惟僅得依受處分人或訴願人之聲請為之，不得依職權為之，是為與訴訟繫屬中裁定停止執行之不同。

又行政法院得以裁定停止執行者，不僅止於原處分之執行，尚包括

---

[44] 臺北高等行政法院99年度停字第54號裁定、最高行政法院99年度裁字第2032號裁定參照。

原處分之效力，及其程序之續行。行政訴訟法第 116 條第 5 項規定：「停止執行之裁定，得停止原處分或決定之效力、處分或決定之執行或程序之續行之全部或部份。」

三、裁判

原告提起行政訴訟，經法院行調查證據、言詞辯論等程序，行政訴訟達於可為裁判之程度者，行政法院應為終局判決（行政訴訟法第 190 條參照）。

行政法院認原告之訴為有理由者，應為其勝訴之判決；認為無理由者，應以判決駁回之（行政訴訟法第 195 條第 1 項參照）。舉例而言，原告不服行政機關之裁罰處分提起撤銷訴訟，行政法院審理後，如認為原告之訴有理由，應撤銷裁罰處分；如認為無理由者，應以判決駁回原告之訴。

行政法院受理撤銷訴訟，發現原處分或決定雖屬違法，但其撤銷或變更於公益有重大損害，經斟酌原告所受損害、賠償程度、防止方法及其他一切情事，認原處分或決定之撤銷或變更顯與公益相違背時，得駁回原告之訴 （行政訴訟法第 198 條第 1 項參照），是為所謂 「情況判決」。實務上，行政法院於需地機關辦理中部科學工業園區道路拓寬工程用地徵收案中，即曾以「該道路工程，業經徵收土地及拆除地上物，施工完畢，並已通車一段期間，若判決撤銷原處分，再重新辦理徵收程序，將延宕時日，對於公共利益有重大損害，如撤銷上訴人即原審被告對系爭土地之核准徵收處分，將與公益相違背」為由，做成情況判決[45]。雖認為原處分違法，仍駁回原告之訴。

---

[45] 最高行政法院 99 年度判字第 200 號判決參照。

　　行政法院作成情況判決時，應於判決主文中諭知原處分或決定違法（行政訴訟法第 198 條第 2 項參照）。並應依原告之聲明，將其因違法處分或決定所受之損害，於判決內命被告機關賠償（行政訴訟法第 199 條參照）。

第五節　第一審特別訴訟程序

　　第一審特別訴訟程序，係指第一審通常程序以外之其他訴訟程序，包括：簡易訴訟程序、交通裁決事件訴訟程序、收容聲請事件程序及都市計畫審查程序等。以下分述之：

一、簡易訴訟程序

　　依據行政訴訟法第 229 條第 2 項之規定，適用簡易訴訟程序的訴訟事件包括：

一、關於稅捐課徵事件涉訟，所核課之稅額在新臺幣五十萬元以下者。

二、因不服行政機關所為新臺幣五十萬元以下罰鍰處分而涉訟者。

三、其他關於公法上財產關係之訴訟，其標的之金額或價額在新臺幣五十萬元以下者。

四、因不服行政機關所為告誡、警告、記點、記次、講習、輔導教育或其他相類之輕微處分而涉訟者。

五、關於內政部移民署之行政收容事件涉訟，或合併請求損害賠償或其他財產上給付者。

六、依法律之規定應適用簡易訴訟程序者。

簡言之，即包括：金額在新臺幣五十萬元以下之稅捐、罰鍰、公法上財產關係之訴訟，輕微處分（記點、記次、告誡、警告等）事件，收容聲請事件等。

為簡化訴訟程序，並加速其進程，簡易訴訟程序設有如下特別之規定：簡易訴訟程序，由獨任法官審理（行政訴訟法第 232 條第 1 項參照），並得採行遠距審理、巡迴法庭或其他便利之方式進行（行政訴訟法第 232 條第 2 項參照）。起訴及其他期日外之聲明或陳述，概得以言詞為之。以言詞起訴者，應將筆錄送達於他造（行政訴訟法第 231 條參照）。

簡易訴訟程序應行言詞辯論。法院為判決時，判決書內之事實、理由，得不分項記載，並得僅記載其要領。行政法院亦得於宣示判決時，命將判決主文及其事實、理由之要領，記載於言詞辯論筆錄或宣示判決筆錄，不另作判決書（行政訴訟法第 234 條參照）。

二、交通裁決事件訴訟程序

所謂交通裁決事件，係指不服道路交通管理處罰條例之裁決，而提起之撤銷訴訟、確認訴訟，以及合併請求返還與裁決相關之已繳納罰鍰或已繳送之駕駛執照、計程車駕駛人執業登記證、汽車牌照等訴訟程序（行政訴訟法第 237 條之 1 第 1 項參照）。

交通裁決事件訴訟之提起，應於裁決書送達後三十日之不變期間內，以原處分機關為被告，逕向管轄之地方行政法院為之，無需先進行訴願程序（行政訴訟法第 237 條之 3 第 1、2 項參照）。惟為使被告機關有自我審查之機會，地方行政法院收受起訴狀後，應將起訴狀繕本送達被告。被告應於二十日內重新審查原裁決是否合法妥當。原告提起撤銷之訴、確認之訴或合併提起給付訴訟，被告認原告請求有理由者，應自

行撤銷原裁決、確認原處分無效或違法，或即返還。被告重新審查後，不依原告之請求處置者，應附具答辯狀，並將重新審查之紀錄及其他必要之關係文件，一併提出於管轄之地方法院行政訴訟庭（行政訴訟法第237 條之 4 第 1、2 項參照）。

考量交通裁決事件質輕量多，且裁罰金額普遍不高，如卷內事證已臻明確，尚須通知兩造到庭辯論，無異增加當事人之訟累。是以交通裁決事件之裁判，得不經言詞辯論為之（行政訴訟法第 237 條之 7 及其立法理由參照）。

三、收容聲請事件程序

本程序係為因應司法院釋字第 708 號解釋（受驅逐出國外國人之收容案）及第 710 號解釋（大陸地區人民之強制出境暨收容案）宣告「入出國及移民法」及「兩岸人民關係條例」部分條文違憲，而於 103 年 6 月 18 日修正公布。

所謂「收容聲請事件」，係指依入出國及移民法、臺灣地區與大陸地區人民關係條例及香港澳門關係條例提起收容異議、聲請續予收容及延長收容等事件（行政訴訟法第 237 條之 10 參照）。收容聲請事件，以地方行政法院為第一審管轄法院，並由受收容人所在地之地方行政法院管轄，不適用行政訴訟法第 13 條普通審判籍（以原就被原則）之規定（行政訴訟法第 237 條之 11 參照）。

行政法院審理收容申請事件，並非以判決程序，而是以裁定程序行之，故不行言詞辯論程序。惟為保障當事人之程序參與權，應訊問受收容人；移民署並應到場陳述（行政訴訟法第 237 條之 12 第 1 項參照）。行政法院裁定續予收容或延長收容後，受收容人及得提起收容異議之

人，認為收容原因消滅、無收容必要或有得不予收容情形者，得聲請法院停止收容（行政訴訟法第 237 條之 13 第 1 項參照）。

行政法院認收容異議、停止收容之聲請為無理由者，應以裁定駁回之。認有理由者，應為釋放受收容人之裁定。行政法院認續予收容、延長收容之聲請為無理由者，應以裁定駁回之。認有理由者，應為續予收容或延長收容之裁定（行政訴訟法第 237 條之 14 參照）。

為保障受收容人之權益，避免受收容人之人身自由受到不法限制，行政訴訟法對於收容聲請事件之審理期間有嚴格限制。行政法院所為續予收容或延長收容之裁定，應於收容期間屆滿前當庭宣示或以正本送達受收容人。未於收容期間屆滿前為之者，續予收容或延長收容之裁定，視為撤銷（行政訴訟法第 237 條之 15 第 1 項參照）。

聲請人、受裁定人或移民署對地方行政法院所為收容聲請事件之裁定不服者，應於裁定送達後五日內抗告於管轄之高等行政法院。對於抗告法院之裁定，不得再為抗告（行政訴訟法第 237 條之 16 第 1、2 項參照）。

四、都市計畫審查程序

為落實司法院釋字第 742 號解釋，使人民對於違法之都市計畫（含定期通盤檢討之變更）得提起訴訟救濟之意旨，行政訴訟法於 109 年 1 月修法新增本章「都市計畫審查程序」之規定。

人民、地方自治團體或其他公法人認為行政機關依都市計畫法發布之都市計畫違法，而直接損害、因適用而損害或在可預見之時間內將損害其權利或法律上利益者，得以核定都市計畫之行政機關為被告，不經訴願程序，逕行提起行政訴訟。都市計畫審查程序之第一審管轄法院為

高等行政法院，其訴訟類型僅限於請求宣告該都市計畫無效（行政訴訟法第 237 條之 18 第 1 項參照）。

高等行政法院收受起訴狀後，應將起訴狀繕本送達被告，由被告機關於兩個月內重新檢討原告請求宣告無效之都市計畫是否合法。如認其違反作成之程序規定得補正者，應為補正，並陳報高等行政法院。被告機關如亦認該計畫違法者，應將其違法情形陳報高等行政法院，並得為必要之處置，如依原告之主張修正計畫內容。如認該計畫合法者，應於答辯狀說明其理由（行政訴訟法第 237 條之 21 第 1、2 項參照）。

高等行政法院審理事件後，認都市計畫未違法者，應以判決駁回原告之訴。都市計畫僅因違反作成之程序規定而違法，被告機關已於第一審言詞辯論終結前合法補正者，亦應以判決駁回原告之訴（行政訴訟法第 237 條之 27 參照）。

高等行政法院認原告請求宣告無效之都市計畫違法者，應宣告該都市計畫無效。同一都市計畫中未經原告請求，而與原告請求宣告無效之部分具不可分關係，經法院審查認定違法者，併宣告無效（行政訴訟法第 237 條之 28 第 1 項參照）。

第六節　上訴審與再審程序

行政訴訟之上訴審可分為「最高行政法院上訴審程序」與「高等行政法院上訴審程序」二種。

一、最高行政法院上訴審程序

對於高等行政法院之第一審終局判決及相關裁定，除法律別有規定

外，得上訴或抗告於最高行政法院（行政訴訟法第 238 條第 1 項、第 239 條參照）。最高行政法院上訴審程序為法律審，故對於高等行政法院判決之上訴，非以其違背法令為理由，不得為之（行政訴訟法第 242 條參照）。

最高行政法院認上訴人之上訴基於惡意、不當或其他濫用訴訟程序之目的或有重大過失，且事實上或法律上之主張欠缺合理依據，應以裁定駁回之（行政訴訟法第 249 條第 3 項參照）。為避免當事人濫行上訴，浪費司法資源，最高行政法院依前項規定駁回上訴者，得各處上訴人、代表人或管理人、代理人新臺幣十二萬元以下之罰鍰（行政訴訟法第 249 條第 4 項參照）。

最高行政法院之判決，以書面審理為主，不經言詞辯論而為之。但法律關係複雜或法律見解紛歧，涉及專門知識或特殊經驗法則，或涉及公益或影響當事人權利義務重大，有行言詞辯論之必要者，應行言詞辯論（行政訴訟法第 253 條第 1 項參照）。

二、高等行政法院上訴審程序

對於地方行政法院之終局判決及相關裁定，除法律別有規定外，得上訴於管轄之高等行政法院。我國行政訴訟係採三級二審制，對於高等行政法院之第二審判決，不得再上訴（行政訴訟法第 263 條之 1 參照）。

三、再審程序

訴訟事件經終審行政法院裁判確定後，通常即不得再對之不服。惟有下列各款情形之一者，得以再審之訴對於確定終局判決聲明不服（行政訴訟法第 273 條第 1 項參照）：

一、適用法規顯有錯誤。

二、判決理由與主文顯有矛盾。

三、判決法院之組織不合法。

四、依法律或裁判應迴避之法官參與裁判。

五、當事人於訴訟未經合法代理或代表。但當事人知訴訟代理權有
　　欠缺而未於該訴訟言詞辯論終結前爭執者，不在此限。

六、當事人知他造應為送達之處所，指為所在不明而與涉訟。但他
　　造已承認其訴訟程序者，不在此限。

七、參與裁判之法官關於該訴訟違背職務，犯刑事上之罪已經證
　　明，或關於該訴訟違背職務受懲戒處分，足以影響原判決。

八、當事人之代理人、代表人、管理人或他造或其代理人、代表
　　人、管理人關於該訴訟有刑事上應罰之行為，影響於判決。

九、為判決基礎之證物係偽造或變造。

十、證人、鑑定人或通譯就為判決基礎之證言、鑑定或通譯為虛偽
　　陳述。

十一、為判決基礎之民事或刑事判決及其他裁判或行政處分，依其
　　　後之確定裁判或行政處分已變更。

十二、當事人發現就同一訴訟標的在前已有確定判決、和解或調解
　　　或得使用該判決、和解或調解。

十三、當事人發現未經斟酌之證物或得使用該證物。但以如經斟酌
　　　可受較有利益之判決為限。

十四、原判決就足以影響於判決之重要證物漏未斟酌。

　　但當事人已依上訴主張其事由經判決為無理由，或知其事由而不為
上訴主張者，不在此限（行政訴訟法第 273 條第 1 項但書參照）。

課後練習

1. 下列公法上之爭議，何者非行政法院之審判權範圍？（107 高三）

　(A)道路交通管理處罰條例之交通裁決事件

　(B)入出國及移民法之收容異議事件

　(C)政府採購法之刊登政府採購公報事件

　(D)社會秩序維護法之罰鍰事件

2. 共有人其中一人之土地所有權應有部分，因地政事務所承辦人不察，遭其他共有人移轉予他人，嗣再移轉予善意第三人。主張第 1 次移轉登記處分違法並侵害其權益之土地共有人， 應如何救濟最具實益 ？（109 司四）

　(A)提起撤銷訴訟

　(B)提起課予義務訴訟

　(C)提起一般給付之訴

　(D)提起違法確認訴訟

3. 關於行政訴訟之管轄，下列敘述何者正確？（108 普考）

　(A)因公法上之保險事件涉訟者，以投保單位為被告時，得由其主事務所或主營業所所在地之行政法院管轄

　(B)以公法人之機關為被告時，由其所屬公法人之公務所所在地之行政法院管轄

　(C)因不動產徵收之訴訟，得由不動產所在地之行政法院管轄

　(D)關於公務員職務關係之訴訟，得由公務員職務所在地之行政法院管轄

4.關於撤銷訴訟之提起，下列敘述何者錯誤？（109 司四）

(A)原告於訴狀誤列被告機關者，行政法院應以裁定駁回之

(B)逾越法定期限者，行政法院應以判決駁回之

(C)原則上應先提起訴願

(D)原告應具備權利保護之必要

5.依行政訴訟法之規定，有關行政處分停止執行制度之敘述，下列何者正確？（107 移四）

(A)行政處分相對人提起行政訴訟，原處分當然停止執行

(B)行政訴訟起訴前，行政法院得依其職權裁定停止執行

(C)停止執行裁定，得停止原處分或決定之效力或其執行

(D)有關於停止執行或撤銷停止執行之裁定，不得為抗告

6.關於都市計畫之行政爭訟，依現行行政訴訟法之規定，下列敘述何者正確？（110 普考）

(A)凡依都市計畫法發布之都市計畫，皆得為行政法院審查之標的

(B)都市計畫審查程序中，擬定及核定都市計畫之機關，共同為被告機關

(C)都市計畫審查程序，專屬都市計畫區所在地之地方法院行政訴訟庭管轄

(D)行政法院審查如認都市計畫違法，應判決原告有理由，並撤銷該都市計畫

7.關於最高行政法院審理案件之敘述，下列何者錯誤？（109 高三）

(A)審理不服高等行政法院裁判而上訴或抗告之事件

(B)每庭置法官 5 人，採合議方式審理及裁判

(C)判決原則上經言詞辯論為之

(D)設大法庭，裁判法律爭議，以法官 9 人行之

8.下列何者非屬行政訴訟法規定再審之事由？（108 高三）

　(A)適用法規顯有錯誤

　(B)依法律應迴避之法官參與裁判

　(C)為判決基礎之證物係偽造

　(D)參與裁判之法官言行不檢

一、經濟部水利署河川局基於某河川防汛之需要，依法定程序報經內政
　　部核准徵收該河川沿岸土地，以實施堤防興建工程，並於徵收案公
　　告期滿後，發給土地所有權人各 50 萬元補償費。請問：（108 高三）

　　㈠甲為土地所有權人之一，反對提供土地作為堤防興建工程之用，
　　　應提起何種行政訴訟？

　　㈡乙為另一土地所有權人，認為 50 萬元補償費過低，應提起何種
　　　行政訴訟？

　　㈢於甲提起之訴訟中，堤防興建工程已完成，行政法院如認定徵收
　　　案違法，但認為堤防工程有公益上之需要，得為如何之判決？

二、某甲自宅頂樓之豪華空中花園，完全符合法規要求；但遭惡意檢
　　舉，而被建管單位誤判為違建，限期拆除。甲於接獲拆除處分後隨
　　即提起訴願，表示不服，但該空中花園在行政爭訟過程中因期限屆
　　至而遭執行完畢，則甲能否及如何對拆除處分提起行政訴訟？（107
　　高三改編）

課後練習解答

1.(D)。 2.(D)。 3.(D)。 4.(B)。 5.(C)。 6.(A)。 7.(C)。 8.(D)。

一、

㈠甲不服徵收之行政處分，得依行政訴訟法第 4 條第 1 項規定提起撤銷訴訟。

㈡乙認為 50 萬補償費過低，得依行政訴訟法第 5 條第 2 項規定，提起排除否准之課予義務訴訟，請求法院判命被告機關應作成其所請求金額之徵收處分。

㈢行政法院受理甲所提起之撤銷訴訟，發現原處分雖屬違法，但堤防興建工程已完工，撤銷原處分於公益有重大損害，經斟酌原告所受損害、賠償程度、防止方法及其他一切情事，認原處分之撤銷顯與公益相違背時，得依行政訴訟法第 198 條第 1 項作成情況判決，駁回原告之訴。

二、

依本題題意，該空中花園在「行政爭訟」過程中因期限屆至而遭執行完畢，可分為以下二種情形：

㈠如甲已針對拆除處分提起撤銷訴訟，空中花園在訴訟進行中遭拆除完畢，得依行政訴訟法第 196 條第 2 項規定，聲請確認該行政處分為違法。並類推適用行政訴訟法第 8 條第 2 項規定，因財產上之給付以行政處分是否確認違法為據，合併請求國家賠償。

㈡如甲尚未針對拆除處分提起行政訴訟，空中花園已遭拆除完畢，得依行政訴訟法第 6 條第 1 項規定，以原處分已執行而無回復原狀之可能，提起違法確認訴訟，訴請確認原處分違法。並類推適用行政訴訟法第 8 條第 2 項規定，因財產上之給付以行政處分是否確認違法為據，合併請求國家賠償。

第 **16** 章　國家賠償與損失補償

國家賠償為行政救濟之末端程序。人民之權益遭受行政機關侵害，如果無法及時依第一次權利保護即訴願或行政訴訟程序救濟時，可尋求第二次權利保護，即請求國家賠償。

國家之合法行為，如干涉人民權益，使個別人民受有特別損失時，國家應予以適度補償，以填補其損失，此即損失補償責任。

第一節　總則

所謂「國家賠償責任」，是指國家為其不法行為所負之賠償責任。國家是否會做出不法行為？是否應為其所做出之不法行為負責？在不同時期曾有不同之理論。

一、國家賠償責任理論之變遷

在專制時代，國王權力至高無上，不容置疑。當時盛行所謂「國家無責任論」，認為國王是神之代理人，不會做不法之事。昔日曾有法諺云：「國王不能為非」(The king can do no wrong)，即是此種思想之代表。在當時，政府如果做出不法行為，不是國家之責任，而是由實際為該不法行為之公務員負責。

這種專制時代之思想，隨著時代進步，民主政治逐漸成為世界各國之主流思想，逐漸遭到摒棄。從 19 世紀末期，開始盛行所謂「國家代位責任論」，認為：政府如果做出不法行為，仍應由公務員負責。但為

了方便人民請求賠償，由國家代負責任，之後再向公務員求償。

20 世紀中葉以後，開始盛行所謂「國家自己責任論」，認為：公務員為國家之手足，其代表國家所為行為，不論合法或非法，責任都歸屬於國家。因此，公務員所為不法行為，性質上應該被認為是國家自己之行為，由國家自己負責。

國家代位責任論與國家自己責任論之區別在於：國家代位責任論，既係國家為公務員之侵權行為負責，因此須以公務員應負侵權行為責任為前提，即採故意或過失責任，須公務員對於不法行為有故意或過失，國家才負擔賠償責任。至於國家自己責任論，則已脫離侵權行為責任之法理，強調風險分擔。因此採無過失責任，公務員是否有故意或過失，並不影響國家責任之成立。

我國國家賠償法兼採國家代位責任論與國家自己責任論之立法例。在公務員不法行為賠償責任係採國家代位責任論，以公務員有故意或過失為前提。在公共設施瑕疵賠償責任係採國家自己責任論，不以公務員有故意或過失為必要 （國家賠償法第 2 條第 2 項及第 3 條第 1 項參照）[1]。

二、我國國家賠償法制之沿革與立法目的

我國憲法第 24 條規定：「凡公務員違法侵害人民之自由或權利者，……被害人民就其所受損害，並得依法律向國家請求賠償。」對於國家之侵權行為，被害人民得「依法律」請求賠償。惟行憲後立法院卻遲遲未制定國家賠償法，導致人民面對國家侵權行為，長時期處於「無

---

[1] 有關國家賠償責任理論的變遷，參見：陳敏，行政法總論，2019 年 10 版，頁 1158 以下。

法求償」之狀態。直到民國 69 年，立法院始通過國家賠償法，並於民國 70 年 7 月 1 日施行。至此，人民面對各種不同類型之國家侵權行為，始有完整之請求依據。

　　國家賠償法之立法目的，首重人民權利之保障。部分國家賠償事件，其賠償金額極大。例如：東興大樓倒塌國家賠償案，其賠償金額高達新臺幣三億三千萬元；林肯大郡倒塌案，其賠償金額更高達四億四千萬元。如此巨款，非一般公務員個人所能負擔。因此國家賠償法規定由國家承擔第一線之賠償責任，避免被害人因公務員個人無資力而求償無門。

　　其次，在於鼓勵公務員勇於任事，使其無後顧之憂。公務員執行職務時對人民所生損害如須由公務員自行負責，難免使其產生「多做多錯」之消極心態，遇事推諉。國家賠償法因此規定由國家負損害賠償責任，只有在公務員有故意或重大過失時，才在賠償之後向該公務員求償（國家賠償法第 2 條第 3 項參照）。

三、國家賠償法與其他法律之關係

　　國家賠償法第 5 條規定：「國家損害賠償，除依本法規定外，適用民法規定。」本條規定，略有謬誤。國家損害賠償責任與民事侵權責任性質不同，國家損害賠償，除依國家賠償法規定外，應「準用」民法規定，而非「適用」民法規定。國家損害賠償準用民法規定之情形，例如：有關損害賠償之範圍，國家賠償法並無規定，應準用民法第 216 條第 1 項規定。

　　國家賠償法第 6 條規定：「國家損害賠償，本法及民法以外其他法律有特別規定者，適用其他法律。」所謂「其他法律有特別規定者」，例如：土地法第 68 條第 1 項規定：「因登記錯誤遺漏或虛偽致受損害

者，由該地政機關負損害賠償責任。但該地政機關證明其原因應歸責於受害人時，不在此限。」警械使用條例第 11 條第 1 項及第 2 項規定：「警察人員執行職務違反本條例規定使用警械，致侵害人民自由或權利時，依國家賠償法規定辦理。前項情形，為警察人員出於故意之行為所致者，賠償義務機關得向其求償。」依「特別法優於普通法」原則，人民因地政機關登記或警察機關使用警械受有損害而請求國家賠償時，即應優先適用上開土地法或警械使用條例之規定，而非國家賠償法。

第二節　公務員不法行為賠償責任

國家賠償責任之類型，可分為公務員不法行為賠償責任（人之責任）與公共設施瑕疵賠償責任（物之責任）二種類型。

國家賠償法第 2 條第 2 項前段規定：「公務員於執行職務行使公權力時，因故意或過失不法侵害人民自由或權利者，國家應負損害賠償責任。」是為公務員不法行為賠償責任。公務員不法行為賠償責任之成立要件如下：

一、公務員

為擴大國家賠償之範圍，以保障人民之權益，國家賠償法上之公務員，是指最廣義之公務員。國家賠償法第 2 條第 1 項規定：「本法所稱公務員者，謂依法令從事於公務之人員。」凡是依法令從事於公務之人員，無論是任用、聘用或聘僱，編制內或編制外，專任或兼任，都包括在內[2]。

---

[2] 陳敏，行政法總論，2019 年 10 版，頁 1164。

　　法官亦為國家賠償法上之公務員。但為維持審判獨立，對於其行使審判職務所造成之國家賠償責任，有較為嚴格之限制。必須「就其參與審判案件犯職務上之罪，經判決有罪確定者」，才適用國家賠償法。民意代表為廣義之公務員，原應包括在國家賠償法上公務員的範圍內。但通說認為立法不法並無國家賠償責任之適用。

　　國家賠償法上之公務員，也包括受委託行使公權力之團體或個人。國家賠償法第 4 條第 1 項規定：「受委託行使公權力之團體，其執行職務之人於行使公權力時，視同委託機關之公務員。受委託行使公權力之個人，於執行職務行使公權力時亦同。」因此，受監理機關委託辦理車輛檢驗業務之民營修車廠，其員工在進行車輛檢驗時不慎弄壞受檢車輛，監理機關應負國家賠償責任。

　　公務員之行政助手（例如：協助交通警察執行勤務之替代役、民間拖吊業者）原則上不是國家賠償法上之公務員。但如果行政助手之行為與公權力之執行有密切關連（如在警察指揮拖吊業者拖吊車輛之當下），或者公務員對於行政助手之選任、監督有瑕疵致人民權益受損，則例外應成立國家賠償責任[3]。

二、執行職務行使公權力

　　公務員所為之行為，必須係為執行職務行使公權力，才可能成立國家賠償責任。

　　所謂「執行職務」，係指履行其法定職責。例如警察負有維護治安之職責，因追捕要犯而撞毀路邊停放車輛，國家應負賠償責任。地政機關負有管理土地行政之職責，其測量員土地丈量錯誤致人民權利受損，

---

[3] 陳敏，行政法總論，2019 年 10 版，頁 1166 以下。

國家應負賠償責任。

公務員所為如非真正執行職務，而是利用職務上機會之不法行為、逾越權限或潛行職務之行為，是否仍成立國家賠償責任？通說採所謂「職務外觀理論」，如被害人客觀上無從識別行為人所為行為並非真正執行職務時，應成立國家賠償責任，以保障人民權益[4]。實務上曾有如下案例：員警假借刑事警察之職務上權力，誣告被害人有流氓行為，及恐嚇取財、持槍強盜等刑事犯罪，致被其遭羈押、提起公訴，惟最終獲判決無罪確定。法院判命員警所屬警察局對被害人應負國家賠償責任[5]。

所謂「行使公權力」，係指公務員在公權力行政（包括干涉行政與給付行政）之領域中，基於國家機關之高權地位所為之行為。至於國家機關（國庫）在私經濟行政之領域中，基於私法主體之地位，從事行政輔助行為或私法形式之給付行政，例如：購置行政業務所需之物品或辦理行政業務所需之勞務，不能成立國家賠償責任。

公立學校教師之教學活動、對學生之輔導管教，是代表國家為教育活動，屬於給付行政之範疇，自屬行使公權力之行為。實務上曾有如下案例：某國中學生因未依規定到校，且頭髮不及格，遭教師處罰交互蹲跳。學生體力不支，引發「橫紋肌溶解症」，住院治療，法院判命學校應負國家賠償責任[6]。縣（市）政府依規定舉辦縣（市）運動會，係屬教育行政之範圍，為給付行政之一種，應認為是公務員執行職務行使公

---

[4] 陳敏，行政法總論，2019 年 10 版，頁 1168。

[5] 臺灣高等法院臺南分院 97 年度重上國字第 1 號民事判決參照。本案最終被害人的請求遭法院駁回確定，惟其理由並非行為人的行為不屬於執行職務的範圍，而是認為請求權人的請求已經罹於時效；臺灣高等法院臺南分院 98 年度重上國更㈠字第 1 號民事判決參照。

[6] 臺灣苗栗地方法院 94 年度國字第 4 號判決參照。

權力之行為。學生參加縣（市）政府依規定舉辦之運動會，持聖火受傷，應成立國家賠償責任[7]。

　　行政機關訂定法規命令、行政規則，也屬於公權力行政之範疇。惟國家賠償法第 2 條第 2 項公務員不法行為賠償責任，僅限於針對特定對象之具體行政行為，不包括（廣義）立法行為。因此，行政機關依法律之授權訂定施行細則，或訂頒之作業要點，縱使不法造成人民權益受損，也不成立國家賠償責任，以免國家賠償法適用範圍太過廣泛，導致國家承擔過重之責任[8]。

三、不法行為

　　公務員執行職務行使公權力，如違背其職務義務，即有不法。所謂不法行為，其類型可分為積極之違背職務行為與消極之違背職務行為。前者之情形，例如：無法令依據而干涉人民之權益、違反比例原則、差別待遇禁止原則或信賴保護原則等。後者之情形，則會構成國家賠償法第 2 條第 2 項後段公務員怠於執行職務之賠償責任。

四、故意或過失

　　國家賠償法第 2 條第 2 項前段規定：「公務員於執行職務行使公權力時，因故意或過失不法侵害人民自由或權利者，國家應負損害賠償責任。」公務員所為之侵權行為，需有故意或過失之主觀可歸責事由，國家才負擔損害賠償責任。

---

[7] 法務部 (81) 法律字第 11207 號函參照。

[8] 最高法院 87 年度台上字第 1450 號判決、臺灣高等法院 88 年度上國字第 18 號判決參照。

　　所謂故意，是指公務員對於不法侵害人民自由權利之行為，明知並有意使其發生者，或預見其發生，而其發生並不違背其本意（刑法第13條參照）。所謂過失，是指公務員對於不法侵害人民自由權利之行為，雖非故意，但按其情節應注意，並能注意，而不注意，或雖預見其能發生而確信其不發生（刑法第14條參照）。

　　是否有故意過失，通常就為不法行為公務員之個人情狀加以判斷。惟有時不法行為並非出於公務員個人之故意過失，實際上是因長官之違法命令，或者所屬機關解釋法令錯誤所致。此時，不能認為應歸責之公務員不明，即免除國家賠償責任。此種「組織過咎」(Organisationsverschulden)也應該由國家賠償義務機關承擔，成立國家賠償責任[9]。

　　依據舉證責任分配之法理，被害人民主張國家賠償責任時，應就國家賠償責任成立之構成要件存在負舉證責任。然而實務上見解認為：當公務員之行為違背職務義務時，推定其有故意過失。換言之，被害人民只需要證明公務員有違背其職務義務之行為，並造成其權益受損即可，國家機關必須提出其所屬公務員違背職務義務行為無故意過失之證明，始可免責[10]。

五、人民自由或權利受侵害

　　國家賠償法第2條第2項前段規定：「公務員於執行職務行使公權力時，因故意或過失不法侵害人民自由或權利者，國家應負損害賠償責任」，其中「人民自由或權利」受侵害，亦為公務員不法行為賠償責任

---

[9] 陳敏，行政法總論，2019年10版，頁1177。
[10] 臺灣高等法院臺中分院89年度重上國字第3號判決參照。

要件之一。

　　所謂「人民」，包括自然人、私法人。公法人或行政機關是否包括在內？實務上採肯定見解，認為：行政機關所歸屬之行政主體如立於與一般人民相同之財產權主體地位，因受不同行政主體所屬行政機關之違法行使公權力或公共設施設置或管理有欠缺所造成之侵害，並符合國家賠償法規定之要件時，亦得成為國家賠償之請求權人，而依國家賠償法請求國家賠償[11]。

　　公務員得否作為此處之人民而請求國家賠償？昔日實務上採否定見解，認為：所謂人民，乃指應受公權力支配之一般人民。基於特別權力關係對於國家負有特殊服從義務者，與一般人民不同，應非國家賠償法第2條第2項前段所謂之「人民」[12]。晚近，特別權力關係逐漸解構，法秩序對於公務員權利保障日趨重視[13]。公務人員保障法第21條第2項規定：「公務人員因機關提供之安全及衛生防護措施有瑕疵，致其生命、身體或健康受損時，得依國家賠償法請求賠償」，已承認公務員得為國家賠償請求權人之地位[14]。

　　國家賠償法第15條規定：「本法於外國人為被害人時，以依條約或

---

[11] 交通部民用航空局桃園國際航空站所屬自小客貨車遭臺北市政府工務局公園路燈工程管理處所管路樹傾倒壓損車體，得依國家賠償法請求國家賠償；法務部法律字第1000700110號函參照。

[12] 最高法院90年度台上字第371號判決參照。

[13] 司法院釋字第785號解釋有謂：「本於憲法第16條有權利即有救濟之意旨，人民因其公務人員身分，與其服務機關或人事主管機關發生公法上爭議，認其權利遭受違法侵害，或有主張權利之必要，自得按相關措施與爭議之性質，依法提起相應之行政訴訟，並不因其公務人員身分而異其公法上爭議之訴訟救濟途徑之保障。」可資參照。

[14] 實務上相同見解，參見：最高法院93年度台上字第920號判決。

其本國法令或慣例，中華民國人得在該國與該國人享受同等權利者為限，適用之。」國家賠償之請求權主體，也包括外國人及大陸地區人民[15]在內。

國家賠償法所保護之客體，包括「自由或權利」。所謂「自由」，是指憲法上所保障之一切自由，包括：人身自由、居住遷徙自由、集會結社自由及言論出版自由等。所謂「權利」，泛指身體、健康、名譽、自由、信用、隱私、貞操等人格權，以及生命權，和物權、無體財產權等財產權。

六、因果關係

公務員的不法行為與人民自由或權利受侵害之間，須有相當因果關係。所謂「相當因果關係」(Adäquanztheorie der Kausalität)，是指依客觀觀察，若無此項不法行為，通常不會發生此種損害；若有此項不法行為，通常即足以發生此種損害[16]。例如在著名之「衛爾康餐廳大火案」中，法院認為：地方政府違反職務義務，對業者衛爾康餐廳未依法為建築物公共安全及消防設備之定期檢查及執行取締，通常會導致業者怠於注意建築物消防安全防護，發生火災時所造成傷亡人數將增加；反之，如對於業者依法進行定期檢查及執行取締，業者將加強注意建築物消防安全防護，發生火災時所造成之傷亡人數將減少。因此，依社會一般通

---

[15] 法務部 (82) 法律決字第 16337 號函參照；應注意者，行政院於民國 112 年 5 月 24 日作出院臺法長字第 1121023848 號函，認為上述「大陸地區人民亦為中華民國人民，享有與我國國民相同的法律上權利或負擔義務」之函釋違反法律保留原則且已不合時宜，應自即日起停止適用或不再援用。惟大陸地區人民得依國家賠償法第 15 條規定為國家賠償請求權主體之見解，未受其影響。

[16] 吳庚、盛子龍，行政法之理論與實用，2020 年增訂 16 版，頁 739。

念觀察，二者顯有相當因果關係[17]，故地方政府應負損害賠償責任。

七、公務員怠於執行職務之賠償責任

國家不僅需為公務員積極之不法行為負賠償責任，如果因公務員消極之「怠於執行職務，致人民自由或權利遭受損害者」（國家賠償法第 2 條第 2 項後段參照），也應由國家負賠償責任。

公務員怠於執行職務賠償責任，除行為態樣是消極之不作為之外，其餘之要件與公務員不法行為之賠償責任大致相同。惟國家賠償法施行之初，公務員怠於執行職務賠償責任之案例極為少見。原因是當時實務見解認為：國家賠償法第 2 條第 2 項後段所謂公務員怠於執行職務，是指被害人對於公務員為特定之職務行為，有公法上請求權存在，經請求其執行而竟怠於執行，致自由或權利遭受損害者，始得請求國家負損害賠償責任。若公務員對於公共職務之執行，雖可使一般人民享有反射利益，人民對於公務員仍不得請求為該職務行為者，縱公務員怠於執行該公共職務，人民尚無公法上請求權可資行使，自不得依上開規定請求國家賠償損害[18]。因此，政府機關如怠於執行建築法規、消防法規，放任違法狀態持續，導致人民權益受有損害，當時實務上見解都認為：此等公共職務之執行，僅可使人民享有反射利益，人民對於公務員並無請求為該職務行為之公法上請求權。縱使公務員怠於為之，也不成立公務員怠於執行職務賠償責任。

此種情況，直到民國 87 年大法官作成釋字第 469 號解釋，才發生重大改變。本案之原因事實為：民國 79 年間某外商公司在日月潭辦理員工

---

[17] 臺灣高等法院臺中分院 89 年度重上國字第 3 號判決參照。
[18] 最高法院 72 年台上字第 704 號判例參照。

旅遊，搭乘無照船隻且違法夜航，其後該船翻覆，導致 58 人死亡。被害人家屬向地方政府請求國家賠償，遭判決駁回確定。當事人不服，依程序聲請司法院解釋。大法官作成釋字第 469 號解釋，採取「保護規範理論」(Schutznormentheorie)，認為：「法律規定之內容非僅屬授予國家機關推行公共事務之權限，而其目的係為保護人民生命、身體及財產等法益，且法律對主管機關應執行職務行使公權力之事項規定明確，該管機關公務員依此規定對可得特定之人所負作為義務已無不作為之裁量餘地，猶因故意或過失怠於執行職務，致特定人之自由或權利遭受損害，被害人得依國家賠償法第二條第二項後段，向國家請求損害賠償。」

此後，公務員怠於執行職務之賠償責任之案例逐漸增加。發生於民國 84 年之衛爾康餐廳大火案、民國 86 年之林肯大郡倒塌案、九二一大地震期間之東星大樓倒塌案，法院都判命被告機關應負公務員怠於執行職務之賠償責任。

第三節　公共設施瑕疵賠償責任

國家賠償法第 3 條第 1 項規定：「公共設施因設置或管理有欠缺，致人民生命、身體或財產受損害者，國家應負損害賠償責任。」是為公共設施瑕疵賠償責任。公共設施瑕疵賠償責任之成立要件如下：

一、公共設施

所謂「公共設施」，係指該設施由國家、地方自治團體或其他公法人所管領，並供公眾使用者。本條規定之主體要件，原為「公有公共設施」，惟「公有」二字實係贅文。解釋上，本條之主體不限於公有財產，

如係私有財產而供公用者，亦可能成立公共設施國家賠償責任。例如：私有公用既成道路未妥善養護致騎士受傷，國家應負擔公共設施瑕疵賠償責任[19]。此外，行政機關以行政輔助行為而取得使用權之私有財產，例如行政機關所租用之辦公室，亦屬公共設施。民國 108 年國家賠償法修法時，已刪除「公有」二字。其修法理由有謂：「所謂『公有公共設施』，依現行實務，包括『由國家設置且管理，或雖非其設置，但事實上由其管理』，且『直接供公共或公務目的之使用』者，即有本法之適用。原第一項限於『公有』之公共設施，方有本法之適用，限縮成立國家賠償責任之範圍，與現行實務不符，易生誤解，爰將原第一項『公有公共設施』之『公有』二字刪除。」可資參照。

　　國家從事行政營利行為，原則上並不具有公法性，僅其官股為公有。故人民如因台糖、臺灣菸酒公司門市部之設施有瑕疵而權利受損，不能請求國家賠償。國家從事私法形式之給付行政，如係以私法組織為之（台電、臺北捷運公司），其設施並非公共設施。如係以公法組織為之（如市立醫院），其交易行為雖為私法行為（如委任契約），但其侵權行為應被評價具有公法性。故在市立醫院大廳受傷，國家應負賠償責任。

　　民國 108 年國家賠償法修法時增訂本條第 2 項規定：「前項設施委託民間團體或個人管理時，因管理欠缺致人民生命、身體、人身自由或財產受損害者，國家應負損害賠償責任。」依此，國家以公辦民營方式委外經營之設施，有公共設施瑕疵賠償責任之適用。例如臺北市立萬芳醫院，其係由臺北市政府設置後委外經營，仍有公共設施瑕疵賠償責任之適用。惟若國家係以 BOT 方式委託企業在公有土地上興建設置並營運者（例如台灣高鐵），由於該設施係由私人設置，公權力自始並未管

---

[19] 法務部 (75) 法律字第 3567 號函參照。

領其物，應不在公共設施瑕疵賠償責任之適用範圍[20]。

　　是否屬公共設施，以該設施是否提供公用為斷。在施工建造中之建築物或工作物，因尚未供公眾使用，即不得謂為公有公共設施[21]。如設施已開放供公眾使用，縱使尚未正式驗收，仍應認為有國家賠償法第3條之適用[22]。

二、設置或管理有欠缺

　　所謂「設置或管理有欠缺」，指公共設施建造之初，即有設計、施工或材質之缺陷（設置有欠缺），或公共設施建造後，因未善於維修保養而有瑕疵（管理有欠缺），致未具備通常應有之狀態、性質或功能，因而缺乏安全性。前者之情形，例如：道路之排水溝渠、匯流井設置時未標示路面邊緣線，亦未於其旁加設護欄、遮蓋或警告標誌，致用路人於行經該路段時，難以辨識該處設有溝井，跌入引道旁匯流井受傷[23]。後者之情形，例如：道路因疏於養護，路面與水溝蓋間有明顯落差，造成不平整，影響行車安全，致機車於駛過時彈起摔落路面受傷[24]。

　　公共設施瑕疵賠償責任，係採無過失主義，只要公共設施設置或管理有欠缺即為已足，不以公務員有故意或過失為必要。縱使該欠缺是因地方政府財力不足，或預算遭議會刪減，致未能妥善維護公共設施而令人民受有損害時，仍不能免除國家賠償責任。

　　至於管理有無欠缺，須視管理機關有無及時採取足以防止危險損害

---

[20] 吳庚、盛子龍，行政法之理論與實用，2020年增訂16版，頁744。
[21] 最高法院86年度台上字第2466號判決參照。
[22] 最高法院91年度台上字第1092號判決參照。
[23] 最高法院98年度台上字第1354號判決參照。
[24] 最高法院98年度台上字第1588號判決參照。

發生之具體措施為斷。實務上曾有案例，管理機關就肇事路段已依巡查要點進行平時之經常巡邏及維護，該巡查間隔已足以發現系爭路段一般性養護之所需，於肇事時間，在肇事路段遭人棄置廢土之偶發事故，管理機關無從知悉而及時採取排除措施，並於獲知後已立即採取排除該障礙所須進行之措施，法院認為其管理難認有欠缺[25]。

三、人民生命、身體或財產受損害

公共設施瑕疵賠償責任之保護客體，僅限於人民之生命、身體或財產，其範圍較公務員不法行為賠償責任所保護之客體（自由或權利）為狹窄，應該是立法者考量公共設施瑕疵賠償係採無過失責任，為避免國家承擔過重責任所為之衡平措施。

四、因果關係

人民之生命、身體或財產受損害與設置或管理之欠缺之間，需有相當因果關係。換言之，從客觀上觀察，如有該設置或管理之欠缺，通常即會發生損害；如無該欠缺，通常即不致發生損害。

除公共設施之瑕疵之外，如有天然災害或他人行為（包含被害人之行為）介入，共同促成損害發生時，國家仍不能免除賠償責任。例如：抽水站疏於管理，適逢颱風來襲，釀成水災。國中守球門架設置於土地鬆軟處，學生攀爬門架之橫槓，致門架傾倒摔落致死，最高法院認為：國中學生活潑好動，應可預見，仍認定管理欠缺與損害發生之間有因果關係[26]。例外情形，公共設施之設置或管理雖有欠缺，因發生重大災變，

---

[25] 最高法院 92 年度台上字第 2672 號判決參照。

[26] 最高法院 81 年度台上字第 7 號判決參照；惟本案中賠償義務人可主張過失相

縱無欠缺，仍將發生相同之損害時，即無相當因果關係。

五、自然公物國家賠償責任之減免

民國 108 年國家賠償法修法時，增訂「自然公物」及自然公物內設施免責規定。有關公共設施瑕疵賠償責任之規定，於開放之山域、水域等自然公物，經管理機關、受委託管理之民間團體或個人已就使用該公物為適當之警告或標示，而人民仍從事冒險或具危險性活動，國家不負損害賠償責任。此等自然公物內之設施，經管理機關、受委託管理之民間團體或個人已就使用該設施為適當之警告或標示，而人民仍從事冒險或具危險性活動，得減輕或免除國家應負之損害賠償責任（國家賠償法第 3 條第 3、4 項參照）。

上述規定，是為配合政府「開放山林，有效管理」政策目標之推動，除鼓勵人民從事戶外休閒活動，親近山林水域外，對於人民使用已開放之山域、水域等自然公物及其設施，考量管理機關對於該等公物及其設施之管理，以維持原有地形地貌為原則，尚無法全面設置安全輔助設施，亦不宜或難以人為方式除去風險，是以，人民於接近使用山域、水域，亦應具備風險意識，並自負相當責任。爰於國家賠償法第 3 條增訂第 3 項及第 4 項，規定管理機關等就人民使用該公物及其設施已為適當之警告或標示，而人民仍從事冒險或具危險性活動，國家不負或減免損害賠償責任，藉由適度分配國家及人民之責任，以培養人民風險自負及責任承擔意識[27]。

抵，詳下述。

[27] 108 年國家賠償法部分條文修正草案總說明參照。

第四節　損害賠償請求權之行使

　　國家賠償責任成立之後，請求權人應向何機關請求賠償？其請求程序如何？應於多久期間之內行使請求權？國家應以何種方法賠償被害人之損害？被害人得請求損害賠償之範圍如何？賠償義務機關賠償後，得否向應負責任之人求償？以下分述之。

一、賠償義務機關

　　國家賠償責任之賠償義務人，為行政機關。因為國家賠償責任類型之不同，可區分如下：

　　因公務員不法行為而負賠償責任者，以「該公務員所屬機關」為賠償義務機關（國家賠償法第 9 條第 1 項參照）。所謂公務員所屬機關，係指將行使公權力之職務託付該公務員執行之機關而言，亦即該公務員任職及支領俸給或薪資之機關[28]。公務員兼辦他機關之事務、兼任他機關之職務、借調他機關工作者，如係其兼辦、兼任、借調機關之職務範圍內發生損害，均由該機關負責，與其本職所在之機關無關。另私人受託行使公權力時，以委託機關為賠償義務機關（國家賠償法第 4 條第 1 項參照）。

　　因公共設施瑕疵而負賠償責任者，以「該公共設施之設置或管理機關」為賠償義務機關（國家賠償法第 9 條第 2 項參照）。例如：交通部高速公路局設置道路及排水溝渠、匯流井之後，移交鄉公所管理。如係最初設置之瑕疵致汽車駕駛人權利受損，以設置機關即交通部高速公路

---

[28] 最高法院 91 年度台上字第 713 號判決參照。

局為賠償義務機關。如係後續管理之瑕疵致汽車駕駛人權利受損,以管理機關即鄉公所為賠償義務機關[29]。公共設施委託民間團體或個人管理時,如管理有欠缺致人民受損害者,仍由國家負損害賠償責任(國家賠償法第 3 條第 2 項參照)。

數機關均應負損害賠償責任時,請求權人得對賠償義務機關中之一機關,或數機關,或其全體同時或先後,請求全部或一部之損害賠償。前項情形,請求權人如同時或先後向賠償義務機關請求全部或一部之賠償時,應載明其已向其他賠償義務機關請求賠償之金額或申請回復原狀之內容(國家賠償法施行細則第 18 條參照)。

賠償義務機關經裁撤或改組者,以承受其業務之機關為賠償義務機關。無承受其業務之機關者,以其上級機關為賠償義務機關(國家賠償法第 9 條第 3 項參照)。不能依上述方法確定賠償義務機關,或於賠償義務機關有爭議時,得請求其上級機關確定之。其上級機關自被請求之日起逾二十日不為確定者,得逕以該上級機關為賠償義務機關(國家賠償法第 9 條第 4 項參照)。

二、請求程序

國家賠償法第 10 條第 1 項規定:「依本法請求損害賠償時,應先以書面向賠償義務機關請求之。」係採所謂「協議先行主義」。此為提起國家賠償訴訟之合法要件,請求權人如逕行起訴,法院將以起訴不合法裁定駁回之。

賠償義務機關對於賠償之請求,應即與請求權人協議(國家賠償法第 10 條第 2 項參照)。賠償義務機關應以書面通知為侵害行為之所屬公

---

[29] 最高法院 98 年度台上字第 1354 號判決參照。

務員或受委託行使公權力之團體、個人，或公共設施因設置管理有欠缺，致人民生命、身體或財產受損害，而就損害原因有應負責之人，於協議期日到場陳述意見（國家賠償法施行細則第 16 條參照），以瞭解國家賠償事件發生之事實狀況，俾決定拒絕或同意請求權人之賠償請求。協議成立時，應作成協議書，該項協議書得為執行名義。

三、消滅時效

賠償請求權，自請求權人知有損害時起，因二年間不行使而消滅（國家賠償法第 8 條第 1 項前段參照）。所謂知有損害，係指請求權人知有損害事實（如其所有之汽車遭撞毀）及國家賠償責任之原因事實（如係某機關公務員所為）（國家賠償法施行細則第 3 條之 1 參照）。惟如被害人遲遲不知有損害，並自損害發生時起已逾五年者，不得再請求（國家賠償法第 8 條第 1 項後段參照）。

四、損害賠償之方法

國家負損害賠償責任者，應以金錢為之。但以回復原狀為適當者，得依請求回復損害發生前原狀（國家賠償法第 7 條第 1 項參照），即以「金錢賠償」為原則，「回復原狀」為例外，與民法上以「回復原狀」為原則，「金錢賠償」為例外（民法第 213 條第 1 項及第 215 條參照）之立法例有所不同。蓋國家賠償責任注重法律關係明確，以金錢賠償之方式行之，較為簡單、便捷。所謂「以回復原狀為適當」之情形，例如：地方政府將裁處書對人民為公示送達，並公布於其官方網站上供不特定多數人閱覽，公文內載明應受送達人之戶籍地址、國民身分證統一編號前七碼、出生年月日及性別等，經法院以其違反個人資料保護法，

除判命賠償慰撫金外，並命其變更公示送達網頁內容，除應受送達人姓名以外，不得使不特定多數人得以直接或間接方式識別應受送達人[30]。

五、損害賠償之範圍

國家賠償之範圍，包括財產上損害與非財產上損害。

財產上損害，包括所受損害及所失利益（國家賠償法第 5 條準用民法第 216 條第 1 項參照）。所受損害指現有財產不應減少而減少，例如汽車因國家侵權行為而毀損滅失。所失利益指現有財產應增加而未增加，詳言之，即依通常情形，或依已定之計劃、設備或其他特別情事，可得預期之利益（民法第 216 條第 2 項參照）。舉例而言，菜販清晨運送蔬菜前往菜市場販賣，途中遭公務車輛撞擊，致其蔬菜完全毀壞，除賠償蔬菜之成本（所受損害）外，其所損失之利潤為所失利益，國家亦應予以賠償。

財產上損害，尚包括生命權受侵害時所支出醫療及增加生活上需要之費用或殯葬費（民法第 192 條第 1 項參照）。此外，被害人對於第三人負有法定扶養義務者，國家對於該第三人（如死者之未成年子女）亦應負損害賠償責任（民法第 192 條第 2 項參照）。

非財產上損害之賠償，以法律有特別規定者為限。例如，民法第 194 條規定：「不法侵害他人致死者，被害人之父、母、子、女及配偶，雖非財產上之損害，亦得請求賠償相當之金額。」即所謂「慰撫金」。

損害之發生或擴大，被害人與有過失者，法院得減輕賠償金額，或免除之（民法第 217 條第 1 項參照）。實務上曾有如下案例：小學學童自行在操場上攀玩手球門受傷，法院認為：學校將球門架置放於草坪，

---

[30] 臺灣新竹地方法院 111 年度國字第 2 號民事判決參照。

且未加放倒或固定，其管理顯有欠缺。但學童於把玩設備時，搖晃手球門而受傷，有所過失，應同負百分之四十之過失責任，僅命學校負擔百分之六十之賠償金額[31]。

六、賠償義務機關之求償權

國家因公務員不法行為負賠償責任後，如公務員有故意或重大過失時，賠償義務機關對之有求償權（國家賠償法第 2 條第 3 項參照）。實務上曾有如下案例： 地政事務所公務員因登記錯誤致國家負賠償責任後，遭機關求償約新臺幣一千七百萬元[32]。國小警衛操作電動閘門不當致學童受傷成為植物人，於學校負擔國家賠償責任後，遭求償約新臺幣九十四萬元[33]。

受委託行使公權力之團體或個人， 其執行職務之人於行使公權力時，視同委託機關之公務員（國家賠償法第 4 條第 1 項參照）。如執行職務之人有故意或重大過失時，委託機關於賠償後，對受委託之團體或個人有求償權（國家賠償法第 4 條第 2 項參照）。

國家因公共設施瑕疵負賠償責任後， 就損害原因有應負責任之人時，賠償義務機關對之有求償權（國家賠償法第 3 條第 5 項參照）。例如：公共設施之瑕疵係因工程承包商施工不當所致，賠償義務機關得向其求償。

---

[31]臺灣高等法院臺中分院 100 年度上國更㈠字第 1 號民事判決參照。

[32]臺灣高等法院臺中分院 100 年度重上國更㈡字第 3 號民事判決參照。

[33]臺灣高等法院 99 年度上國易字第 15 號民事判決參照。

第五節 國家損失補償責任

　　廣義國家責任除前述國家賠償責任外，尚有國家損失補償責任。所謂國家損失補償，係指因國家之合法行為干涉人民權益，使個別人民受有特別損失時，國家予以適度補償，以填補其損失。國家損失補償責任與損害賠償責任之不同，主要在於前者係國家之合法行為所致，而後者則係國家之違法行為所致。

　　我國並無一般性之損失補償法，損失補償之法律依據散見於各法律中。其中最重要者，即為徵收補償。

一、徵收補償

　　我國憲法第 15 條規定，人民之財產權，應予保障。因此，對於人民之財產權予以剝奪時，需予以補償。因公用或其他公益目的之必要，國家機關依法徵收人民之財產，自應給予相當之補償，方符憲法保障財產權之意旨。例如：既成道路符合一定要件而成立公用地役關係者，其所有權人對土地既已無從自由使用收益，構成其財產上之特別犧牲 (Sonderopfer)，國家自應依法律之規定辦理徵收給予補償[34]。

　　惟基於增進公共利益之必要，對人民之財產權，國家並非不得以法律為合理之限制。如該限制並未對於人民之財產權構成特別犧牲，則為財產權之社會義務 (Sozialbindung des Eigentums)，國家無需予以補償[35]。例如：道路交通管理處罰條例規定騎樓不得設攤，違者得處罰鍰並責令

---

[34] 司法院釋字第 400 號解釋參照。
[35] 劉建宏，基本人權保障與行政救濟途徑㈠，2019 年 3 月 2 版，頁 30。

撤除。鑑於騎樓所有人為公益負有社會義務，國家則提供不同形式之優惠如賦稅減免等，以減輕其負擔。從而人民財產權因此所受之限制，尚屬輕微，亦未逾其社會責任所應忍受之範圍，更未構成個人之特別犧牲，難謂國家對其有何補償責任存在[36]。

二、其他損失補償

除上述徵收補償之外，個別法律中有特別規定國家損失補償責任者，例如：行政執行法第 41 條第 1、2 項規定：「人民因執行機關依法實施即時強制，致其生命、身體或財產遭受特別損失時，得請求補償。但因可歸責於該人民之事由者，不在此限。前項損失補償，應以金錢為之，並以補償實際所受之特別損失為限。」

嚴重特殊傳染性肺炎 (COVID-19) 防治及紓困振興特別條例第 3 條第 1 項本文規定：「各級衛生主管機關認定應接受居家隔離、居家檢疫、集中隔離或集中檢疫者，及為照顧生活不能自理之受隔離者、檢疫者而請假或無法從事工作之家屬，經衛生主管機關認定接受隔離者、檢疫者未違反隔離或檢疫相關規定，就接受隔離或檢疫之日起至結束之日止期間，得申請防疫補償。」

---

[36] 司法院釋字第 564 號解釋參照。

課後練習

1. 國家損害賠償所應適用之法律，依國家賠償法第 5 條及第 6 條之規定，除國家賠償法本身外，尚有民法及其他特別法，關於其適用之順序，下列何者正確？（109 移三）

　(A)先適用特別法，再適用國家賠償法，最後適用民法

　(B)先適用國家賠償法，再適用特別法，最後適用民法

　(C)先適用特別法，再適用民法，最後適用國家賠償法

　(D)先適用民法，再適用特別法，最後適用國家賠償法

2. 關於公共設施因設置或管理有欠缺，致人民受損害之國家賠償責任，下列敘述何者錯誤？（104 高三改編；本題題目已因應民國 108 年國家賠償法修法而修正）

　(A)供公眾使用之道路、橋樑、公園等，在施工建造中亦屬公共設施

　(B)臺灣電力公司所使用之高壓線鐵塔，並非公有之公用財產，不屬於公共設施

　(C)私人土地上之既成道路，經時效完成而成立公用地役關係，如經機關管理養護，則屬公共設施

　(D)臺灣鐵路管理局之輸電設備，其鐵路利用關係雖為私法性質，但仍不失為公共設施

3. 下列何者，人民得依國家賠償法請求賠償？（109 普考）

　(A)高雄市立醫院醫師因手術致病人受有損害

　(B)行政機關辦公大樓因設置有欠缺致洽公民眾受有損害

　(C)公務員合法使用警械致人民受有損害

　(D)中華電信股份有限公司個資外洩致用戶受有損害

4. 司法院釋字第 469 號解釋稱：「法律規定之內容非僅屬授予國家機關推行公共事務之權限，而其目的係為保護人民生命、身體及財產等法益」。本句中所謂之「法律規定」在學理上稱之為下列何者？（109 一般警三）

(A)裁量規範

(B)羈束規範

(C)保護規範

(D)行為規範

5. 關於國家所負之損害賠償責任，依國家賠償法規定，下列敘述何者錯誤？（109 司律）

(A)國家賠償之方法以金錢賠償為原則

(B)國家賠償之範圍含被害人之所受損害及所失利益

(C)國家賠償之範圍僅限於財產上損害，不包括非財產上損害

(D)國家賠償之計算，適用與有過失原則

6. 依國家賠償法之規定，關於國家賠償請求權之行使，下列敘述何者正確？（110 普考）

(A)請求權人限於權利受損害之自然人，不包括法人

(B)因公務員行為所生之國家賠償責任，賠償義務人為從事該行為之公務員

(C)請求權人如未經協議程序，即向法院提起國家賠償訴訟，該訴訟不合法

(D)國家賠償之訴訟，除依國家賠償法之規定外，應準用行政訴訟法之規定

7.依國家賠償法規定，賠償義務機關對於被害人履行賠償義務後，對公
　務員之求償權因幾年不行使而消滅？（109 普考）

　(A) 1 年

　(B) 2 年

　(C) 3 年

　(D) 5 年

8.有關行政損失補償之成立要件，下列敘述何者正確？（107 高三）

　(A)損失補償之成立不限於公權力行為，亦包括國家與私人間成立之私
　　法行為

　(B)國家機關依法行使公權力剝奪人民之所有權，國家應予合理補償

　(C)公權力致人民權利遭受損失，未達到特別犧牲之程度，亦得請求損
　　失補償

　(D)造成損失補償之公權力行為，毋須基於公益目的之必要性

一、甲市政府管理之天然濕地，設有木棧道深入海中供旅客觀察海濱生
　　物及漫步遊覽，市政府並於棧道入口設立木牌，揭示配合漲落潮之
　　棧道開放時間，及遊客行走於棧道時不得嬉戲、推擠以避免發生危
　　險之公告。（109 移三）

　　㈠有遊客乙於臨近棧道封閉時間仍沿棧道深入海中，故未能及時返
　　　回岸上，因漲潮受困於海水中而受傷。試問：乙可否請求國家賠
　　　償？

　　㈡該木棧道係由甲市政府依契約方式委託丙經營管理時，有遊客丁
　　　於棧道上追趕跑跳而滑倒受傷。試問：丁可否請求國家賠償？

二、下列案例中之某甲及某乙可否請求國家賠償？（102 高三）

　　㈠A 警察於休假日穿著制服，配戴警槍，在郊區道路偽稱臨檢，攔下機車騎士某甲，趁機洗劫財物。

　　㈡B 市某人行陸橋年久失修，於發生二級地震後斷裂，致行人某乙摔落受傷。陸橋之管理機關辯稱，該陸橋雖有瑕疵，但由於經費短缺，故未整修，且其所以斷裂，係因地震造成。

課後練習解答

1.(A)。　2.(A)。　3.(B)。　4.(C)。　5.(C)。　6.(C)。　7.(B)。　8.(B)。

一、

㈠依國家賠償法第3條第4項之規定，於開放之山域、水域等自然公物內之設施，經管理機關、受委託管理之民間團體或個人已就使用該設施為適當之警告或標示，而人民仍從事冒險或具危險性活動，得減輕或免除國家應負之損害賠償責任。人民於接近使用山域、水域，亦應具備風險意識，並自負相當責任。本題市政府已於棧道入口設立木牌，揭示配合漲落潮之棧道開放時間，遊客乙於臨近棧道封閉時間仍沿棧道深入海中，未能及時返回岸上，因漲潮受困於海水中而受傷，不得請求國家賠償。

㈡依國家賠償法第3條第2項之規定，公共設施委託民間團體或個人管理時，因管理欠缺致人民生命、身體、人身自由或財產受損害者，國家應負損害賠償責任。本題甲市政府雖依契約委託丙經營管理，仍以甲市政府為賠償義務機關。惟市政府已於棧道入口設立木牌，揭示遊客行走於棧道時不得嬉戲、推擠以避免發生危險之公告，遊客丁於棧道上追趕跑跳而滑倒受傷，不得請求國家賠償。

二、

㈠公務員所為如非真正執行職務，而是利用職務上機會之不法行為，依所謂「職務外觀理論」，如被害人客觀上無從識別行為人所為行為並非真正執行職務時，應成立國家賠償責任，以保障人民權益。本題A警察於休假日穿著制服，配戴警槍，在郊區道路偽稱臨檢，一般人民客觀上無從辨識行為人所為行為並非真正執行職務，故機車騎士某甲

仍得請求國家賠償。

㈡人行路橋為公共設施，因年久失修，其管理即有欠缺，管理機關應負公共設施瑕疵賠償責任。國家賠償法第 3 條係採無過失責任，公共設施有瑕疵，國家即應負責，不以有故意過失為必要。縱係因預算不足或遭議會刪減，仍不能免除國家賠償責任。又發生二級地震，尚屬輕微，未達不可抗力之程度。本題應認為係天然災害與管理欠缺共同促成損害發生時，國家仍不能免除賠償責任。

國家圖書館出版品預行編目資料

行政法要義／劉建宏著.――初版一刷.――臺北市：
三民，2023
面；　公分

ISBN 978-957-14-7679-7　（平裝）
1. 行政法

588　　　　　　　　　　　　　　112012255

行政法要義

作　　　者	劉建宏
責任編輯	楊　晴
美術編輯	李珮慈

發 行 人	劉振強
出 版 者	三民書局股份有限公司
地　　址	臺北市復興北路 386 號 (復北門市)
	臺北市重慶南路一段 61 號 (重南門市)
電　　話	(02)25006600
網　　址	三民網路書店 https://www.sanmin.com.tw

出版日期	初版一刷 2023 年 9 月
書籍編號	S581000
I S B N	978-957-14-7679-7

三民書局